ビジネス・キャリア検定試験® 標準テキスト

共通知識

生産管理

渡邉 一衛 監修
中央職業能力開発協会 編

2級

第2版

JN046431

発売元 社会保険研究所

ビジネス・キャリア検定試験
標準テキストについて

　企業の目的は、社会的ルールの遵守を前提に、社会的責任について配慮しつつ、公正な競争を通じて利潤を追求し永続的な発展を図ることにあります。その目的を達成する原動力となるのが人材であり、人材こそが付加価値や企業競争力の源泉となるという意味で最大の経営資源と言えます。企業においては、その貴重な経営資源である個々の従業員の職務遂行能力を高めるとともに、その職務遂行能力を適正に評価して活用することが最も重要な課題の一つです。

　中央職業能力開発協会では、「仕事ができる人材（幅広い専門知識や職務遂行能力を活用して、期待される成果や目標を達成できる人材）」に求められる専門知識の習得と実務能力を評価するための「ビジネス・キャリア検定試験」を実施しております。このビジネス・キャリア検定試験は、厚生労働省の定める職業能力評価基準に準拠しており、ビジネス・パーソンに必要とされる事務系職種を幅広く網羅した唯一の包括的な公的資格試験です。

　2級試験では、課長、マネージャー等を目指す方を対象とし、担当職務に関する幅広い専門知識を基に、グループやチームの中心メンバーとして、創意工夫を凝らし、自主的な判断・改善・提案を行うことができる人材の育成と能力評価を目指しています。

　中央職業能力開発協会では、ビジネス・キャリア検定試験の実施とともに、学習環境を整備することを目的として、標準テキストを発刊しております。

　本書は、2級試験の受験対策だけでなく、その職務のグループやチームの中心メンバーとして特定の企業だけでなくあらゆる企業で通用する実務能力の習得にも活用することができます。また、企業の要として現在活躍され、あるいは将来活躍されようとする方々が、自らのエンプロイアビリティをさらに高め、名実ともにビジネス・プロフェッショナルになることを目標にし

ています。

　標準テキストは、読者が学習しやすく、また効果的に学習を進めていただくために次のような構成としています。

　現在、学習している章がテキスト全体の中でどのような位置付けにあり、どのようなねらいがあるのかをまず理解し、その上で節ごとに学習する重要ポイントを押さえながら学習することにより、全体像を俯瞰しつつより効果的に学習を進めることができます。さらに、章ごとの確認問題を用いて理解度を確認することにより、理解の促進を図ることができます。

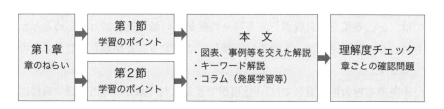

　本書が企業の人材力の向上、ビジネス・パーソンのキャリア形成の一助となれば幸いです。

　最後に、本書の刊行に当たり、多大なご協力をいただきました監修者、執筆者、社会保険研究所編集部の皆様に対し、厚く御礼申し上げます。

中 央 職 業 能 力 開 発 協 会

（職業能力開発促進法に基づき国の認可を受けて
設立された職業能力開発の中核的専門機関）

ビジネス・キャリア検定試験　生産管理分野
標準テキストの改訂に当たって

〔生産管理分野における「共通知識」及び「専門知識」について〕

　ビジネス・キャリア検定試験における生産管理分野におきましては、生産工程の川上から川下までの流れの中に存在する様々な領域を、関連する作業領域でまとめ、生産管理分野の知識として分類整理し、各試験区分にまとめさせていただいております。

　今般の改訂では、3級、2級共に、試験の範囲を「プランニング」（計画にかかわるもの）と「オペレーション」（実作業にかかわるもの）に大きく区分し、それぞれの試験区分の中での領域特有の知識について「専門知識」としてまとめた他、従前通り、全領域に共通して必要な「品質管理」、「原価管理」、「納期管理」、「安全衛生管理」、「環境管理」のいわゆるQCDSEの5つの管理項目にかかわる知識を「共通知識」といたしました。したがいまして、1つの試験区分の学習には「専門知識」と「共通知識」の2冊のテキストが必要ですが、同じ級の別の試験区分を学習するときには、その試験区分の「専門知識」のテキストのみの追加で済むことになります。

　また、今回の改訂では、これまでと同様に用語の多くをJIS（日本産業規格）から引用し、用語の標準化を図る一方、索引に掲載する用語を大幅に増やして検索しやすくいたしました。

　このように、効率的に学習でき、実務でも活用しやすいテキストの編集とさせていただきましたので、ビジネス・キャリア検定試験の準備にとどまらず、業務を進めるときにもご活用いただきたく存じます。

令和5年4月28日

監　修　者

〔参考〕生産管理分野 標準テキスト一覧
【共通知識】生産管理2級
　　　　　　生産管理3級
【専門知識】生産管理プランニング2級
　　　　　　生産管理プランニング3級
　　　　　　生産管理オペレーション2級
　　　　　　生産管理オペレーション3級

目次

ビジネス・キャリア検定試験　標準テキスト
【共通知識】生産管理 **2級**〔第2版〕

品質管理

この章のねらい

　品質管理は、戦後アメリカの指導のもと製造工程へ統計的方法を適用する統計的品質管理から始まり、QCサークル活動を中心に品質改善活動が展開され、日本の品質面での国際競争力を向上させた。その後、企業活動のグローバル化に伴い、品質管理活動はISO9000シリーズ認証取得やTQMへ展開され、製品サービスの品質から経営システムの総合的質の向上を目標としている。

　第1章では、生産の目的であるQCD［Quality（品質）、Cost（コスト）、Delivery（納期）］のうちのQを対象とした品質管理について学ぶ。品質管理はQ＝品質の目標を達成するために4M［Man（作業者）、Machine（設備）、Material（原材料）、Method（方法）］を適切に設計し、効率的に運用する活動であるということができる。効率的に運用するためには、統計的品質管理をはじめとする手法や検査、品質保証の考え方を理解して実践していく必要がある。

品質管理の考え方

学習のポイント

◆品質の計画における要求品質、設計品質、製造品質の関係を
理解する。
◆要求品質および設計品質とコストの関係について理解する。

1 品質の計画

（1）品質管理とは

　品質とは、「対象に本来備わっている特性の集まりが、要求事項を満た
す程度」（JIS Q 9000：2015-3.6.2）と定義される。

　品質は生産者が決定するものではなく、使用者の使用目的を満たして
いるかどうかが重要であり、顧客志向の考えが定着している。

　管理とは、「経営目的に沿って、人、物、金、情報など様々な資源を最
適に計画し、運用し、統制する手続及びその活動」（JIS Z 8141：2022-
1104）と定義される。

　品質管理では、上記の品質を維持・向上させるための一連の活動を管
理のサイクルを回すといい、計画（Plan）－実施（Do）－評価（Check）－
対策（Act）という流れで循環させる。品質管理の目的は、買い手の要求
に合った品質を設計し、その品質の品物、サービスを経済的に作り出す
ことにある。オペレーションでは後者の品質、サービスを経済的に作り
出すことに重点があり、Qを達成するための手段である4M［Man（作
業者）、Machine（設備）、Material（原材料）、Method（方法）］を効率
的に管理していくことが重要である。

（2）品質の分類

品質を消費者、開発者、製造者の視点で分類すると以下のようになる。

1）要求品質

要求品質は、顧客が要求する品質で、市場品質とも呼ばれる。営業部門やマーケティング部門で市場調査などによって情報収集を行い、マーケットに適合した品質を把握する必要がある。不適合とは、「要求事項を満たしていないこと」（JIS Q 9000：2015-3.6.9）と定義され、欠陥とは、「意図された用途又は規定された用途に関する不適合」（JIS Q 9000：2015-3.6.10）と定義される。

2）設計品質

要求品質を把握した後、自社内の技術、設備能力、コストや競合他社の品質水準などから生産する品質目標をどこに置くかを決める。ねらいの品質とも呼ばれる。

3）製造品質

設計品質をねらいとして生産する製品の実際の品質で、できばえの品質、適合品質とも呼ばれる。製品のバラツキを考慮した基準を設定し管理することが重要である。

最近では、これらに加え社会的品質として、製品のライフサイクル全体にわたり環境や安全などへの影響も取り上げられるようになってきた。

品質管理において特性とは、「特徴付けている性質」（JIS Q 9000：2015-3.10.1）と定義され、品質特性とは、「要求事項に関連する、対象に本来備わっている特性」（JIS Q 9000：2015-3.10.2）と定義される。品質は図表１-１-１のように複数の品質特性で構成される。

また、品質特性は真の特性と代用特性に分けられる。真の特性は顧客が要求している品質のことである。また、真の特性を直接測定することが困難な場合に、その代わりに用いるものを代用特性という。たとえば、静かな（心地よい）動作音といった場合には、音の強さ、周波数などが代用特性となり、製造過程では代用特性を使って管理することになる。

図表1−1−1 ●品質と品質特性

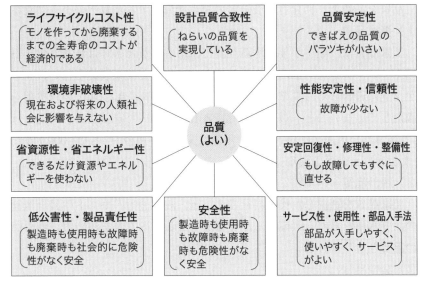

出所：佐々木脩・谷津進『図解品質管理用語辞典』日刊工業新聞社

代用特性を管理することで使用目的を満たしているかどうかを判定するが、製造工程では真の特性を把握して作業することが重要である。

また、前記のように静かな音といった人間の感性に依存する真の特性を官能特性といい、測定器などで直接測定することが難しく、人間の五感で真の特性を評価する場合もある。

（3）設計品質とコスト

設計品質は、顧客の要求、市場、経済性、自社の技術水準、機械・設備などを考慮し、決定される。顧客が要求する要求品質を網羅的に満たす品質を設計すると製造コストは上昇する。また、要求品質を高いレベルで満たしている製品やサービスは、価格を高く設定しても顧客は購入することもあるが、ある製品やサービスの機能に対して支払ってもよい価格には上限があり、販売価格を一定以上には高く設定できない。顧客

の要求品質を網羅的に満たすのではなく、ターゲットを絞り製造コストを抑えることで、利益を最大とする設計品質を目指すのが一般的である。しかし、企業方針により、利益最大をねらう場合もあれば、利益が少なくても高品質をねらう場合もある。また、製品の価格を抑え薄利多売をねらう企業もあり、それぞれの企業方針に基づいた品質管理を行う必要がある。→図表1-1-2

図表1-1-2 ● 品質と価格・コスト

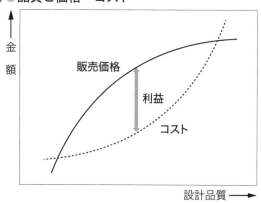

2 品質の作り込み

(1) 製造品質と工程設計

　製造品質は、設計品質をねらいとして生産する製品の実際の品質である。一般に、設備費や検査費用などの品質管理費を増加させれば、製造品質は向上し、不適合品の発生による損失が減少する。一方、品質管理費を減少させると製造品質は低下し、不適合品の発生による損失が増加する。品質管理費と不適合品の発生による損失の合計を総費用として、その関係を図にしたものが図表1-1-3である。発生費用は、不適合品の発生による損失の曲線と品質管理費の曲線の交点で最小となり、費用面のみを考えれば、この点に製造品質を設定するのが理想である。しか

し現実には、製品の不適合品発生の許容値や品質管理体制を考慮して決定する必要がある。たとえば、不適合品による損失が大きい場合は、品質管理費が増加しても不適合品を出さないように工程を設計する必要がある。また、製品単価が安く多少の不適合品が許容される場合には、品質管理費を下げコストが最小となるように工程を設計することができる。

図表1-1-3 ● 製造品質とコスト

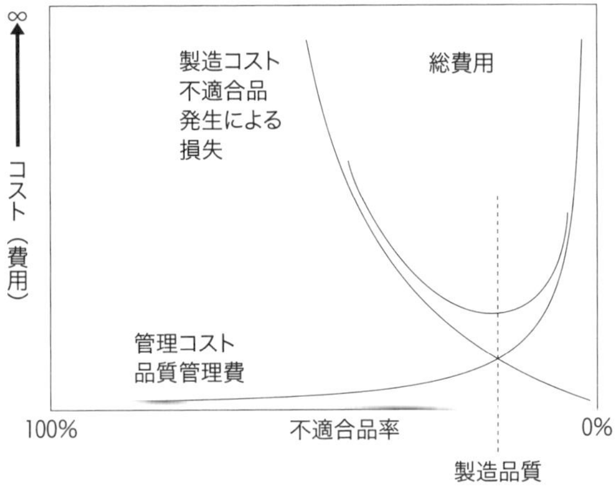

一般に「品質が上がれば、不適合品が減少しコストが下がる」というのが品質管理の基本的な考え方であるが、品質特性で見たように、品質とコストに関する特性は多岐にわたる。このような品質とコストの関係について、フェイゲンバウム（A. V. Feigenbaum）らによって提唱された品質コスト（cost of quality）という概念がある。品質コストには以下のような「直接的・間接的に、不適合品を作ることに伴うコスト」があるという考え方である。

○予防コスト

　不適合の原因を探し出し、それを除去し、不適合品の発生を予防するためのコストで、品質計画コスト、デザインレビュー、作業者訓練コストなどが含まれる。

○検査コスト

　品質水準を評価し、不適合品を検出し、選別にかかるコストで、受入検査コスト、工程検査・最終検査コスト、試験設備保守コストなどがある。

○内部失敗コスト

　不適合品を手直ししたり、再検査したりするためのコスト、また、不適合品の発生によりラインストップや歩留まりロスによる損失コストなどがある。

○外部失敗コスト

　クレーム処理（調査、是正処置）、返品回収、代替品の納入、客先での選別・修理や値引きなどによる損失コストなどがある。

　以上のような品質コストの総和が最小となるように、品質を計画していくことが重要である。また、消費者の立場からは、製品を購入して使用を中止するまでのトータルコストとしてのライフサイクルコストが重要となってきており、取得コストと維持・廃棄コストまでを考慮した製品企画が重要である。

（2）設計品質と製造品質

　設計品質（ねらいの品質）では要求品質を満たすために、製造コストを下げ、品質レベルを向上させることが必要である。そのためには技術開発や設計レベルを向上させ、品質特性の水準（平均値）を上げることが必要である。一方、製造品質（できばえの品質）は設計品質で提示されたねらいにいかに適合させるかが重要であり、品質レベルを向上させるためには、品質特性のバラツキを減少させることが必要となる。自動車のエンジンの品質特性である出力を例にとると、設計品質の向上は、高出力・低燃費・低コストを実現することであり、製造品質の向上は、設計品質で設定されたねらいの出力をバラツキなく製造することにある。製造工程で、設計品質で提示された以上の高出力のエンジンを製造した場合、品質特性の水準を上げたことになるが、製造品質という面から見

図表1-1-4 ● 品質の向上

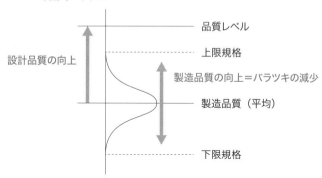

ると不適合品質となる。→図表1-1-4

（3）魅力的品質、一元的品質、当たり前品質

　充足・不充足に対する満足度で品質を分類すると、魅力的品質、一元的品質、当たり前品質に分類される。魅力的品質は、それが充足されれば満足を与えるが、不充足であってもしかたないと受け取られる品質である。一元的品質は、それが充足されれば満足、不充足であれば不満を引き起こす品質である。当たり前品質は、それが充足されれば当たり前と受け取られるが、不充足であれば不満を引き起こす品質である。

　たとえば、充電しないでいつまでも使えるスマートフォンが開発されたとしたら、充電不要は魅力的品質といえる。しかし、充電不要の製品が市場にほとんど出回ると、充電不要は当たり前の品質になると考えられる。

3　管理のサイクルと改善

（1）管理のサイクル（PDCA）

　管理のサイクルを回すことは、計画（Plan）－実施（Do）－評価（Check）－対策（Act）という流れで管理活動を循環させることである。品質やプロセス（工程）を管理する基本的なサイクルである。その頭文字を取っ

てPDCAサイクルともいう。

① 計画（Plan）——目標を設定し、目標を達成するために必要な方法・条件を立案する。

② 実施（Do）——計画に従って実行し、目標を達成するために活動（教育や訓練を含む）する。

③ 評価（Check）——実施した結果を把握し、計画で設定した目標との差異を評価する。

④ 対策（Act）——評価した差異の原因を調査し、対策を立案し、次の計画にフィードバックする。

（2）維持管理と改善

管理水準が目標値に達している場合は、Plan（計画）の代わりにStan-dardize（標準化）を使い、SDCAサイクルと呼ぶこともある。標準化とは、「設計、計画、業務、データベースなどで繰り返し共通に用いるために標準を設定し、標準に基づいて管理活動を行うこと」（JIS Z 8141：2022 −1105　注釈1）と定義される。→本章第5節

図表1-1-5 ● 維持管理と改善（スパイラルアップ）

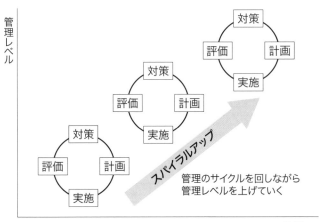

　標準化は管理のサイクルを、標準をよりどころとして回すことであり、業務を効率的に遂行するために重要となる。さらに管理のサイクルを回しつつ、スパイラルアップさせることで改善を進めていくことが重要である。標準は一度設定したらよいというものではなく、常に改善を実施し標準そのもののレベルを上げていくべきものである。→図表1-1-5

4 改善の進め方

　改善活動は問題解決のプロセスととらえることもできる。また、問題は、設定されている目標と現実とのギャップとして認識される。改善活動の効果を上げるために、定石ともいえる改善のステップがある。このステップは品質管理活動においてはQCストーリーとも呼ばれ、現場の

図表1-1-6 ● QCストーリー

a) 問題解決型QCストーリー

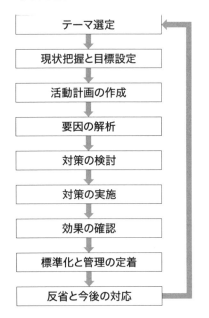

b) 課題達成型QCストーリー

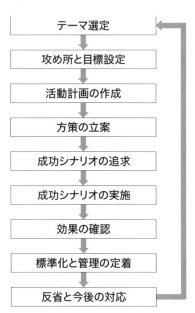

QCサークル活動などで使われて効果を上げている。また、効果的に改善を進めていくために、QCストーリーの各ステップにおいて本章第2節で解説するさまざまな手法を活用する。

QCストーリーには、図表1-1-6に示すように問題解決型QCストーリーと課題達成型QCストーリーという2つの異なるタイプがある。

問題解決型QCストーリーは、設定されている目標と現実のギャップを埋めながら、現実の姿を目標に近づけるよう問題解決を図っていく活動である。

一方、課題達成型QCストーリーは、目標を設定し、その目標と現実のギャップを埋めながら、現実の姿を理想の姿に近づくよう問題解決を図っていく活動である。

第 2 節 統計的手法

学習のポイント

◆統計的手法に関する基本的な事項を理解する。
◆統計的手法を用いて工程の解析・改善を進めることができるようにする。
◆仮説検定、実験計画法、信頼性など分野別に必要となる統計手法を理解する。

1 統計的手法

(1) 品質管理と統計的手法の関連等

　ある事象に対する認識のプロセスを考えると図表1-2-1のようになる。たとえば、対象とする事象として製品の不適合品率を考えると、全製品を対象に検査するのは現実的ではない。したがって、事象を代表するような標本（サンプル）として一定量の製品を抽出する。標本に対して測定を行いデータを得る。データを収集・分析し製品の不適合品率などの情報を得ることが可能となる。

　品質管理においては、事実に基づいて行動することが求められる。製

図表1-2-1 ●事象の認識プロセス

造した製品は規格に沿っているのか、製造工程は安定しているのか、不適合品は発生していないかなどを把握するためには、製品や原材料からデータを取り、常に把握することが必要である。生産現場では、さまざまなデータが取られているが、どのような目的でデータを収集し、記録するのかを明確にすることが重要である。

　製造されたネジの中からサンプルを取り、それらの寸法を測定し、その結果からネジのロット（製造単位）の全体が合格かどうかを判断する。図表1-2-2に示すように、工程またはロットを母集団と呼び、母集団からその一部を取り出したものをサンプル、試料または標本という。母集団には有限母集団と無限母集団があり、有限母集団は、ロットなど1つの有限の集まりで、無限母集団は、製造工程などの連続的に製品が製造される無限の集団である。母集団からサンプルを抜き取り、そのサンプルの情報から母集団の工程平均・分散や品質などを推定する。すなわち、統計的推理はサンプルをもとにして、母集団を推測して管理・検査し、必要に応じて改善などの処置をとる行為である。

図表1-2-2 ●母集団とサンプル

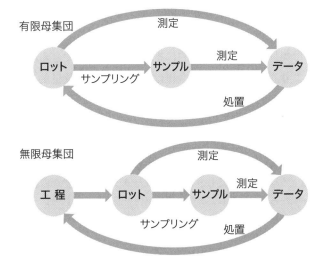

（2）データの数量化

　品質管理で用いられるデータは、計量値と計数値の2つに分けられる。計量値は、長さ、温度、重さなど測定値として得られる値であり、ある区間内の任意の値を取りうる連続確率変数 Key Word で表されるデータである。一方、計数値は、事故数、不適合品数、件数など個数として数えられる値であり、離散確率変数 Key Word で表されるデータである。同じ数字データとして得られる計量値と計数値であっても、そのデータの性質が違うため、統計的な処理方法も異なるので、注意が必要である。計量値のデータの場合には、多くが正規分布に使うのに対して、計数値のデータの場合には、二項分布やポアソン分布などに使う。品質管理では、計量値データの中心位置やバラツキの状態（分布）を視覚的に把握するためにヒストグラムが用いられる。

　ある製品の重さを測定したデータをもとに、作成したヒストグラムを図表1-2-3に示す。ここでは、ヒストグラムからの情報として、200g前後が最も多く、181〜230gの範囲にばらついていることがわかる。また、ヒストグラムに書き込んだ規格に対して、どのように分布しているのかを確認するのに有効である。

　一般的には、安定した工程からのデータで作成されたヒストグラムの分布の形は、中央ほど高く左右対称の釣り鐘型をしている。ヒストグラムにより、母集団の分布を視覚的に把握することができる。しかし、分布に関するより正確で客観的な情報は、その特徴を数量的に示すことが必要である。そのため、図表1-2-4に示すようにサンプリングによっ

Key Word

確率変数——実験や測定などを同じ条件下で繰り返すことにより、起こりうる事象を数値（確率）で表したものを確率変数という。確率変数の取ることのできる値が−∞から＋∞であり、実数連続な場合を連続確率変数という。それに対して、確率変数の取ることのできる値が有限個（個数、人数など整数で表すことのできる）の場合を離散確率変数という。

図表1-2-3 ● ヒストグラム

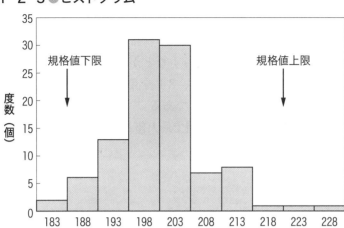

図表1-2-4 ● 母集団と標本

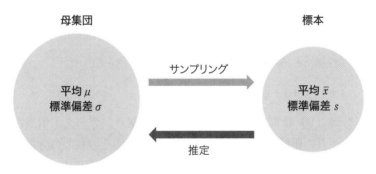

てサンプル（標本）を抽出し、データから平均 $\bar{x}$ と標準偏差 s を計算し、母集団の平均 μ と標準偏差 σ を推定する。

　一般的に分布の中心的な位置を表すものに平均値がある。ある製品10個の重さ（ g ）のデータ〔5、10、15、15、20、25、25、25、30、30〕を用いて、平均値 $\bar{x}$ を算出すると次のようになる。

$$\overline{x} = \frac{1}{n} \sum_{i=1}^{n} x_i = \frac{5 + 10 + \cdots + 30}{10} = 20$$

分布のバラツキを表す数量的な指標（統計量）には、範囲（R）、平方和（S）、分散（V）、標準偏差（s）などがある。ある製品5個の寸法（mm）のデータ〔4、5、6、7、8〕を用いて各統計量を解説する。なお、このデータの平均値 $\overline{x}$ は6である。

① 範囲（R）は、1組の測定値で最大値と最小値の差で求められ、計算が簡単で容易に求められる。

$$R = x_{max} - x_{min}$$
$$= 8 - 4 = 4$$

② 平方和（S）は、平均値からの偏差（各データの平均からの距離）を算出したものである。そのため、偏差平方和と呼ぶこともある。

$$S = (x_1 - \overline{x})^2 + (x_2 - \overline{x})^2 + \cdots\cdots + (x_n - \overline{x})^2$$
$$= \sum_{i=1}^{n} (x_i - \overline{x})^2$$
$$S = (4-6)^2 + (5-6)^2 + (6-6)^2 + (7-6)^2 + (8-6)^2$$
$$= 4 + 1 + 0 + 1 + 4 = 10$$

③ 分散（V）は偏差平方和をデータ数で割り、データ1個当たりの平均からの距離を求めたものである。母集団そのものの分散である母分散（σ^2）（有限母集団ですべてのデータを対象に求めた分散）と、母集団から取られた標本から計算し、統計的推論に用いる分散である標本分散（$V = s^2$）（無限母集団を対象とする場合）がある。V は母分散の不偏推定量 **Key Word** であることから不偏分散と呼ぶこともあ

Key Word

不偏推定量──標本から計算された推定値が母集団の値と一致するような推定量。

る。下記の標本分散（V）式の分母 $n-1$ を自由度（degree of free-dom）と呼び、標本分散は平方和を自由度で割った値となる。

母分散 σ^2

$$\sigma^2 = \frac{S}{n}$$

$$= \frac{1}{n}\sum_{i=1}^{n}(x_i - \overline{x})^2 \qquad (\overline{x} = \mu)$$

$$= \frac{10}{5} = 2$$

標本分散 $V = s^2$

$$s^2 = \frac{S}{n-1}$$

$$= \frac{1}{n-1}\sum_{i=1}^{n}(x_i - \overline{x})^2$$

$$= \frac{10}{5-1} = 2.5$$

④ 標準偏差

　分散は、個々のデータと平均の距離が2乗されている。したがって、平方根をとることで、元の測定値の単位と等しくなる。標準偏差の値が大きいほど、分布が広くデータが中心から離れており、ばらついていることを意味している。分散と同様に母標準偏差（σ）と標本標準偏差（s）がある。

$$\sigma = \sqrt{\frac{S}{n}}$$

$$= \sqrt{\frac{1}{n}\sum_{i=1}^{n}(x_i - \overline{x})^2} \qquad (\overline{x} = \mu)$$

$$= \sqrt{2} \fallingdotseq 1.41$$

$$s = \sqrt{V} = \sqrt{\frac{S}{n-1}} = \sqrt{\frac{1}{n-1}\sum_{i=1}^{n}(x_i - \overline{x})^2}$$

$$= \sqrt{2.5} \fallingdotseq 1.58$$

（3）確率分布

　品質特性値の分布は、データの種類によって、決まった形になることがわかっている。重さや長さなどの計量値の分布を表す代表的な分布である正規分布と、不適合品率、不適合品数、不適合数などの計数値は、二項分布、ポアソン分布などに従う。以下にそれぞれの確率分布について解説する。解説には確率分布の理論式が登場するが、実務で使用する際は数値表などが利用できる。ここでは、各確率分布の意味や特徴を理解することを目的とする。

Ⅰ　正規分布

$$f(x) = \frac{1}{\sqrt{2\pi}\,\sigma} e^{-\frac{(x-\mu)^2}{2\sigma^2}}$$

で表される分布を正規分布といい、平均値を中心に左右対称な山形の分布である（→図表１-２-５）。一般に、平均μ、標準偏差σの正規分布を$N(\mu, \sigma^2)$と表す。なお、Nは正規分布（nomal distribution）の記号である。

図表１-２-５●密度関数（分布曲線）

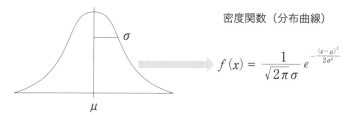

密度関数（分布曲線）

$$f(x) = \frac{1}{\sqrt{2\pi}\,\sigma} e^{-\frac{(x-\mu)^2}{2\sigma^2}}$$

　正規分布は、平均μから標準偏差$\pm\sigma$の区間に入る相対度数、すなわち確率をパーセントで表すと、図表１-２-６のようになる。一般に正規分布に従うデータの場合、平均μから$\pm1\sigma$を超えるデータは約31.7%、平均μから$\pm2\sigma$を超えるデータは約4.6%、平均μから$\pm3\sigma$を超えるデータは約0.3%であり、この性質を利用して製造工程などで統計的品質管理が実施される。

図表1-2-6 ● 標準偏差±σと確率

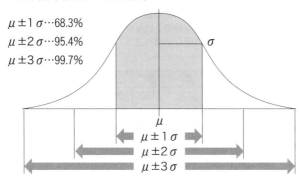

$\mu \pm 1\sigma \cdots 68.3\%$
$\mu \pm 2\sigma \cdots 95.4\%$
$\mu \pm 3\sigma \cdots 99.7\%$

σ

μ
$\mu \pm 1\sigma$
$\mu \pm 2\sigma$
$\mu \pm 3\sigma$

Ⅱ 標準正規分布

　母集団が正規分布の場合、μ と σ がわかれば、ある区間における確率は、密度関数を定積分することにより求めることができる。しかし実務に応用する場合、いちいち積分計算を行うことは現実的ではない。そこで、μ、σ がどのような値でも、σ のある比率に入る割合が一定である性質を利用して、あらかじめ標準となる正規分布の割合を求めて表にし、任意の μ、σ の値を換算することにより確率を求めることが一般的に行われる。この標準となる正規分布のことを、標準正規分布（基準正規分布＝ $N(0,1)$）といい、$\mu = 0$、$\sigma = 1$ の正規分布である。標準正規分布の、平均 $\mu = 0$ から、z までの区間の確率を表にしたものが標準正規分布表である。→図表1-2-7

　任意の正規分布 $N(\mu, \sigma^2)$ のある範囲の確率は、確率変数 x を標準正規分布上の z の値に変数変換することで求められる。正規分布の形状は、μ と σ で完全に決まり、相対度数の割合は、μ と σ がいかなる値をとっても一定となることから、確率変数 x と z の関係は $x = \mu + z\sigma$ である。z を x によって表すと、以下を得る。これを一般に標準化の公式と呼ぶ。→図表1-2-8

　たとえば、ある製品の長さの分布は平均170mm、標準偏差8mmの正規分布に従うとする。次の割合を求めることを考える。

19

図表１−２−７ ● 標準正規分布表

標準正規分布の０からｚまでの面積を求める表である。
ｚ値の行は少数第１位までを、列は少数第２位を表す。
ｚの負値に対する面積は対象性を利用して求める。

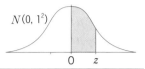

Z	.00	.01	.02	.03	.04	.05	.06	.07	.08	.09
0.0	.0000	.0040	.0080	.0120	.0160	.0199	.0239	.0279	.0319	.0359
0.1	.0398	.0438	.0478	.0517	.0557	.0596	.0636	.0675	.0714	.0753
0.2	.0793	.0832	.0871	.0910	.0948	.0987	.1026	.1064	.1103	.1141
0.3	.1179	.1217	.1255	.1293	.1331	.1368	.1406	.1443	.1480	.1517
0.4	.1554	.1591	.1628	.1664	.1700	.1736	.1772	.1808	.1844	.1879
0.5	.1915	.1950	.1985	.2019	.2054	.2088	.2123	.2157	.2190	.2224
0.6	.2257	.2291	.2324	.2357	.2389	.2422	.2454	.2486	.2517	.2549
0.7	.2580	.2611	.2642	.2673	.2704	.2734	.2764	.2794	.2823	.2852
0.8	.2881	.2910	.2939	.2967	.2995	.3023	.3051	.3078	.3106	.3133
0.9	.3159	.3186	.3212	.3238	.3264	.3289	.3315	.3340	.3365	.3389
1.0	.3413	.3438	.3461	.3485	.3508	.3531	.3554	.3577	.3599	.3621
1.1	.3643	.3665	.3686	.3708	.3729	.3749	.3770	.3790	.3810	.3830
1.2	.3849	.3869	.3888	.3907	.3925	.3944	.3962	.3980	.3997	.4015
1.3	.4032	.4049	.4066	.4082	.4099	.4115	.4131	.4147	.4162	.4177
1.4	.4192	.4207	.4222	.4236	.4251	.4265	.4279	.4292	.4306	.4319
1.5	.4332	.4345	.4357	.4370	.4382	.4394	.4406	.4418	.4429	.4441
1.6	.4452	.4463	.4474	.4484	.4495	.4505	.4515	.4525	.4535	.4545
1.7	.4554	.4564	.4573	.4582	.4591	.4599	.4608	.4616	.4625	.4633
1.8	.4641	.4649	.4656	.4664	.4671	.4678	.4686	.4693	.4699	.4706
1.9	.4713	.4719	.4726	.4732	.4738	.4744	.4750	.4756	.4761	.4767
2.0	.4772	.4778	.4783	.4788	.4793	.4798	.4803	.4808	.4812	.4817
2.1	.4821	.4826	.4830	.4834	.4838	.4842	.4846	.4850	.4854	.4857
2.2	.4861	.4864	.4868	.4871	.4875	.4878	.4881	.4884	.4887	.4890
2.3	.4893	.4896	.4898	.4901	.4904	.4906	.4909	.4911	.4913	.4916
2.4	.4918	.4920	.4922	.4925	.4927	.4929	.4931	.4932	.4934	.4936
2.5	.4938	.4940	.4941	.4943	.4945	.4946	.4948	.4949	.4951	.4952
2.6	.4953	.4955	.4956	.4957	.4959	.4960	.4961	.4962	.4963	.4964
2.7	.4695	.4966	.4967	.4968	.4969	.4970	.4971	.4972	.4973	.4974
2.8	.4974	.4975	.4976	.4977	.4977	.4978	.4979	.4979	.4980	.4981
2.9	.4981	.4982	.4982	.4983	.4984	.4984	.4985	.4985	.4986	.4986
3.0	.4987	.4987	.4987	.4988	.4988	.4989	.4989	.4989	.4990	.4990

図表1-2-8 ● 正規分布の標準化

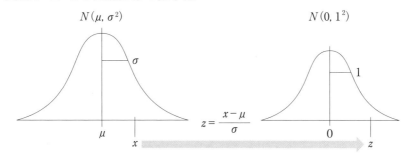

① 長さが170mmから182mmの製品は全体の何%か。

$$z = \frac{x - \mu}{\sigma} = \frac{182 - 170}{8} = 1.5$$

$P(170 < x < 182) = P(0 < Z < 1.5) \fallingdotseq 0.4332$

（正規分布表から$z = 1.5$の面積を読む。なお、$P(\cdots)$は、…の条件を満たす確率を意味する）

② 長さが178mmを超える製品は全体の何%か。

$$z = \frac{x - \mu}{\sigma} = \frac{182 - 170}{8} = 1$$

$P(x > 178) = P(z > 1) \fallingdotseq 0.5 - 0.3413 = 0.1587$

③ 長さが154cmに満たない製品は全体の何%か。

$$z = \frac{x - \mu}{\sigma} = \frac{154 - 170}{8} = -2$$

$P(x < 154) = P(z < -2) = P(z > 2) \fallingdotseq 0.5 - 0.4772 = 0.0228$

Ⅲ 二項分布

二項分布は、確率 p で事象が起こり、確率 $1-p$ で起こらないものとする試行を n 回独立に繰り返し行った場合に x 回だけ事象が起こる確率分布である。コインの表と裏が出る確率などが代表的な例である。不適合品率 p のロットからランダムに大きさ n のサンプルを取ったときに、n 個中に不適合品が x 個含まれる確率 P_x は、以下のようになる。

$$P_x = \frac{n!}{x!(n-x)!} p^x (1-p)^{n-x} \qquad (x=0、1、2 \cdots\cdots、n)$$

たとえば、$p = 0.05$ のロットから大きさ $n = 20$ のサンプルを取ったときの不適合品が 4 個現れる確率は、以下のようになる。

$$P_x = \frac{20!}{4!(20-4)!} (0.05)^4 (1-0.05)^{20-4} \fallingdotseq 0.013$$

サンプル中の不適合品数 x とサンプル不適合品率 p の平均と標準偏差は、以下のようになる。

平均 $\qquad \mu = np$

標準偏差 $\quad \sigma = \sqrt{np(1-p)} = \sqrt{npq}$ $\quad$ ただし、$q = 1-p$

たとえば、$p = 0.15$ のロットから大きさ $n = 20$ のサンプルを取ったときの平均と標準偏差は、以下のようになる。

$$\mu = 20 \times 0.15 = 3$$
$$\sigma = \sqrt{20 \times 0.15 \times (1-0.15)} \fallingdotseq 1.597$$

二項分布は、n、p の値により分布の形が変化する。→図表 1-2-9・10

n が十分大きいか、p が 0.5 に近づくと左右対象の分布となり、正規分布に近似して処理することがある。

Ⅳ　ポアソン分布

ポアソン分布は、交通事故のようにある程度の長さの期間ではまれに起きるが、普段はめったに起きない現象における発生回数の確率分布で

図表1-2-9 ● 二項分布（$n = 10$、$p = 0.2$）

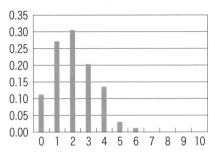

図表1-2-10 ● 二項分布（$n = 10$、$p = 0.5$）

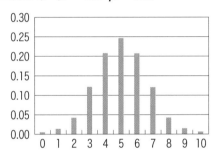

ある。製造工程が安定した状態で作り出される製品のキズの数、ピンホールの数、毎月の事故件数などの不適合の出現数は不規則に変化する。この不適合の出現する統計的な規則性を示す分布が、ポアソン分布とな

Column　知ってて便利

　正規分布の性質を用いて、母平均 μ に対する信頼率95％区間推定は、次式により求められる。

$$\bar{x} - 1.96\,\frac{\sigma}{\sqrt{n}} < \mu < \bar{x} + 1.96\,\frac{\sigma}{\sqrt{n}}$$

る。ポアソン分布はパラメータ m で決まる分布で、不適合数 $x = 0$、1、2、3、……のそれぞれの値が出現する確率 P_x は、次式により求められる。

$$P_x = e^{-m}\frac{m^x}{x!} \qquad (x = 0、1、2、3\cdots\cdots)$$

パラメータ $m = 1$、2、3、5の場合のポアソン分布の確率 P_x を、図表1-2-11に示す。この図表から、m の値が大きくなると分布の形が左右対称な正規分布に近づくことがわかる。また、ポアソン分布の不適合の出現数 x の平均と標準偏差は、次式により求められる。

平均　　　　$\mu = m$
標準偏差　　$\sigma = \sqrt{m}$

図表1-2-11●ポアソン分布

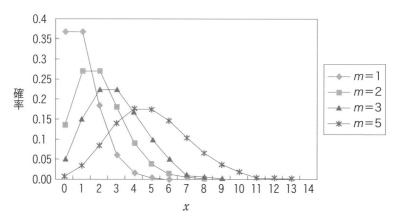

たとえば、自動編み機で、糸が絡み合って停止する事故が1日に平均3回発生する場合、事故が1日に6回発生する日は2ヵ月間に何日あるかをポアソン分布から推定する。

図表1-2-11から $m = 3$、$x = 6$ における確率 P_x は0.050であり、1ヵ

月間で事故が6回/日に発生する日は0.050 × 30日 = 1.5日/月となる。2ヵ月間に3日の割合で発生すると推定できる。

Ⅴ　指数分布

信頼性で扱われる分布の代表的なものに指数分布があり、ある機器が故障するまでの時間や待ち時間などを扱う場合に用いられる。システムや機器の故障は、バスタブ曲線に従って発生し、その故障パターンは初期故障期、偶発故障期、摩耗故障期がある。偶発故障期の故障や摩耗故障期の機器も予防保全により故障が発生する前に交換された場合には、故障は指数分布に従って発生することが知られている。

確率変数 t が、以下の関数で表されるとき、t は指数分布に従うという。

$$f(t) = \begin{cases} \lambda e^{-\lambda t} & (t \geqq 0) \\ 0 & (t < 0) \end{cases} \quad (\lambda > 0)$$

また、このとき平均 μ および分散 σ^2 は、以下のようになる。

$$\mu = \frac{1}{\lambda} \qquad \sigma^2 = \frac{1}{\lambda^2}$$

指数分布の時刻 t と λ の関係は図表1-2-12（a）のようになり、斜線の面積は「ある時刻 t までに故障を起こす確率」を表している。ある時刻 t までに故障を起こす確率 $F(t)$ は図表1-2-12（b）のように変化し、以下のようになる。

$$F(t) = 1 - e^{-\lambda t}$$

逆に、ある時刻 t までに故障を起こさない確率 $R(t)$ は図表1-2-12（c）のように変化し、以下のようになる。

$$R(t) = e^{-\lambda t}$$

この $R(t)$ を信頼度と呼び、製品の品質を表す尺度の1つである。ここで、λ は故障率を表している。たとえば、故障率が、2×10^{-3}/時間で

図表 1-2-12 ● 指数分布と故障率、信頼度

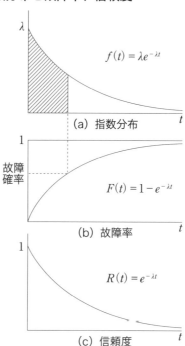

$f(t) = \lambda e^{-\lambda t}$

(a) 指数分布

故障確率

$F(t) = 1 - e^{-\lambda t}$

(b) 故障率

$R(t) = e^{-\lambda t}$

(c) 信頼度

あれば、1,000時間に2回の割合で故障することであり、この逆数を取ると平均μが求められ、以下のようになる。

$$\mu = \frac{1}{2 \times 10^{-3}} \text{時間} = \frac{1,000}{2} \text{時間} = 500 \text{時間}$$

この平均μのことを平均故障間隔（MTBF）という。また、ある機器のMTBFが2,000時間とすると、1,000時間使って故障しない確率は、以下のように求められる。

$$\lambda = \frac{1}{\text{MTBF}} = \frac{1}{2,000} = 5 \times 10 - 4$$
$$R(1,000) = e^{-\lambda t} = e^{-5 \times 10^{-4} \times 1,000} = 0.6065$$

2 統計的手法と改善

(1) QC七つ道具

　QC七つ道具は、品質管理上の問題解決を実施するために広く用いられている手法である。品質管理の基本的な考え方である、事実に基づく管理を実現するための数値データの収集、バラツキの容認、重点思考、原因追求などを行う手法の集まりである。具体的には、チェックシート、ヒストグラム、パレート図、特性要因図、散布図、層別、グラフ／管理図がある。

　以下に、それぞれの手法を使った改善事例を挙げ、手法の活用方法を示す。管理図に関しては本章第4節で詳細を解説する。

(2) チェックシート

　チェックシートは、日常管理における定期検査や日常検査などが簡単にチェックできるように作成された記録用紙である。製造現場では、作業を行いながら複数の項目をチェックし記録できるものが求められる。そのため、チェックシートは単票で構成されていることが望ましく、また、検査の目的やチェック項目が明確でなければならない。

　チェックシートは、目的により日常管理用と特別調査用があり、以下のような種類がある。

　① 日常管理用——設備点検用、安全作業点検用、整理整頓点検用、検査用（原材料・仕掛品・製品）など

　② 特別調査用——不適合項目調査用、不適合要因調査用、不適合発生位置調査用、分布調査用、ムダ・ムリ・ムラ調査用など

　作成したチェックシートから取られたデータの見方・検討の方法で重要なポイントは、以下のとおりである。

　・異常データ、異常状態をつかむ（標準や規格はずれ、通常とは異なる変化など）。

　・集計したデータはグラフや図法などにして、一目でわかるようにする。

27

図表1-2-13●定性的なチェックシートの例

集じん装置点検チェックシート　（　　月度）　　××課○○係（点検責任者）　㊞

重要	点検項目＼日付	1	2	3	4	5	6		23	24	25	26	27	28	29	30	31	連絡事項
A	メタル油量はよいか																	
A	メタル発熱はないか																	
B	異音はしてないか																	
A	吸引はよいか																	
B	安全カバーの状態はよいか																	
B	Vベルトの摩耗はないか																	
A	場外に粉じんは飛んでないか																	

（記入要項）

A：始業時/日
B：1回/月
正　常 ― ○
要検査 ― △
異　常 ― ×

日付	保全・故障・修理　明細	工数

（機械担当）

（班長）

（課長）

・層別された項目の層間の比較をし、差を解析する。

・一時点やある期間だけではなく、過去の状態と比較し推移を見る。

・一部の人だけではなく、関係者全員が参加して検討する。

図表1-2-13は、設備点検用のチェックシートの一例であり、作業標準などで決められた点検項目を確実にチェックできるようになっている定性的なチェックシートである。図表1-2-14は、衣類の製造における不適合項目を記録するチェックシートの一例である。用紙にはチェックする項目、日付・曜日、調査期間、調査員名などを記入するようになっており、1週間1シートとなっている。チェックシートを用いて、定量的なデータを収集することで、1週間で最も多い不適合項目は、“縫製”、“ボタン取り付け”であることがわかる。また、週末の金曜日と土曜日に不適合品が多く発生する傾向が見られる。チェックシートによる調査結果から、縫製による不具合の詳細や週末の不適合品発生の原因等を調査し、改善などの対策を検討することになる。

（3）ヒストグラム

母集団の性質であるデータの中心位置やバラツキの状態（分布）を視

図表1-2-14 ● 定量的データを収集するチェックシートの例

衣類の不適合項目チェックシート								
品　目：				期　間：　月　日〜　月　日				
				検査員：				
日付 項目　曜日	1 月	2 火	3 水	4 木	5 金	6 土	7 日	計
縫　製	//	/		//	////	////	/	16
裁　断	/	//	/		///	///	//	13
汚れ・シミ			/		//	//	/	8
キ　ズ	/			/		/	/	4
ボタン取り付け		/	/	//	///	////	//	14
ほつれ	/	/	//	/		///	/	11
その他	/	/	/		//	//	/	9
計	7	6	7	10	16	21	8	75

覚的に把握するためにヒストグラム（度数分布図）が用いられる。ヒストグラムは、製品品質の分布の状態や、製品の規格との関係を把握することに適している。ヒストグラムが規格に対して、どのような分布をしているのかを確認するためには、規格値をヒストグラムに書き込んでみるとよい。→図表1-2-15

（1）、（2）、（3）、（4）はいずれも規格を満足している。ただし、（2）、（3）は規格に対して余裕がないので注意が必要である。（5）、（7）は、平均値を規格の中心に近づけるような処置が必要であり、（5）の場合はバラツキを小さくすることも必要である。（6）は、バラツキを小さくする処置が必要である。

ある製品の品質特性を把握するために、製品の重量について図表1-2-16に示すヒストグラムを作成した。製品の重量は、7gから15gと広く分布し、規格値上限を超えた不適合品が発生していることがわかる。また、調査の結果、A機械とB機械の2つの機械で加工された製品が混在していることが判明した。

そこで、機械Aと機械Bを層別したヒストグラムを作成した。→図表1-2-17

層別した2つのヒストグラムを比較すると、機械Bで加工したほうが

図表 1 - 2 -15 ● 規格値とヒストグラムの関係

（a）規格を満足する場合の例

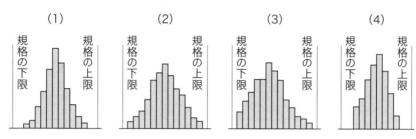

（b）規格を満足しない場合の例

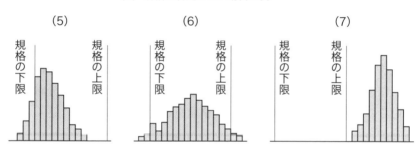

図表 1 - 2 -16 ● ヒストグラム（全体）

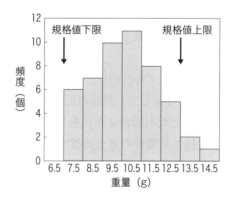

図表1-2-17●機械Aと機械Bを層別したヒストグラム

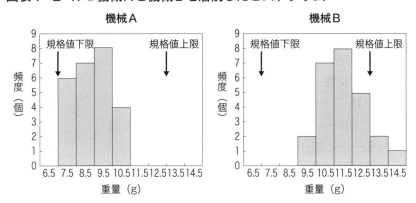

機械Aで加工したよりも、分布が右に偏っており、規格値上限を超えた不適合品が発生していることがわかった。両者の平均値と標準偏差を算出したところ、$\bar{x}_A = 8.94$、$\bar{x}_B = 11.61$、$s_A = 1.066$、$s_B = 1.297$であった。平均値および標準偏差ともに機械Bで加工したほうが機械Aで加工したよりも大きく、機械Bで規格を上回る不適合品が発生している原因を調査して、適切な処置をとることが必要である。

(4) パレート図

　パレート図は、不適合品数や不適合数、不具合件数などの計数データから、その状況別や原因別などに層別して分析するために用いられる。パレート図は、横軸に層別した項目を取り、その発生頻度（度数）の多い順に並べるものであり、さらに発生頻度（度数）の累積値を折れ線グラフで示す。パレート図を効果的に作成するための縦軸にはQCDを、横軸には4Mを中心とした以下のような項目を取り上げるとよい。

〈縦軸〉
　・品質――不適合件数、手直し数、返品数
　・金額――損出金額、販売金額、人件費、諸費用
　・時間――作業時間、稼働時間、故障時間

・安全——事故件数、災害件数、故障件数
・モラール——出勤率、災害件数、提案件数
〈横軸〉
・作業者——人別、係別、男女別、年齢別
・機械・設備——機械別、治具別、設備別、計器別
・原材料——ロット別、メーカー別、成分別
・作業方法——サイズ別、圧力・速度などの条件別
・現象——不適合項目別、不適合内容別、位置別
・時間——月別、週別、季節別、時間別

　また、一般にパレート図の縦軸の目盛りは件数や時間が使われるが、件数と損出金額が比例しない場合など、件数では真の問題を見落とすことになるため金額で表示したほうがよい場合もある。

　図表1-2-18は現象別パレート図である。このパレート図を見ると、第1位の項目「キズ」は全体の47.5％であり、このキズの発生原因を調査し、改善によりなくすことができれば、不適合品を半分にすることができる。

　パレート図のトップ項目（第1位の項目「キズ」）について、その内容をさらに細分化した原因別パレート図（→図表1-2-19）を作成すると原因の追求が容易になり、改善につながる。この例では、キズの原因となっているものは、「スレ」が大きいことがわかる。製造工程のどの時点でスレによるキズが発生しているかを調査する。

（5）層別と特性要因図

　製造した製品の品質のバラツキには、複数の原因が重なり合っている。たとえば、原材料の違い、加工した機械の違い、作業員の違い（熟練工と非熟練工）、作業時間（午前、午後、夕方）の違いなどがバラツキの原因となることがある。いくつもの原因が重なり合ってできた製品から、単にデータを取り、解析したとしても有用な情報は得られない。製造した製品を何らかの要因（バラツキの原因）ごとに層に分けて調べると、

32

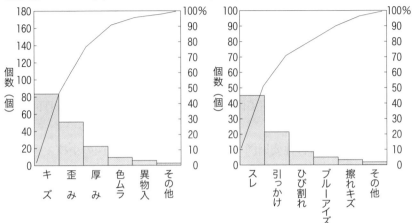

図表1-2-18 ●
現象別パレート図

図表1-2-19 ●
細分化した原因別パレート図（キズ）

有用な情報が得られることがある。このように層に分けることを層別という。目的とする特性に関して、層内がより均一になるように層を設定する。層別の対象となる項目は以下のようなものが挙げられる。

・時間別——時間、日、午前・午後、昼・夜、作業開始直後・終了直前、曜日・週・旬・月・季節別

・作業者別——個人、年齢、経験年数、男・女、組、直、新・旧別

・機械・設備別——機種、号機、形式、性能、新・旧、工場、ライン、治工具、金型、ダイス別

・作業方法・作業条件別——ラインスピード、作業方法、作業場所、ロット、サンプリング、温度、圧力、速度、回転数、気温、湿度、天候、方式別

・原材料別——メーカー、購入先、産地、銘柄、購入時期、受け入れロット、製造ロット、成分、サイズ、部品、貯蔵期間、貯蔵場所別

・測定別——測定器、測定者、測定方法別

・検査別——検査員、検査場所、検査方法別

・環境・天候別——気温、湿度、晴・曇・雨・雪、雨期・乾期、照明別

・その他——新製品・従来品、初物、適合品・不適合品、包装、運搬方法別

チェックシートなどで層別した項目を活用し、不適合品発生の現象を調査した後、原因を検討するために、特性要因図を作成する。特性要因図は、特性（結果）に対して要因（原因）がどのように影響しているのかを系統的に示したもので、その形が魚の骨に似ていることから、魚の骨とも呼ばれている。問題の因果関係を整理し原因を追求する目的に使用する。

図表1-2-20に特性要因図の一例を示す。特性要因図の小枝で書き込まれた要因を1つひとつ精査し、不適合品発生の原因を突き止め改善する。改善が行われた後は、再びチェックシートなどを作成し、改善の効果を確認する。

（6）散布図

2変数 (x, y) の関係をプロットしたものを散布図という。図表1-2

図表1-2-20 ● 特性要因図の例

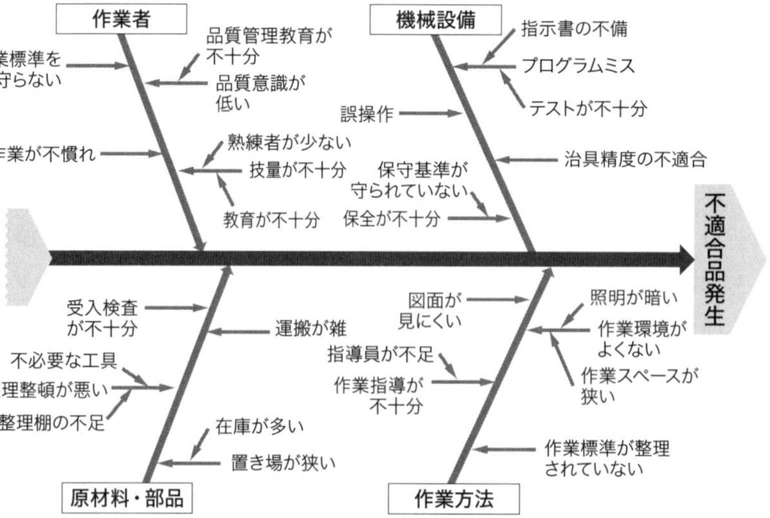

-21に示す散布図を書いてみると、2変数の関係をおおよそ把握することができる。xの値が増えるに従いyの値が増える傾向にある場合を正の相関があるといい、xの値が増えるに従いyの値が減っていく傾向にある場合を負の相関があるという。図表1-2-21の(a)は、xの値が増えるに従いyの値が直線的に大きくなる場合には、両者には強い正の相関関係があると考えられる。同図表の(b)のように、xの値が増えてもyの値に影響を与えない場合には、両者に相関がない。同図表の(c)のように、xの値が増えるに従いyの値が直線的に小さくなる場合では、両者には強い負の相関関係があると考えられる。

図表1-2-21 ● 散布図（2変数間の関係）

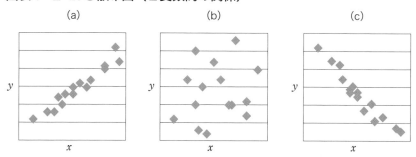

| (a) | (b) | (c) |

Ⅰ　相関係数

1変数のデータの特性を表す基本的な統計量として、平均と標準偏差があるが、2変数(x, y)を対象としたデータに関する特性を表す代表的な値として相関係数がある。相関係数は＋1から－1までの数値で示され、＋1に近い値というのは前掲の図表1-2-21の(a)のような直線的な関係の場合である。相関係数が0というのは同図表の(b)に当たるもので、一定の傾向を示さずばらついている場合には、両者には相関関係がないことを意味する。また、－1に近い値というのは同図表の(c)のような直線的な関係で、xの値が増えるに従い、yの値が直線的に少なくなる傾向にある。

相関係数は、対になったxとyに関する組のデータ(x_i, y_i)がある場合には、共分散(S_{xy})と平方和(S_x, S_y)から次式により求められる。

相関係数　　$r = \dfrac{S_{xy}}{\sqrt{S_x S_y}}$

ただし、　　$S_x = \sum_{i=1}^{n}(x_i - \bar{x})^2$、$S_y = \sum_{i=1}^{n}(y_i - \bar{y})^2$、$S_{xy} = \sum_{i=1}^{n}(x_i - \bar{x})(y_i - \bar{y})$

Ⅱ　回帰直線の推定

回帰式は、変数xに対して測定値yの母平均が、

$y = a + bx$

という式を求めることである。この式を回帰直線と呼ぶ。

測定データに対して、最もあてはまりのよい回帰直線を求めるためには、次のように考える。2変数(x_i, y_i)の対になっていた測定データに直線をあてはめると、x_iに対しては$(a + \beta x_i)$がyの推定値として得られる。これと測定値y_iとの差があてはまりの誤差ε_iである。この誤差ε_iを2乗したものをすべてのデータについて合計して、

$\varepsilon_i = y_i - (a + \beta x_i)$

$S_e = \sum_{i=1}^{n} \varepsilon_i^2$

$S_e = \sum_{i=1}^{n}(y - a - \beta x_i)^2$

を最小とするようにaとβを決めれば、xからyを推定するのに最も誤差が小さい回帰直線が得られることになる。この方法を最小二乗法という。→図表1-2-22

S_eを最小にするaとβは、この式を偏微分して0にした式から求められる。

$\dfrac{\partial S_e}{\partial a} = 0$、　　$\dfrac{\partial S_e}{\partial \beta} = 0$

図表1−2−22 ●最小二乗法の意味

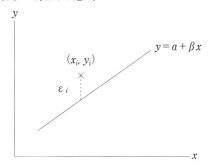

前記を解くと、次に示す方程式が得られる。

$$a\,n + \beta \sum_{i=1}^{n} x_i = \sum_{i=1}^{n} y_i$$

$$a \sum_{i=1}^{n} x_i + \beta \sum_{i=1}^{n} x_i^{\,2} = \sum_{i=1}^{n} x_i y_i$$

上記より以下のように a 、β を求めることができる。

$$a = \overline{y} - \beta\,\overline{x}$$

$$\beta = \frac{S_{xy}}{S_x}$$

　a 、b は最小二乗法で求めた a 、β の推定値を用いることにより、回帰式 $y = a + bx$ が導かれる。

〈事例〉

　ある製品の品質特性には、21kg以上の強度が必要である。製品の強度の分布と規格値下限のものがないのかを確認するために、図表1−2−23に示すヒストグラムを作成した。その結果、強度45.5kgを中心とした左右対称の分布になっておらず、分布に偏りが見られる。また、規格値下限を下回る製品が3個あることがわかった。

図表1-2-23●製品の強度のヒストグラム

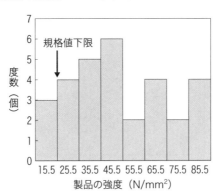

製品の強度に影響を与える要因を調査した結果、製造時の温度が関係しているのではないのかとの推測を立て、製造時の温度と製品の強度との関係を見るために、散布図を作成することとした。

図表1-2-24に示したデータは製造の温度 x（℃）と製品の強度 y（N/mm^2）を測定した結果である。製造の温度 x と製品の強度 y の関係をプロットした散布図を図表1-2-25に示す。この散布図を見ると、製造の温度が高くなると製品の強度も強くなるという傾向が見られる。そこで、どの程度の関連があるのかを見るために、製造の温度と製品の強度について、相関係数と回帰直線を求めた。

　相関係数　$r \doteqdot 0.688$
　回帰直線　$y \doteqdot 0.9099x - 6.1581$

相関係数が0.688と正の相関が見られ、温度が1度上がると強度が0.909 N/mm^2 強くなることがわかった。

今回の事例では、製造時の温度が高くなると製品の強度も強くなる傾向が見られ、製造時の温度が製品の強度に影響があると思われる。さらに製造時の最適温度などを検討し、製造時の温度管理などの改善を行うことになる。

図表1-2-24 ● 製造の温度xと製品の強度y

No.	x	y	No.	x	y	No.	x	y
1	49	33	11	93	87	21	61	57
2	60	26	12	63	40	22	63	50
3	54	61	13	39	12	23	82	69
4	65	48	14	29	14	24	63	90
5	52	39	15	51	71	25	71	75
6	49	21	16	65	34	26	74	52
7	34	29	17	40	41	27	73	67
8	69	90	18	87	65	28	70	55
9	86	49	19	34	19	29	82	85
10	48	38	20	54	28	30	86	50

図表1-2-25 ● 散布図と回帰直線

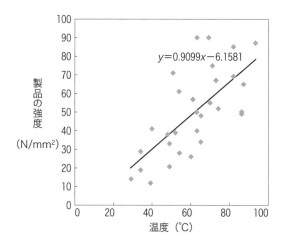

$y = 0.9099x - 6.1581$

これまで作業員に対し、製造時の温度測定の必要性や方法について十分な説明が行われていなかったため、製造時の温度管理を標準化し、改善を行った。そして、改善後の効果を確認するために、製品の強度のヒストグラムを作成した（→図表1-2-26）。その結果、強度45.5N/mm²を

図表1-2-26●製品の強度のヒストグラム（改善後）

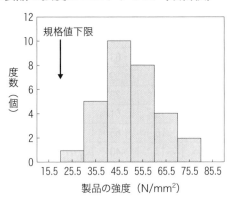

中心とした左右対称の分布となり、また規格値下限を下回る製品がなくなり、製造工程が改善されたことが確認できた。

（7）規格・公差・工程能力

I　規格値の表し方

　管理された工程から生産された製品の特性値にも、管理できない多くの偶然原因によりバラツキがある。また、同一の製品を繰り返し測定したデータも、多数の製品を1回ずつ測定したデータも、同様にバラツキをもっている。

　規格を決定するときには、基準値だけを指定しても実現は不可能である。したがって、実用上差し支えない範囲で許されるバラツキを決めて規定する必要がある。実用上許されるバラツキの範囲のことを公差や許容値という。

　公差は、規定された最大値と最小値の差をいい、許容値は、規定された基準値と限界値の差をいう。公差と許容値の関係を図表1-2-27に示す。

II　工程能力

　製品の品質を管理・改善するためには、製造工程を常に把握しておくことが求められる。製造工程が管理状態に維持されているのか、品質特

図表1-2-27 ● 公差と許容値

性が規格を満たしているのか、などを確認する必要がある。工程能力とは、「統計的管理状態にあることが実証されたプロセスについての、特性の成果に関する統計的推定値であり、プロセスが特性に関する要求事項を実現する能力を記述したもの」（JIS Z 8101-2：2015-2.7.1）と定義される。

　工程能力については、その品質特性と与えられた製品の規格との関係から、製品がどのくらい十分に規格を満たしているのかを表す工程能力指数 C_p を求める。

　S_U、S_L を規格（両側に許容限界がある場合）の上限と下限とすると、

$$C_P = \frac{S_U - S_L}{6\sigma}$$

として求められる。$S_U - S_L$ を規定された公差、6σ を工程の散布度と呼ぶ。また、片側にのみに許容限界がある場合には、

$$C_P = \frac{\bar{x} - S_L}{3\sigma} \quad または \quad C_P = \frac{S_U - \bar{x}}{3\sigma}$$

となる。また、平均が規格の中心からずれている場合は、上記 C_P の小さい値を取り C_{PK} と示す。C_P 値が1.33を超えている場合には規格に対して工程能力は十分と考えられる。C_P 値が1を超え1.33以下ならば工程能力

は許容範囲内であり、現状の工程管理が必要である。しかし、C_P値が1以下の場合には、工程能力が不十分で、規格を満たさない不適合品が多く発生する危険性があり、早急に改善を図らなければならない。→図表1-2-28

工程管理の重要な点は、製造された製品の品質特定が、"規定された公差"を満たしているだけではなく、品質のバラツキを小さくして、工程能力を高くすることである。→図表1-2-29

図表1-2-28 ● 工程能力の評価

C_P値	判定結果
$C_P > 1.67$	規格に対して十分すぎるほど余裕がある
$1.67 \geqq C_P > 1.33$	工程能力は十分ある。現状の管理を継続する
$1.33 \geqq C_P > 1.0$	規格に対して余裕がそれほどない。改善の必要がある
$1.0 \geqq C_P$	工程能力が不足している。早急に改善が必要である

図表1-2-29 ● 工程能力の例

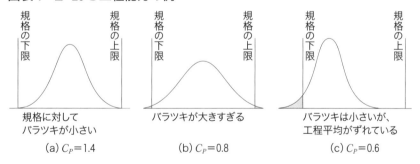

(a) $C_P=1.4$ 規格に対してバラツキが小さい
(b) $C_P=0.8$ バラツキが大きすぎる
(c) $C_P=0.6$ バラツキは小さいが、工程平均がずれている

Ⅲ 公差と経済性

公差の決定は、製品の要求品質を満足することが前提となる。一般に製品は多数の部品により構成されている。それらの部品を使って組み立てられた製品の公差を満足するように、部品の公差も決定する必要がある。

一般に、2種類の正規分布に従う独立なデータx、yがそれぞれ平均μ_x

μ_y、分散 σ_x^2、σ_y^2 をもつとき、2つのデータの和 $(x+y)$ および差 $(x-y)$ は正規分布に従い、平均および分散は次式により求められる。

平均　　$\mu_x \pm \mu_y$

分散　　$\sigma_x^2 + \sigma_y^2$

2種類のデータの和の分散でも、差の分散でも分散は加算されていく。この性質を分散の加法性と呼ぶ。

組立の公差の例として図表1-2-30の(a)、(b)について考えてみる。(a)は長さ x、y の部品を結合して x の長さの製品を組み立てる場合で、(b)は長さ z の原材料から x の長さを切削して長さ y の製品を作る場合である。(a)、(b)製品のおのおのの標準偏差を求めることを考える。

図表1-2-30 ● 部品の公差

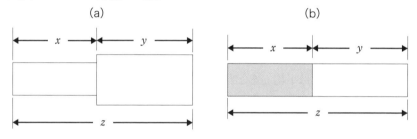

(a)　$\sigma_x = 0.6$mm、$\sigma_x = 0.4$mm の場合、製品の標準偏差 σ_z は以下のとおりである。

$$\sigma z^2 = \sigma_x^2 + \sigma_y^2 = 0.6^2 + 0.4^2 = 0.52$$
$$\sigma z = \sqrt{0.52} \fallingdotseq 0.72$$

(b)　$\sigma_z = 0.5$mm、$\sigma_x = 0.5$mm の場合、製品の標準偏差 σ_y は以下のとおりである。

$$\sigma_y^2 = \sigma_z^2 + \sigma_x^2 = 0.5^2 + 0.5^2 = 0.5$$
$$\sigma_y = \sqrt{0.5} \fallingdotseq 0.71$$

　公差の設定においては、設定した公差内で経済的に製品を製造できることが必要不可欠である。前述の工程能力にあるように、C_p値が1.33以下では製品に不適合品が混入する危険があり、逆に、C_p値が1.67を超える場合は工程能力に余裕がありすぎ、過剰品質ともいえる。品質面・管理面からC_p値は1.33を超え1.67以下の範囲になるような公差の設定が望ましい。

3　推定と仮説検定

（1）母集団の推定・検定

　推定・検定の方法は特性値が計量値であるか計数値であるかにより用いる確率分布が異なるが、ここでは計量値を例として正規分布を用いた方法を示し、その考え方を解説する。

Ⅰ　推定

　推定には点推定と区間推定がある。点推定は、前掲の図表1-2-4にあるように、母集団の平均μを標本平均$\bar{x}$で推定することである。しかし、標本平均$\bar{x}$は母平均μをどれくらいの確からしさで推定しているかはわからない。たとえば3個のデータからの$\bar{x}$と100個のデータからの$\bar{x}$では、同じ平均値でも100個のデータからの平均値のほうが、信頼性が高いと考えられる。一般に点推定値を表示する場合にはデータの個数nを併記して、推定の確からしさを定性的に確認している。

　区間推定は、「母平均μがある範囲にある確率はいくらである」のように推定することであり、推定の確からしさを明確にしたものである。

Ⅱ　仮説検定

　仮説検定は、対象とする母集団に関して「ある仮説（仮定）」が正しいかどうかを、サンプル（データ）を用いて客観的に判定する方法である。

　これまでA社の原材料を使っていた。A社の製品の不純物濃度の平均70ppm、標準偏差が8ppmであることが、過去のデータからわかっている。今回、単価が安いB社の製品に変更したい。不純物濃度に違いがあ

るかを検討するために、$n = 16$のサンプルを取り濃度を測定した結果、標本平均$\bar{x} = 64\text{ppm}$であった。仮説として、「A社の製品とB社の製品の不純物濃度は等しいといえるか」を考える。

まず、帰無仮説 **Key Word** と対立仮説 **Key Word** とを立てる。

帰無仮説：$\mathrm{H}_0 : \mu = 70\text{ppm}$
対立仮説：$\mathrm{H}_1 : \mu \neq 70\text{ppm}$

$$u_0 = \frac{\bar{x} - \mu}{\sigma_{\bar{x}}} = \frac{\bar{x} - \mu}{\sigma / \sqrt{n}} = \frac{64 - 70}{8 / \sqrt{16}} = \frac{-6}{2} = -3 \quad (\text{標準化の公式})$$

$|u_0| = 3 > 1.96 \quad (\text{危険率 } \alpha = 5\,\%\text{の場合})$

つまり、平均値μより今回計算された平均値$x = 64\text{ppm}$は平均より3σ右に位置している。正規分布の性質から$\mu \pm 3\sigma$の割合（確率）は約99.7％で、それを超える確率は0.3％である。したがって、3σを超える値が出現する確率が非常に小さいことを意味している。これは、B社の製品がA社の製品と不純物濃度が等しいという仮説が、間違っていることを示している。よって今回の結論は、帰無仮説（母数に変化はない。H_0と記す）を棄却する。

また、帰無仮説が棄却されたときに成り立つ仮説を対立仮説（H_1と記す）という。帰無仮説と対立仮説には、第1種の誤り（帰無仮説が正しいにもかかわらず、棄却する誤り）と第2種の誤り（対立仮説が正しいにもかかわらず、帰無仮説が正しいと判断する誤り）がある（→図表1－2－31）。検定の考え方は、帰無仮説を棄却して対立仮説を採択することであり、第1種の誤りを小さくすることである。検定では、第1種の誤

Key Word

帰無仮説、対立仮説——帰無仮説とは、「統計的検定によって検定される仮説」（JIS Z 8101-1：2015-1.41）と定義され、対立仮説とは、「帰無仮説が成り立たないときに、許容される確率分布の全ての集合又は部分集合の選択に関する主張」（JIS Z 8101-1：2015-1.42）と定義される。

図表1-2-31●2種類の誤り

	H₀が真	H₁が真
帰無仮説H₀を採択	正しい判定	第2種の誤り
対立仮説H₁を採択	第1種の誤り	正しい判定

りを5％以下（または1％以下）に設定することが一般的であり、この設定値のことを有意水準（危険率a）という。

　危険率aに対応するzの値は前掲の図表1-2-7の標準正規分布表から求める。たとえば、$a = 5$％の場合は、面積が0.475のzの値、1.96を得る。

　代表的な平均値に関する検定の方式を図表1-2-32に示す。母標準偏差が既知か未知であるか、データが計量値か計数値であるかで検定の方式が異なる。また、ここでは取り上げないが、分散に関する検定などもある。

図表1-2-32●検定の方式（平均値）

①	母平均と試料平均	母標準偏差が既知	計量値
②	母平均と試料平均	母標準偏差が未知	
③	両方とも試料平均	母標準偏差が既知	
④	両方とも試料平均	母標準偏差が未知	
⑤	母不適合品率と試料不適合品率	母不適合品率が既知	計数値
⑥	母不適合数と試料不適合数	母不適合数が既知	

（2）相関の検定

　2変数(x, y)を対象としたデータから計算した相関係数rは、母集団の相関係数ρに一致するわけではない。2変数間に相関関係があるのかを判断するためには、相関係数rの有意性の検定を行う必要がある。前掲図表1-2-24のデータで求めた製造の温度x（℃）と製品の強度y（N/mm²）の相関係数は$r = 0.688$となったが、この値から製造の温度が製品

の強度に影響を与えているといえるかという相関の検定を行う。

まず、帰無仮説と対立仮説を立てる。

帰無仮説：H_0： $\rho = 0$

対立仮説：H_1： $\rho \neq 0$

試料数は $n = 30$ であるので、相関係数の検定量 r' の値は下記の近似式から求める。

危険率 $a = 5$ ％の場合

$$r'(n-2, 0.05) = r'(28, 0.05) = \frac{1.960}{\sqrt{\phi+1}} = \frac{1.960}{\sqrt{29}} \fallingdotseq 0.3640$$

$r = 0.688 > r'(28, 0.05) = 0.3640$

危険率 $a = 1$ ％の場合

$$r'(n-2, 0.01) = r'(28, 0.01) = \frac{2.576}{\sqrt{\phi+3}} = \frac{2.576}{\sqrt{31}} \fallingdotseq 0.4627$$

$r = 0.688 > r'(28, 0.01) = 0.4627$

つまり、データから計算した相関係数 r が、近似式から求めた r' の値（危険率 $a = 1$ ％）よりも大きい場合には、危険率 1 ％で帰無仮説 H_0 は棄却される。したがって、製造の温度 x（℃）は製品の強度 y（N/mm^2）に影響を及ぼしていると考えられる。そのため、製造時の温度管理などの改善を行う必要がある。

4 　実験計画法

実験計画法とは、「効率的かつ経済的に、妥当で適切な結論に到達でき

るような実験を計画する方策」（JIS Z 8101-3：1999-序文）と定義される。このことから実験計画法では、以下のように実験の設計と解析という2つの方法から構成されている。

　〇要因配置法──実験の設計（効率的な因子の割り付け）
　〇分散分析法──実験の解析（得られたデータの解析）

（1）要因配置法

　たとえば、製品の接着強度に影響を与えている因子として、原材料と温度があるとする。2種類の原材料A_1、A_2および温度が4水準B_1、B_2、B_3、B_4があるとき、実験計画法を考慮しない場合の実験のやり方は一般的に以下のような手順となる。

① 　原材料A_1について、温度を4水準B_1、B_2、B_3、B_4に変化させて温度の最適条件を見つける。

② 　温度の最適条件、たとえばB_2に保ち、原材料をA_1、A_2に変化させて実験を行い、どちらの原材料がよいかを決定する（ただし、原材料A_1は①で実験済みなので5回実験を行うことになる）。

　実験の結果から最適な条件の組み合わせを設定し、たとえば、原材料A_2、温度B_2として製造条件を決定する。この結論にはいくつかの問題点がある。第1に、原材料A_1では温度B_2の水準が最適だったとしても、原材料A_2についても温度B_2が最適である保証はなく、別の温度水準のほうが適している可能性もある。このように、1つの因子の水準の効果が他の因子の水準によって変わることを交互作用という。第2に、因子と水準の組み合わせはA_1B_1、A_1B_2、A_1B_3、A_1B_4、A_2B_2の5通りであるが、それぞれ1回しか実験を行っていない。一般に実験の精度を高めるためには、同一条件での実験を繰り返し行い、平均値を求める。それは、繰り返し回数nを増加することで、その平均値の標準偏差は$\sigma/\sqrt{n}$となるためである。

　実験計画法では、交互作用を考慮し、かつ実験の回数を増加させることが可能で、上記実験を行う場合は図表1-2-33のように計画する。

図表1-2-33 ● 実験計画

	温度B$_1$	温度B$_2$	温度B$_3$	温度B$_4$
原材料A$_1$	A$_1$B$_1$　1回 A$_1$B$_1$　2回 ・・・ A$_1$B$_1$　n回	A$_1$B$_2$　1回 A$_1$B$_2$　2回 ・・・ A$_1$B$_2$　n回	A$_1$B$_3$　1回 A$_1$B$_3$　2回 ・・・ A$_1$B$_3$　n回	A$_1$B$_4$　1回 A$_1$B$_4$　2回 ・・・ A$_1$B$_4$　n回
原材料A$_2$	A$_2$B$_1$　1回 A$_2$B$_1$　2回 ・・・ A$_2$B$_1$　n回	A$_2$B$_2$　1回 A$_2$B$_2$　2回 ・・・ A$_2$B$_2$　n回	A$_2$B$_3$　1回 A$_2$B$_3$　2回 ・・・ A$_2$B$_3$　n回	A$_2$B$_4$　1回 A$_2$B$_4$　2回 ・・・ A$_2$B$_4$　n回

　実験計画法では、原材料と温度の水準の組み合わせ8通りをすべて実験する。このような実験の配置を二元配置という。分散分析（→本項**(2)**）を実施することで、それぞれの因子に効果があるかどうかを検定することができる。さらに、原材料A$_1$、A$_2$については4回の実験をしたことになり、温度の水準B$_1$、B$_2$、B$_3$、B$_4$については2回ずつ実験したことになる。前述の実験方法で、交互作用がないとして、二元配置実験と同じ精度をもたせるためには、原材料A$_1$に固定し、温度の水準B$_1$、B$_2$、B$_3$、B$_4$についてそれぞれ2回ずつ計8回の実験が必要で、さらに、温度の水準B$_2$を最適として固定し、原材料A$_1$、A$_2$についてそれぞれ2回ずつ計4回の実験が必要となる。ただし、条件A$_1$B$_2$は前の実験で2回行っているので、合計実験回数は12回－2回＝10回となる。実験計画を用いることにより、少ない実験回数（8回）で10回の実験と同じ精度をもたせることができる。

　要因配置法には、取り上げる因子の数により一元配置法、二元配置法、三元配置法、多元配置法などがあり、すべての因子と水準を組み合わせて実験を行う。しかし、多元配置では因子の組み合わせが複雑になり、高次の交互作用の解釈が困難になる。また、因子の数が増えると、要因計画では急速に因子の組み合わせが増大するので、実施不可能になる。そこで、因子と水準の一部のみを実施する方法に直交配列法がある。

　直交配列法は、直交表という配列に従って実験を行う。直交表には2

図表1－2-34 ● 直交配列法

No. ＼ 列番	1	2	3	4	5	6	7
1	1	1	1	1	1	1	1
2	1	1	1	2	2	2	2
3	1	2	2	1	1	2	2
4	1	2	2	2	2	1	1
5	2	1	2	1	2	1	2
6	2	1	2	2	1	2	1
7	2	2	1	1	2	2	1
8	2	2	1	2	1	1	2
列名（成分）	a		a		a		a
		b	b			b	b
				c	c	c	c
	1群	2群		3群			

水準系のL$_8$、L$_{16}$、……と3水準系のL$_9$、L$_{27}$、……がある。2水準系のL$_8$の直交表を図表1－2-34に示す。列番に因子を割り付け、それぞれ2水準の因子について全部で8回の実験を行うものである。

（2）分散分析法

　分散分析とは、「応答変数の全変動を、特定のばらつきの要因に伴う意味ある要素に分ける技法」（JIS Z 8101-3：1999-3.4）と定義される。つまり、前述の例の場合、原材料と温度の2つの因子によってデータが変動した部分（因子の効果による分散）と、その他の因子によって変動した部分（誤差分散）に分けて分散分析表（ANOVA：Analysis of Variance）として検定を行うことである。ここでは、分析の具体的方法は省略する。詳細な分析方法は統計解析や実験計画法の図書を参考にしてほしい。

第 **3** 節 **検 査**

◆検査の目的である顧客や次工程に対する品質保証の考え方について理解する。
◆品質工程図、自主検査、全数検査について理解する。
◆抜取検査の理論、抜取検査の型と品質保証、抜取検査の形式について理解する。

1 検査の目的と種類

　検査とは、「規定要求事項への適合を確定すること」（JIS Q 9000：2015-3.11.7）と定義される。すなわち、検査は、単なる試験や測定ではなく、要求事項に適合しているかどうかを判定することにより、顧客や次工程に不適合品を流出させない活動である。

　上記のように、顧客や次工程に対する品質保証が検査の目的であるが、品質の向上と生産の安定化を図るための品質情報を提供することも重要な目的である。検査データにより品質のバラツキを把握することで不適合品の発生原因を除去し、製造工程の改善を行うことが可能となる。

　検査の種類には、企業の基本的なビジネスプロセスである調達・生産・販売の各段階で実施される受入検査、工程検査、最終検査がある（→図表1-3-1）。さらに、検査個数から、検査ロットのすべてを対象とする全数検査と、検査ロットの中から、あらかじめ定められた方式に従ってサンプルを抜き取って行う抜取検査に分類される。また、検査の性質によって、製品を破壊しないと測定できない破壊検査と、製品を破壊しな

図表1-3-1 ● 生産過程と検査

くても測定可能な非破壊検査、人間の五感を用いて判定する官能検査などに分類される。

(1) 検査の目的による分類

Ⅰ　受入検査

受入検査とは、「物品を受け入れる段階で、受入の可否を一定の基準の下で行う検査」(JIS Z 8141：2022-7214) と定義される。外部から購入する場合には、購入検査ともいわれる。

購入した原材料や外注品の受け入れの際に行われ、受け入れた物品が原因で起こる生産段階での不適合品の発生を防止するために行う。言い換えると、次工程である生産段階への品質保証活動である。また、検査データにより外注や協力工場の品質上の能力を把握することで、品質改善に対する指導・育成に活用する。さらに、外注や協力工場の品質レベルに応じて検査の方式をゆるくしたり (最もゆるい検査は無検査)、きつい検査にするなどの調整をすることで、外注や協力工場の品質意識を高める効果も期待できる。

Ⅱ　工程検査

工程検査とは、「工程の適切な段階で行う、工程パラメータ、又は結果としての製品特性の検査」(JIS Z 8101-2：2015-4.1.13) と定義され、中間検査ともいわれる。

通常、製造工程は複数で編成されている。工程検査は、次工程に対する品質保証が目的である。前工程で製造した半製品が不適合品の場合は、それ以降に加工された半製品も不適合品となる。後工程にいくほど付加

価値が高められていくことから、不適合品となった場合の損失も増加する。したがって、なるべく源流の工程で不適合品が除去されることが望ましい。また、検査データを活用することで、自工程の品質向上を目指すことも重要である。

Ⅲ　最終検査

　最終検査は、出荷検査あるいは製品検査ともいわれ、でき上がった品物が、製品として要求事項を満足しているかどうかを判定するために行う検査である。

　顧客に対する品質保証が目的である。検査は製品の特性に関するものはもちろん、保守部品、取扱説明書、包装なども含んでいる。同時に検査データを用いて製品の品質向上を目指す活動も含まれている。

（2）検査の性質による分類

　検査の性質によって破壊検査、非破壊検査、官能検査などに分類できる。破壊検査は、強度の試験や寿命の試験など製品を破壊したり変形させるなど、検査によって商品価値が失われてしまう方法である。後述の全数検査を適用することはできないため、ロットに不適合が発見された場合は、ロット全体を廃棄しなければならないことも考えられ、なるべく源流工程で検査することが重要となる。一方、非破壊検査は、長さや重量の測定など検査によって商品価値が失われない検査方法である。

　官能検査は、人間の五感（視覚、聴覚、嗅覚、味覚、触覚）を用いて品質を判定する方法で、表面処理の光沢やキズ、音質、味などが代表的特性値である。人間の五感は個人差が大きく、環境に影響されるため、これらのバラツキを最小限にすることが検査精度を向上するためには重要である。検査精度を向上するために、検査用の限度見本を整備したり、検査環境を一定にしたり、標準化を進め検査要員を教育することなどが欠かせない。

（3）検査の方式による分類

　検査方式は全数検査と抜取検査に分類できる。全数検査は検査ロットのすべてを対象とし、抜取検査は検査ロットの中から、あらかじめ定められた方式に従ってサンプルを抜き取って行う検査方法である。製造工程の管理レベルや検査の性質、経済性などから適用する方法を決定する。

2　全数検査と抜取検査

（1）全数検査の適用

　全数検査とは、「選定された特性についての、対象とするグループ内全てのアイテムに対する検査」（JIS Z 8101-2：2015-4.1.5）と定義される。全数検査ではすべての製品をチェックするが、必ずしも全製品が適合品であることを保証することはできない。官能検査のように人手に頼った検査では検査ミスが発生し、不適合品が0％であることを保証するためには反復して検査する必要があり、検査コストが増加する。また、製品を破壊しないとできない強度の検査などの破壊検査では全数検査は不可能である。一方、抜取検査は、確率的に不適合品の混入を容認する方式であり、不適合品が0％であることを保証することはできない。どちらの方法であっても検査の主体が人間である場合は、検査ミスが発生することを考慮する必要があり、保証の精度を上げるためには、検査を機械化し自動検査機の導入などの検討も必要である。

　また、製造工程の管理レベルも高く、規格に対してバラツキが十分小さい場合（工程能力が高い場合）は、規格外の製品が製造される確率が低下するため、ゆるい検査の適用や無検査とすることが可能となる。検査で品質を保証することにコストをかけるのではなく、工程能力を高めることが結果的に保証のレベルも高め、コストを低減することにもなる。

（2）全数検査と抜取検査の比較

Ⅰ　全数検査が適用されるケース

全数検査は、1つでも不適合品が出荷されると経済的にも信用にも重大な影響を与える次のような場合に適用される。

① 検査項目が少なく、簡単に検査できる場合
② ロットの大きさが小さい場合
③ 不適合品が人命に影響を与える致命的な場合
④ 製品が非常に高価な場合

Ⅱ 抜取検査が適用されるケース

抜取検査は、全数検査が適用できない場合や不適合品の混入により安全や経済面への影響が少ない次のような場合に適用される。

① 検査項目が多く、検査に手間がかかる場合
② ロットの大きさが大きい場合
③ 破壊検査の場合
④ 製品価格が安く、ある程度の不適合品の混入が許される場合
⑤ 生産者に品質向上の刺激を与えたい場合

3 検査と異常処理

（1）原因追求の考え方と方法

不適合品が発生した場合、その真の原因を追求し改善を行わないと、同じ原因で不適合品が再発することとなる。真の原因を追求する方法として「なぜ、なぜ」を5回繰り返せとよくいわれる。不適合品が発生した現象を明らかにし、理論に基づいて、その結果と原因との関係で「なぜ、なぜ」と追求していくことで、その現象の真の原因が突き止められる。原因と結果の関係を解析する方法として特性要因図をはじめ、統計的方法が活用される。→本章第2節

真の原因を追求するポイントは以下のとおりである。

① 問題の現象をデータ等で客観的に把握する
② 現象が発生する要因を漏れなく抽出する
③ 現象と要因との間の関係をデータ等で客観的に把握する

④　対策がとれるレベルまで「なぜ、なぜ」を繰り返す
⑤　解析が終わったら、理論的に正しいかをさかのぼってチェックする

（2）検査記録の考え方と方法

　検査記録は、一般にロット検査記録（製品検査記録）と検査履歴記録の2つに分けられる。前者はロット（製品）の検査中に記入するもので、ロット（製品）の合格・不合格が判定される。検査履歴記録は、一定期間中のロット検査記録（製品検査記録）をとりまとめたもので、今後の検査方式を決定するために用いられる。

　検査記録は、検査部門だけではなく他の部門にとっても貴重な資料となる。供給者の工程が不安定で工程の不適合品率が高い場合には、技術部門は設計図面・規格について、生産技術部門は作業標準について不具合がないかを調べ、原因を追求する必要がある。また、製造部門では作業標準が正しく守られていたかどうかを調べることも重要である。

（3）不適合品の排除と再発防止（是正措置）

　不適合品が発生した場合は、応急対策として不適合品の流出防止と、恒久対策としての再発防止の是正措置を講じることが重要である。→図表1-3-2

図表1-3-2 ●不適合の是正処置

　応急対策には、不適合品の流出防止と直接的原因の除去が挙げられる。不適合品を発見したら作業を中止し、不適合品箱等に入れ、流出防止を図り、ほかに発見漏れがないかを調査し、対象範囲を全数検査する。発見された不適合品は手直しの可否を判断し、手直しできないものは廃棄する。同時に、直接的な原因を調査して取り除き作業を継続する。

　恒久対策を行うには、本章第1節**4**「改善の進め方」にあるような定石ともいえるステップがある。このステップはQCストーリーとも呼ばれ、現場のQCサークル活動などで効果を上げている。また、効果的に進めていくために、各ステップにおいて本章第2節で解説したさまざまな手法を活用する。→前掲図表1-1-6

　設備的な再発防止対策としてポカよけというフールプルーフの考え方がある。ポカよけの考え方には大きく3つある。

①　だれが作業しても間違いが起こらない工夫——形状の異なる部品が取り付けられないようにする

②　間違った作業をしても、間違いを検出して警告を出す工夫——未加工の部品はセンサーに当たり警報を出す

③　不適合品が発生したら自動的に検出して適合品に混入しない工夫——加工寸法の異なる部品はシュートから排出される

（4）未然防止（予防措置）

　品質不適合の再発防止とともに、潜在的に品質不適合が発生する可能性のある原因をあらかじめ除去する予防措置が重要である。

　予防措置の実施には、潜在的問題点を把握することが重要となる。潜在的な問題点を把握するためには、工程管理において検査データや不適合品の発生などの記録が不可欠である。また、日常的な管理を目で見える管理として、工程が正常状態なのか異常状態であるのかを把握しやすくするしくみをつくり、不適合品の発生前の管理状態に是正できるようにすることが重要である。

　予防措置は問題解決ととらえることもできる。また、問題とはあるべ

き姿と現実とのギャップとして認識される。問題解決は、前述のQCストーリーを用いることにより効果的に実施することができる。→前掲図表1-1-6

（5）検査情報とフィードバック

　前述のように、検査の目的は顧客や次工程に対する品質保証である。したがって、検査により製品の合格・不合格を判定し、顧客や次工程に不適合品を流さないことが目的である。検査を厳重に行っても品質の高いものが生産できるわけではなく、逆に厳重な検査は生産コストの増大となる。信頼性の高い製品の製造は、設計や工程で作り込むものであり、検査の結果、不適合品を選別することはできても、品質が高くなることはない。

　工程で品質を作り込むためには、工程の管理状態を把握し、工程能力を高く維持していく必要がある。そのために自主検査により工程管理用のデータを測定することが行われているが、検査で測定されたデータ、つまり、検査情報を工程にフィードバックすることも重要である。検査情報により品質のバラツキを把握することで不適合品の発生原因を除去し、製造工程の改善を行うことで、品質の向上と生産の安定化を図ることが可能となる。検査情報をフィードバックする目的を以下に挙げる。

　　①　製造工程へのフィードバックと処置
　　②　品質標準その他標準類の検討
　　③　品質設計に対するフィードバック
　　④　供給者に対するフィードバックと外注管理の改善

4　品質工程図（QC工程表）

（1）QC工程表の目的

　QC工程表（品質工程図または工程品質管理表）は、各工程の管理項目、管理方法を明らかにしたもので、各工程の流れに従って、どの特性

をどこで、だれが、どのようなデータで管理するのかを一覧にした管理資料のことである。QC工程表には工程のフロー、部品、管理項目、管理水準、帳票類、データの収集、測定方法、使用する設備、異常時の処置方法など一連の情報を明示する必要がある。また、QC工程表の設計時には、管理用の測定なのか、合否を判定するための検査なのかを明確にし、異常が発生した場合の処置を区別する必要がある。QC工程表のねらいは以下のとおりである。

- ・製品ができるまでに通過する工程の順序を示す
- ・品質保証ができているかの検討を行う
- ・作業標準書作成時の目録となる
- ・不適合品発生の原因追求と対策に使う
- ・作業改善に役立てる
- ・技術の保存
- ・現場作業の指揮監督に使う

QC工程表にはいろいろな種類があり、製品の種類、工程の種類や性質、管理上の手順の複雑さに応じて各企業で独自に設計している。基本的なQC工程表の例を図表1-3-3に挙げる。

（2）自主検査

品質管理の導入期は、不適合品を出荷しないことに重点が置かれ、検査主体の品質保証活動が行われていた。検査部門は製造部門とは独立して組織され、製造部門の仕事の結果である製品品質を監視する立場であった。しかし、検査を厳重に行っても不適合品の出荷を完全になくすことはできず、経済性の面からも得策とはいえなかった。

そこで、不適合品を作らない、後工程に流さないために製造段階で工程を管理する品質保証活動に変化した。これは、品質は工程で作り込まれるという考えのもとに、工程管理に重点を置くことによって、品質を保証する工程管理重点主義の品質保証である。この考え方の実現のためには、製造部門はもちろん、外注、購買から生産技術、検査、営業の各

図表1-3-3 ● QC工程表の例

工程番号	工程名	工程図記号	管理項目	品質特性	管理の方法	備考
10	材料受入検査	◇		外　観 線　径	抜取検査 （目　視 マイクロメーター）	
20	材料保管	▽	ロット区分 在庫量	防さび 防よごれ 防きず	入庫ロット毎 （目　視）	
30	試し出し	○	ジラス、ヘラの寸法 ジラスに対する線の取付角度 線押えの調整法 列線の幅および切断位置	線　径 網　目 幅（高さ） 突出し長さ	全数測定 （マイクロメーター スチールスケール）	
40	製　網	○	ジラス、ヘラの寸法 ジラスに対する線の取付角度 ヘラの回転数 線押えの調整法 列線の幅および切断位置 列線数 ジラス、ヘラの取替時期	網　目 幅（高さ） 長　さ （本数）	抜取検査 （スチールスケール 目　視）	
50	製品検査	◇		材　料 構　造 外　観 線　径 網　目 幅（高さ） 長　さ 突出し長さ 角　度 線種別特性	抜取検査 （目　視 マイクロメーター スチールスケール 角度治具）	
60	梱　包	◇		数　量 荷　姿 表　示	全数チェック （目　視）	
70	製品倉庫へ入庫	○	ロット区分在庫量	防さび	入庫ロット毎 （目　視）	
80	出　荷	○	現品の出荷案内書との照合		出荷ロット毎 （目　視）	

出所：原崎郁平『QC工程表と作業標準　上手な使い方Q&A』日刊工業新聞社

部門が、それぞれの役割に応じてトップから作業員まで工程管理に参加して、それぞれの業務の質を保証する必要がある。

　業務の質を保証するために行われるのが工程検査で、特に製造担当者が自工程で製造した製品や半製品に対してみずからチェックを行い仕様どおりに製造できたか否かを確認することを自主検査という。みずから

製造したものに責任をもち、不適合品を後工程に流さないことを目指している。検査という言葉が使われているが、自工程で品質を作り込むことを目的として行われる管理活動である。

5 抜取検査と統計的方法

（1）抜取検査の理論

抜取検査とは、「対象とするグループからアイテムを抜き取って行う検査」（JIS Z 8101-2：2015-4.1.6）と定義される。抜取検査では、大きさ N のロット（母集団）から n 個のサンプルを抜き取り、これを検査してサンプル中の不適合品数によりロットが合格か不合格かをサンプルの中に不適合品が混入するかどうかは確率の問題となり、同じ不適合品が含まれるロットから繰り返し同じ操作でサンプルを抜き取っても、不適合品数は変動する。その結果、合格すべきロットを不合格にする誤り（生産者危険）と不合格にすべきロットを合格にする誤り（消費者危険）というリスクがあり、両者はトレードオフの関係にある。抜取検査の設計では、経済的・技術的に最も有利な方法を検討する必要がある。

抜取検査で、ロットの不適合品率と合格率の関係を示したものをOC曲線（Operating Characteristic Curve）あるいは検査特性曲線といい、ロットの不適合品率により、そのロットがどの程度の割合で合格になるか（不合格になるか）を知ることができる。

これは、ある不適合品率をもった大きさ N の母集団から抜き取られたサンプル n に含まれる不適合品数 c は超幾何分布（N が十分大きい場合は二項分布）に従うという性質から計算されたものである。例として、ロットの大きさ $N = 1{,}000$、サンプル数 $n = 50$ で合格判定個数 $c = 1$（50個のサンプル中、不適合品数が1個以下であれば合格で2個以上は不合格）の場合のOC曲線を示す（→図表1-3-4）。ロットの不適合品率が2％の場合は、そのロットが合格となる割合が0.74であることがOC曲線からわかる。OC曲線はロットの大きさ、サンプル数、合格判定個数

図表1-3-4 ● OC曲線（検査特性曲線）

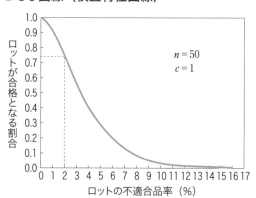

により変化するが、ロットの合格率と判定基準の関係がわかり、抜取検査の特性を把握するために用いられる。

（2）抜取検査の型と品質保証
Ⅰ　特性値の種類による分類
　本章第2節にあるようにデータには、長さや重さなどの連続変数である計量値と、不適合品数・事故数など離散変数である計数値がある。検査で判定基準となるデータの種類により計数抜取検査と計量抜取検査に分類できる。
1）計数抜取検査
　ロットの合格・不合格の判定基準が計数値である抜取検査を計数抜取検査という。検査では製品を適合品と不適合品に分け不適合品数として測定するか、または不適合数として測定する。不適合品数または不適合数があらかじめ設定した個数以下であれば合格、超えれば不合格と判定する方式である。検査における測定や判定に手間がかからないが、計量抜取検査と同等の判定能力を得るにはサンプル数nが大きくなる。
2）計量抜取検査
　ロットの合格・不合格の判定基準が計量値である抜取検査を計量抜取

検査という。検査では製品の特性値を測定し、その結果から求めた平均値、標準偏差などとロット判定基準を比較し判定する方式である。計数抜取検査と比べ、検査における測定や判定に手間がかかるが、検査個数が同じ場合は判定能力が高い。また、検査データを用いて品質改善などに活用することが容易である。

Ⅱ 抜取検査の実施方式による分類

1）規準型抜取検査

規準型抜取検査は、最も基本的な抜取検査方式で、検査ロットに対して、その判定基準に従ってロットの合格・不合格を判定する方式である。検査ロットが不合格になった場合でも、全数選別などの事後の処置は規定されていない。

規準型の品質保証は、OC曲線上の不適合品率p_0のようなよいロットが不合格となる確率をα（生産者危険）とし、不適合品率p_1のような悪いロットが合格となる確率をβ（消費者危険）として設定し（たとえば、$p_0 = 2.5\%$、$\alpha = 0.05$、$p_1 = 10\%$、$\beta = 0.10$など）、生産者と購入者双方に対する保護・保証を規定する。

2）選別型抜取検査

選別型抜取検査は、検査ロットに対して、判定基準に従って判定を行った結果、判定基準以下だった場合は合格とし、判定基準以上で不合格だった場合は、そのロットを全数選別する方式である。

選別型の品質保証には、次の２つの考え方がある。

① ロット品質保護

なるべく不合格にしたいロットの最悪不適合品率 LTPD **Key Word** （ロット許容不適合品率 = Lot Tolerance Percent Defective）を指定することにより、これより悪い不適合品率のロットは必ず不合格にしてロットを保証する。

② 平均品質保護

検査を通ったたくさんのロットの平均品質が、これ以上悪くならない限界 AOQL **Key Word** （平均出検品質限界 = Average Outgoing

Quality Limit) を指定することにより、長い取引期間中のロットの平均品質AOQ Key Word （平均出検品質 = Average Outgoing Quality) を保証する。選別型の場合は、検査で不合格になったロットは、

図表1-3-5 ● AOQの計算法 （*N*＝100、*n*＝5、*c*＝0、選別型）

検査前の不適合品率(%)	ロットの合格する割合(%)	ロットの不合格となる割合(%)	計算法	AOQ(%)
5	77	23	5% × 0.77 ＋ 0% × 0.23	3.9
10	59	41	10% × 0.59 ＋ 0% × 0.41	5.9
15	44	56	15% × 0.44 ＋ 0% × 0.56	6.6
20	33	67	20% × 0.33 ＋ 0% × 0.67	6.6
25	24	76	25% × 0.24 ＋ 0% × 0.76	6.0
30	17	83	30% × 0.17 ＋ 0% × 0.83	5.1
40	7.8	92.2	40% × 0.078 ＋ 0% × 0.922	3.1
50	3.1	96.9	50% × 0.031 ＋ 0% × 0.969	1.6
60	1.0	99.0	60% × 0.010 ＋ 0% × 0.990	0.6
70	0.2	99.8	70% × 0.002 ＋ 0% × 0.998	0.1

図表1-3-6 ● 検査前の不適合品率とAOQ
（*N*＝100、*n*＝5、*c*＝0、選別型）

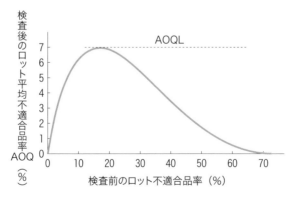

全数選別して適合品のみとするため、AOQは向上する。

　たとえば、$N=100$のロットを$n=5$、$c=0$という抜取検査を
し、不合格になったロットは、不適合品を選別し適合品のみとする
場合のAOQは図表1-3-5のように計算できる。このAOQをグラ
フにすると図表1-3-6のようになり、選別型抜取検査の特性を表
すものである。このときの最大のAOQをAOQLという。

3）調整型抜取検査

　調整型抜取検査は、供給者に対して、抜取検査の程度を「ゆるく」し
たり、「きつく」したりする検査方式である。通常は「なみ」の検査を実
施し、ロットの品質がある程度以上よいと判断された場合は、「ゆるい」
検査を適用する。逆に悪いと判断された場合は、「きつい」検査を適用し
供給者に品質改善を促す。

　調整型の品質保証には、AQL Key Word（合格品質水準＝Acceptable
Quality Level）を用いて次のように区分する。

Key Word

LTPD──「抜取検査で合格する確率が、ある特定の小さな値になるような検査
　ロットの不良率」（旧JIS Z 8101：1981）。注）旧JISのため不良率で記述。

AOQL──「所定の合否判定抜取検査方式と全ての不合格ロットの全数選別が行
　われるとき、可能性のある全ての入検品質に対して得られる平均出検品質のう
　ちの最大値」（旧JIS Z 8101-24.38）。

AOQ──「検査に入ってくる製品の品質（入検品質）が所定の値のときに、検査
　から出力される製品の平均的な不適合品率又は不適合数の期待値。備考1　実
　際の場合には、不合格となったロットに対する全数検査で不適合品を適合品と
　交換するかしないかによって、異なったAOQの定義を使用することがある。備
　考2　特に指定がなければ、AOQは合格ロットの全てと、いったん不合格とな
　って全数検査で不適合品の適合品への交換を済ませたロットの全てを足し合わ
　せたものについて計算する」（旧JIS Z 8101-24.37）。

AQL──「一連の継続的ロットを考えたとき、抜取検査の目的では工程の満足な
　平均品質の限界と考えられる品質」（旧JIS Z 8101-24.34）。

・ゆるい検査：生産者の工程平均が AQL よりよいとき
・なみ検査：生産者の工程平均が AQL と等しいとき
・きつい検査：生産者の工程平均が AQL より悪いとき

4）連続生産型抜取検査

　連続生産型抜取検査は、コンベヤなどのように製品が連続的に生産されている場合に適用される方式である。最初は1個ずつ全数検査を実施し、適合品が一定個数続いたら一定個数おきに抜取検査を実施し、その後不適合品が発生した場合は再び全数検査に戻す方式である。

（3）抜取検査の形式

　ロットからサンプルを抜き出す回数により、以下の4つの方法に分類される。

1）1回抜取検査

　1回抜取検査は、検査ロットからサンプルを1回だけ抜き取って、その結果でロットの合否を判定するもので、最も基本的な方法である。

2）2回抜取検査

　2回抜取検査は、1回目の結果から、あらかじめ設定した合格判定個数以下であれば合格、不合格判定個数以上であれば不合格の判定を行う。その中間の結果の場合に、2回目のサンプル結果からロットの合否の判定を行う方法である。

3）多回抜取検査

　多回抜取検査は、2回抜取検査の回数を増やしていく方法で、定められた大きさのサンプルを抜き取り、サンプルの結果からロットの合格・不合格・検査続行に分類しながら、ある一定回数までに合否を判定する方法である。

4）逐次抜取検査

　逐次抜取検査は、検査ロットから1個ずつサンプルを抜き取り（あるいは一定個数）、その累積結果から合格・不合格・検査続行を判定する方法である。

第4節 管理図

学習のポイント

◆工程管理の重要な方法である管理図の目的や種類を理解する。
◆管理図の基本的な理論である3σ限界の考え方を理解する。
◆管理図の作成方法と見方を理解し、管理図を実際に活用できるようにする。

1 管理図の目的と種類

(1) 管理図の目的

　前述のように、作業標準に従い、同じ原材料、同じ機械で製造した製品であったとしても、品質特性は常に変動している。安定した管理状態である製造工程においても、でき上がった製品の品質特性のバラツキは避けられない変動である。これは、管理できないさまざまな要因が確率的に作用し、バラツキを与えることが原因である。これに対して、生産の4M〔Man（作業者）、Machine（設備）、Material（原材料）、Method（方法）〕などの変化に伴い、製品の品質特性のバラツキが大きくなる避けられる変動がある。たとえば、作業者が作業標準を守らない、機械の故障、原材料に異物が混入した場合などが考えられる。→本章第2節**2**

　管理図は、シューハート（W. A. Shewhart）により考案されたもので、工程が統計的管理状態にあるかどうかを評価し、4Mの変化などによる工程異常を検出するために用いられる。管理状態かどうかの判定には、後述する3σ限界の考え方を用いている。なお、統計的管理状態とは、「何らかの異常な、予期しない、又は特別な（又は突き止めることができ

る）原因がシステム内にない場合」（JIS Z 9020-1：2016-5.2の一部）と定義される。統計的管理状態にないことが判明した工程は、管理外れ状態であるとみなす。

ISOの改正を受けJIS Z 9020-1：2016では、上記の工程の管理状態の実現と維持という役割以外に、工程の合否判定および工程調節という役割が規定された。管理限界が 3σ 限界の考え方からではなく、規格値や予測値などを用いて設定される。以降は、工程の管理状態の実現と維持を目的としたシューハートが考案した管理図（JIS Z 9020-1：2016）を中心に解説する。

（2）管理図の種類

本章第2節 **1**（2）で説明したように、データには、計量値と計数値の2つがある。管理図には図表1-4-1のように計量値および計数値用にいくつかの種類がある。

Ⅰ $\bar{x} - R$ 管理図

長さ、温度、重さなどの計量値の管理図で、平均値を用いた $\bar{x}$ 管理図と範囲を用いた R 管理図の組み合わせで構成される。データは日やロットなどの1つの群から3～6個程度のデータを取り、平均値 $\bar{x}$ を計算しグラフにプロットし $\bar{x}$ 管理図とする。R 管理図は群ごとにデータの範囲をプロットする。x 管理図で群間の変化（つまり、日間・ロット間など）を検出し、R 管理図で群内の変化を検出することができる。

図表1-4-1●管理図の種類

データ	管理図の種類	管理の対象
計量値	① $\bar{x} - R$ 管理図	平均値と範囲
	② x 管理図	個々の測定値
計数値	③ p 管理図	不適合品率
	④ np 管理図	不適合品数
	⑤ u 管理図	単位当たりの不適合数
	⑥ c 管理図	不適合数

Ⅱ　x管理図

データが群に分けられない場合や群に分けることに意味のない場合に用いられる。1日あるいはロットに1つのデータを管理図にプロットする。

Ⅲ　p管理図

不適合品率などの計数値で表されるデータをプロットした管理図である。群内のデータから不適合品率を計算するため、群内のデータ数は異なっていても適用できる。

Ⅳ　np管理図

不適合品数 **Key Word** を用いた管理図である。p管理図と対象は同じであるが、個数をそのまま使用するため、群の大きさが等しい場合にのみ適用できる。

Ⅴ　u管理図

表面処理やメッキ処理のキズの数などの不適合数 **Key Word** の管理図である。単位面積当たりの不適合数を用いてプロットするため、群の大きさが一定でなくても適用できる。

Ⅵ　c管理図

u管理図と対象は同様であるが、群内の不適合数をそのまま使用するため、群の大きさが一定の場合のみ適用できる。

2　管理図の原理（3σ法）

(1) 試料平均値の分布

管理図に用いられる統計的な分布は、計量値の場合は正規分布であり、

Key Word

不適合数・不適合品数——本章第1節で示したように、不適合とは、規定要求事項を満たしていないことであり、不適合品とは、「一つ以上不適合のあるアイテム」(JIS Z 8101-2：2015-1.2.12) と定義される。したがって、不適合数と不適合品数とは必ずしも同一にならない。

計数値の場合は二項分布（p、np管理図）、ポアソン分布（u、c管理図）である。ここでは、計量値の統計的な裏づけである正規分布を用いて管理図の原理を解説する。→本章第2節**1**

　生産工程で扱われる多くの計量値のデータは、正規分布することが知られているが、すべての計量値が正規分布することを保証することはできない。しかし、計量値データの平均値は個々でデータがどのような分布をしていても、正規分布に従うことが証明されている。また、個々のデータが平均μ、標準偏差σのある分布に従うとき、大きさnの無作為復元標本に基づく平均値の分布は、nが十分大きいときには平均μ、標準偏差$\dfrac{\sigma}{\sqrt{n}}$の正規分布に従う。これを中心極限定理といい、計量値のデータを扱ううえで非常に重要な定理である。前述のように$\bar{x} - R$管理図では群からサンプリングした数個のデータから平均$\bar{x}$を計算し、管理図に用いている。個々のデータの分布がどのようなものであれ、$\bar{x}$の分布は正規分布することから、正規分布の性質を用いて管理限界を設定する。

（2）第1種の誤りと第2種の誤り

　品質をばらつかせる工程の変動原因は、管理されている変動と管理されていない変動の2種類に分けることができる。前者は偶然原因によって変動し、後者は異常原因によって変動する。管理図は、この2つの変動を統計的に設定した管理限界線によって解析するためのものである。

　品質特性のバラツキに対して統計的に管理限界を設けた場合、図表1-4-2のように管理されている変動でも管理限界外に点が出て管理されていない変動と誤ってしまうことがある。これを第1種の誤りという。逆に、管理されていない変動でも管理限界内に点があり管理されている変動と誤ってしまうことがある。これを第2種の誤りという。管理図では、この2つの誤りによる損失を最小限に抑えるために3σ法を用いて管理限界を設定する。

図表1-4-2 ●第1種の誤りと第2種の誤り

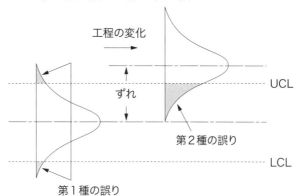

出所：佐々木脩・谷津進編『図解 品質管理用語辞典』日刊工業新聞社

（3）3σ法の原理

　一般に、正規分布に従うデータの場合、平均μから±3σを超える確率は約0.3%（3/1000）であり、この性質を利用して管理図の管理限界線が計算される。中心線（CL）から±3σに上方管理限界線（UCL）と下方管理限界線（LCL）を引き、プロットしたデータが上下管理限界線を超えたら4Mに異常が生じたと判断する。

　個々のデータの特性値の分布と平均値の分布の関係を図表1-4-3に示す。管理限界線は、平均値の分布の±3σに設定され、個々の特性値から製品の合否を判断するためのものではなく、工程が管理状態にあるかどうかを判定するためのものである。一方、検査で合否を判断するのは、個々のデータの特性値に対してであり、上限規格値と下限規格値が設定されている（必ずしも個々のデータの平均μ±3σに設定されるわけではない）。

3 　管理図の作成と見方

　管理図は計量値、計数値用にはいくつかの種類があるが、ここでは、代

図表1-4-3 ● 個々のデータと平均値の分布の関係

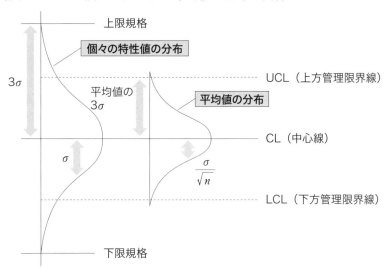

表的な管理図である $\bar{x} - R$ 管理図を例として、その作成方法を解説する。

（1）管理図の作成手順

Ⅰ $\bar{x} - R$ 管理図

$\bar{x} - R$ 管理図では、工程から数個の試料（サンプル）を取り、その平均値 $\bar{x}$ と範囲 R を算出し、管理図用紙上に打点する。打点した点の位置や経時的な変化から工程の管理状況を把握する。ここでは、図表1-4-4のような、ある工程の特性値のデータを用いて $\bar{x} - R$ 管理図を作成する手順を示す。

　○手順1——データをサンプリングする。

　　　一般にデータ数 $n = 3 \sim 6$、$k = 20 \sim 25$（k：群の数）とする。

　　　この例では $n = 4$、$k = 20$ である。

　○手順2——平均値 $\bar{x_i} = \dfrac{1}{n} \displaystyle\sum_{i=1}^{n} x_i$　範囲 $R = x_{max} - x_{min}$　を求める。

　○手順3——管理線を計算する。

図表1-4-4●管理図のデータ

群No.	測定値				平均値	範囲
	x_1	x_2	x_3	x_4	$\bar{x}_i$	R
1	53.4	54.0	53.6	53.8	53.70	0.60
2	53.2	52.8	53.2	54.3	53.38	1.50
3	53.4	53.1	54.4	54.5	53.85	1.40
4	54.7	54.2	53.8	52.5	53.80	2.20
5	53.3	53.8	53.7	54.6	53.85	1.30
6	54.6	52.9	53.7	53.8	53.75	1.70
7	52.8	52.4	52.4	52.6	52.55	0.40
8	54.1	52.7	53.9	53.4	53.53	1.40
9	53.8	53.7	53.2	53.7	53.60	0.60
10	53.5	53.8	53.7	53.3	53.58	0.50
11	53.9	54.2	53.6	53.4	53.78	0.80
12	53.3	53.4	53.4	53.5	53.40	0.20
13	53.5	53.8	53.5	53.1	53.48	0.70
14	54.8	53.7	53.1	53.8	53.85	1.70
15	53.5	54.1	53.5	53.5	53.65	0.60
16	53.1	52.2	53.7	54.1	53.28	1.90
17	53.8	53.1	53.8	52.7	53.35	1.10
18	53.5	53.5	53.3	52.8	53.28	0.70
19	53.4	53.2	52.7	52.5	52.95	0.90
20	53.1	53.8	53.6	53.1	53.40	0.70
				平均値	53.50	1.05
					$\bar{\bar{x}}$	$\bar{R}$

$\bar{x}$ 管理図

中心線　CL　$\bar{\bar{x}} = \dfrac{1}{k}\displaystyle\sum_{i=1}^{k}\bar{x}_i \fallingdotseq 53.50$

上方管理限界　UCL $= \bar{\bar{x}} + A_2\bar{R}$（$A_2$ は図表1-4-5より）

$\qquad\qquad\qquad = 53.50 + 0.73 \times 1.05 \fallingdotseq 54.27$

下方管理限界　LCL $= \bar{\bar{x}} - A_2\bar{R}$

$\qquad\qquad\qquad = 53.50 - 0.73 \times 1.05 \fallingdotseq 52.73$

R 管理図

上方管理限界　UCL $= D_4\bar{R}$（D_4 は図表1-4-5より）

$\qquad\qquad\qquad = 2.28 \times 1.05 = 2.39$

下方管理限界　LCL $= D_3\bar{R}$（設定なし）

図表1-4-5 ● $\bar{x} - R$ 管理図係数

n	A_2	D_3	D_4
2	1.88	—	3.27
3	1.02	—	2.57
4	0.73	—	2.28
5	0.58	—	2.11
6	0.48	—	2.00
7	0.42	0.08	1.92
8	0.37	0.14	1.86
9	0.34	0.18	1.82
10	0.31	0.22	1.78

○手順4──中心線、上方管理限界、下方管理限界を管理図用紙上に
打点する。

○手順5──管理図に値をプロットし工程管理状況を把握する。

完成した $\bar{x} - R$ 管理図を図表1-4-6に示す。打点した点が管理限界
線の外に出ていないか、点の並びに偏りやクセがないかを確認する。管
理図に打点した点がすべて管理限界線の内側に入っていれば、製造工程
は安定した状態であると判断する。仮に管理限界線の外側に出た点があ
った場合には、製造工程に何らかの異常があったものと判断し、原因の
究明と処置をとらなければならない（管理図の詳しい見方は後述）。この
例では、群番号7で $\bar{x}$ 値が管理限界線の外側に出ている。製造工程に何
らかの異常があったものと判断し、原因を究明する。

Ⅱ np 管理図

np 管理図では、一定個数 n の製品を検査し、その中の不適合品数 np を
管理図用紙上に打点する。p は不適合品率、n は検査個数である。打点
した点の位置や経時的な変化から工程管理状況を把握する。np 管理図は
計数値が二項分布に従うことを利用して、管理限界線を計算する。→図
表1-4-7

○手順1──データをサンプリングし、np を求める。

一定個数 n のサンプルを k 組とり、各組の中の不適合品数 np を求

図表１-４-６ ● $\bar{x} - R$管理図

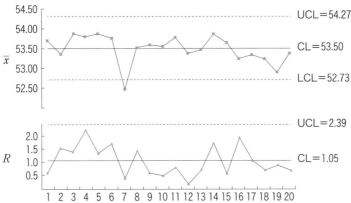

める。一般に $k = 20 \sim 25$ 組（群の数）とする。

○手順２——不適合品数 np より、平均不適合品率 $\bar{p}$ を求める。

$$\bar{p} = \frac{\sum_{i=1}^{k}(np)_i}{nk}$$

○手順３——管理線を計算する。

Column　知ってて便利

《管理限界線の意味（３σ限界）》

　前述のように、管理図の管理限界線は平均値から±３σを超える確率は約0.3％（3/1000）であることを利用している。本来なら群から取られたデータから標準偏差を計算する必要があるが、データ数が少ない場合（今回の例では４個）、標準偏差を通常の計算で求めると誤差が大きくなることが知られている。前掲の図表１-４-５の A_2 は範囲 R から±３σを計算するための係数である。また、D_3、D_4 も同様に範囲 R の±３σを計算するための係数である（D_3 は群の数 n が６以下では、－３σの値が負となり、LCLは設定しない）。

図表1-4-7 ● *np* 管理図の例

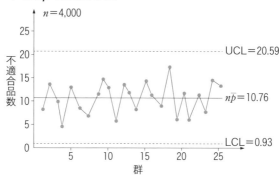

出所:『JISハンドブック 品質管理』日本規格協会、2006年

中心線　CL　$n\bar{p}$

上方管理限界　UCL $= n\bar{p} + 3\sqrt{n\bar{p}(1-\bar{p})}$

下方管理限界　LCL $= n\bar{p} - 3\sqrt{n\bar{p}(1-\bar{p})}$

○手順4——中心線、上方管理限界、下方管理限界を管理図用紙上に打点する。

○手順5——工程管理状況を把握する。打点した点が管理限界線の外に出ていないか、点の並びに偏りやクセがないかを確認する。

(2) 管理図の見方

管理図を作成し工程が正常であるか、異常であるかを判断する基準を以下に示す。

① 工程が正常で管理状態にある

　　ア　管理図にプロットされた点が管理限界内にあるとき

　　イ　点の並び方にクセがないとき

② 工程が異常である

　　ア　プロットされた点が管理限界の外にあるとき

　　イ　点が管理限界内にあっても、並び方にクセがあるとき

③　並び方のクセ

　図表1-4-8に並び方のクセのルールを示す。JIS Z 9020-2：2016
では、「突き止められる原因の異常パターンのルールの例」として4つ
のケースが本文に記載されているが、ここでは、より詳細な付属書Bの
8つのパターンを示す。点が管理限界内であっても、このような状態
の場合は、工程に何らかの異常があると判断する。この判定基準のル
ールは、確率の理論に基づいて決められている。管理状態であればプ
ロットした点は、確率的に増加することもあれば減少することもある

図表1-4-8●管理図の判定ルール（参考）

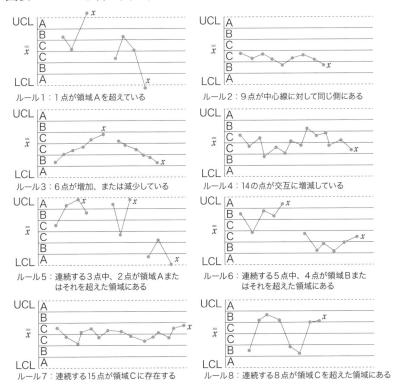

出所：JIS Z 9020-2：2016付属書B（参考）

はずである。増加あるいは減少する確率は2分の1と考えることができる。しかし、ルール3の6点が増加または減少する確率は$\left(\dfrac{1}{2}\right)^6 = \dfrac{1}{64}$であり、その確率は小さく、正常な管理状態であれば、めったに起こらない現象である。したがって、工程に何らかの異常が起こったと判断する。他のルールも基本的には同じ考え方で決められている。

第 5 節 | 社内標準化

1 社内標準化の意義

(1) 標準化とは

　標準とは、「関連する人々の間で利益又は利便が公正に得られるように、統一し、又は単純化する目的で、もの（生産活動の産出物）及びもの以外（組織、責任権限、システム、方法など）について定めた取決め」（JIS Z 8002：2006附属書JA-100.1）と定義される。標準を定めずに自由に任せてしまえば、概念や手続などが多様化してしまい無秩序な状態となり混乱が生じ、利益が損なわれる。

　標準化とは、「実在の問題又は起こる可能性がある問題に関して、与えられた状況において最適な秩序を得ることを目的として、共通に、かつ、繰り返して使用するための記述事項を確立する活動」（JIS Z 8002：2006 -1.1）と定義される。

　前述のような無秩序で混乱した状態を避けるために、組織的に管理統制する行為を標準化という。標準化の範囲は、ISOに代表される国際規格からJISなどの国家規格、団体規格、社内規格などがある。社内標準化は、特定の企業や組織内で社内規格を制定し運用されるが、他の上位レベルの規格を遵守する形で社内規格が制定される。

　日本産業規格（JIS）は、産業標準化法に基づく国家規格である。JIS

には、用語、記号、単位などを規定した基本規格、試験、分析、検査および測定の方法などを規定した方法規格、製品の形状、寸法、材質、品質、性能、機能などを規定した製品規格の3種類がある。また、JISマーク表示制度は、JISへの適合性を評価する制度である。鉱工業製品等の品質をJISで定め、それに適合していることが登録認証機関から認定されれば、該当する製品にJISマークを付けることができる。

（2）標準化の目的

一般的な標準化の目的は、以下のとおりである。

① 共通理解の促進

用語、記号、製図方法などを標準化することで社内外にかかわらず、共通の理解が得られる。

② 安全性の確保

守るべき最低限の基準を制定し、人間の生命や安全を確保する。

③ 消費者の保護

JISマーク、JASマークに代表されるように、消費者が安心して製品を購入できるしくみを提供する。

④ 使用目的の適合性の確保

製品の性能表示を標準化し、使用目的との適合性を確保する。

⑤ 互換性の確保

標準化により部品やシステムとの互換性を確保する（コンセントやボルト・ナットなどの規格）。

⑥ 種類の抑制

互換性と同様にコンセントやボルト・ナットの種類が増えると使いづらい。製品や部品の種類が無秩序に増加するのを抑制する。

（3）JIS、ISOと社内標準化

前述のように、社内標準化は、特定の企業や組織内で社内規格を制定し運用されるが、他の上位レベルの規格を遵守する形で社内規格が制定

される。従来日本では、JISやJASといった国家規格を中心に社内規格を制定すれば十分であったが、企業活動のグローバル化により国際規格であるISOやIECとの調和が求められるようになった。品質管理関連のJISも国際規格であるISO9000シリーズとの調和を目指した修正が行われている。

2 社内標準化の進め方

前述のように標準化は、標準を設定し、これを活用する組織的行為である。したがって、社内標準化を進めるステップは標準化の推進体制づくり、標準化の実施と管理である。

（1）社内標準の原則

社内標準化は、日常業務の効率化を図るためのものであり、実務を担当する各部門がみずから推進するべきものである。しかし、標準化を推進し成果を上げるためには、標準化の重要性を、経営者をはじめ全社員が認識して取り組む必要がある。全社員が経営方針に基づいて、その能力を発揮させるためには全社的な推進組織が必要となる。一般に推進組織の構成は、推進責任者（制定・改定の決済）、推進委員会（審議）、推進部門（標準化実施サポート）、実施部門（各種標準類に作成）である。

社内標準を組織的に整備するためには、次の要件を満たすことが必要である。

①　実行可能な内容であること
②　文章、数値、図表などによって成分化され、具体的・客観的に規定されたものであること
③　関係者の合意で決められていること
④　社内標準やISOやJISなどの社外規格と整合性がとれていること
⑤　必要に応じて改定され、常に最新の状態に維持管理されていること
⑥　遵守しなくてはならないという権威づけがなされていること

（2）社内標準化の目的

社内標準化の目的として、以下のような項目が挙げられる。

① 品質の安定と向上

消費者に品質を保証するためには、設計品質や製造品質を安定させる必要があり、設計や製造段階での品質管理における標準化により、4Mのバラツキを抑えることが必要となる。

② コスト削減

標準化により部品・原材料の種類を削減することで、直接的に部品・原材料の価格を低減できる。また、共通化による設計の合理化や購買管理コストの低減など間接コストの合理化につながる。

③ 業務の効率化

各部門の業務について標準化する過程で、合理的な仕事のやり方や業務のルール化により仕事の効率化が可能となる。また、業務の手順や方法の統一により、仕事のミスが減る効果も期待できる。

④ 人材の育成

標準化により従業員が効果的に、かつ効率よく業務内容を理解できる。

⑤ 安全の確保

機器の操作や作業の標準化により、安全と衛生の確保、健康の維持が可能となる。

⑥ 消費者の保護

製品規格の標準化により、安全性・耐久性・信頼性の高い製品を消費者に届けることが可能となる。また、労働衛生、公害防止などの社内標準の制定により地域社会への負荷をなくすことができる。

⑦ 情報の共有・技術やノウハウの蓄積

各部門での標準書作成により、技術や業務の情報を周知することが可能となる。また、社内教育用として活用することで技術や業務の保持や伝承が期待できる。

（3）社内標準化の対象

　標準化は、総務の職務分掌規程、人事の採用規程、営業の販売管理規程、技術の図面管理規程、製造の標準文書規程など非常に広範囲である。すべての業務を標準化の対象とする必要はなく、以下のような優先順位を決め実施していくことが重要である。

①　繰り返しの多いもの

　　何度も繰り返される業務を標準化すると効果が大きい。

②　系列化ができるもの

　　お互いが深い関連をもった業務を標準化し混乱を防止する。

③　複数の人が関与するもの

　　複数の人が行う業務（作業）の結果を一定水準に保つために標準化を行う（だれが行っても同じ品質が保たれる）。

④　重点管理が必要なもの

　　不適合品の発生が多い工程や品質に重要な影響を与える工程などを標準化し重点的に管理する。

　社内標準化の範囲で、品質管理と特に関連のあるのは、作業方法（作業指示書、作業マニュアル、作業標準書など）、品質、技術（仕様書、規格書、管理標準書、QC工程表など）が挙げられる。

　標準文書を作成しただけでは、標準化の効果は上がらない。標準文書を用いて管理者に標準化の効果を理解させるための教育や新人の訓練を、計画的に実施することなどが必要である。また、ミスが起こったときに、標準どおりに実施して起こったものなのか、標準が守られないで起こったのかをチェックし、前者の場合は標準の見直しが必要である。後者の場合は、教育訓練が欠かせない。

（4）作業標準

　品質管理に関連する社内標準の代表的な作業標準について、目的や作成のポイントを次に示す。作業標準とは、「作業の目的、作業条件（使用材料、設備・器具、作業環境など）、作業方法（安全確保を含む）、作業

結果の確認方法(品質、数量の自己点検など)などを示した標準」(JIS Z 8002:2006-100.10)と定義される。製造工程を対象に、設計品質を達成し、所定の原価、工数で、安全に、楽に製品を作るための適切な作業方法を規定したものである。作業標準を文書化したものを、作業標準書という。作業標準書は、作業手順書、作業指示書、作業マニュアルなどと呼ばれることもある。

1)作業の標準化の利点と目的

作業の標準化により、不適合品や作業ミスの防止、品質の安定化、作業能率の向上、作業の安全確保などのほか、作業を明確化することにより、改善が容易になるという利点もある。

作業標準の目的は、作業者が代わっても、標準に示された方法で作業することで、安定した製品が産出されることにある。決められたコストと納期で、安定した品質の製品を産出するための作業方法や作業条件、作業結果の確認方法などを規定している。

2)作業標準の内容

一般に、作業標準の主な内容は、適用範囲、目的、使用原材料、設備・機器、作業方法・手順とポイント、管理項目・方法、品質特性・規格・検査方法、作業者の技能レベル、安全衛生上の留意点などである。作業標準を作成する際は、以下の点に注意する。

- ・実行可能であること
- ・作業標準どおり行うことで、不適合品が出ないこと
- ・具体的な行動の基準を示しわかりやすいこと
- ・他の標準と矛盾しないこと
- ・常に改定され、最適な方法が維持されていること
- ・作業の要点と達成すべき結果が示されていること
- ・結果の評価方法と評価基準が示されていること
- ・関係者の理解が得られていること

第 **6** 節 ┃ **品質保証**

学習のポイント

◆品質保証の意義、重要性について理解する。
◆品質保証体系と品質保証活動の進め方を理解するとともに、
　開発、生産、販売などの品質保証活動の内容を理解する。

1 品質保証の意義と進め方

(1) 品質保証の意義、重要性

　品質保証（Quality Assurance：QA）とは、「品質要求事項が満たされるという確信を与えることに焦点を合わせた品質マネジメントの一部」（JIS Q 9000：2015-3.3.6）と定義される。

　品質保証は、顧客に提供する製品やサービスの品質を保証し、製品やサービスが安心して使用でき、満足してもらうための体系的活動であり、広義の品質管理の一部として位置づけられる。狭義の品質管理の目的も顧客に満足してもらう製品やサービスの提供であるが、管理の重点はよいものを経済的に作り出す社内の活動に置かれている。一方、品質保証は、顧客との約束を満たすための活動に重点が置かれ、顧客の視点に立った品質管理活動であるといえる。→本章第1節

(2) 品質保証体系の考え方、進め方

　品質保証は、製品の製造に直接かかわっている製造部門だけで達成できるわけではない。製造では設計された品質を満たして生産しても、顧客の要求を的確に把握し、満足する設計となっていなければ、顧客にと

ってのよい品質とはならない。また、製品の設計や生産工程の設計が悪く作業性が極端に悪い場合も、よい品質のものを製造することは困難である。原材料の購入や検査、梱包、輸送、サービスなど企業の関係部門すべてが品質保証活動を行うことで、顧客の要求する品質を保証することが可能となる。

　効果的な品質保証を行うためには、経営者をはじめ全社の各部門が、顧客の視点に立ち、組織的・体系的に連携し、有効に機能するための品質保証体系の構築が必要である。この体系を文書化したものが品質保証体系図である。品質保証体系図は、製品の受注から製品開発、生産、販売、アフターサービスまでの各プロセスにおける、各部門の役割と連携を業務の流れに沿って表した図である。各プロセスにおいて、各部門が不適合品を作らない、次工程に不適合品を流さないしくみを構築することが重要である。

（3）品質保証体系の内容

　品質保証体系が確立され、品質保証活動を行っていくためには、各部門が経営者の品質方針に従って、活動を展開していく必要がある。図表1-6-1に各部門の役割を整理した。

図表1-6-1 ● 品質保証体系における各部門の役割

部　　門	役　　割
経　営　者	品質方針の決定、活動の効果の把握と改善
販　売　部　門	顧客ニーズの把握と伝達、満足度の調査
設　計　部　門	顧客ニーズに基づく設計、デザインレビューの実施
製　造　部　門	工程での品質の作り込み、作業管理、設備の日常管理
出　荷　部　門	誤配送の防止のための倉庫・出荷管理
購　買　部　門	購入先・外注先の選定、品質指導
品質保証部門	品質計画、検査規格の設定、計画の検証と不適合に対する是正勧告

　本章第1節で品質を消費者、開発者、製造者の視点で要求品質、設計品質、製造品質の3つに分類した。それぞれの品質を中心に扱う販売部門、開発部門、生産部門の品質保証活動の詳細を以下に解説する。

Ⅰ　販売部門における品質保証活動

　販売部門は、社会情勢や市場動向、顧客ニーズを市場調査などで情報収集を行い、市場品質を決定するための情報を把握することが重要な役割である。顧客ニーズは、社会が豊かになるとともに、従来の高品質、低価格の要求だけではなく、自分の価値観に合ったものへと変化し多様化している。また、環境への配慮や製造物責任（PL）などへの消費者意識の高まりなど社会情勢や経営環境などの情報を常に収集し、対応していくことが重要である。

　また、開発部門での設計品質を決定するために、把握した顧客ニーズを製品企画段階へ伝達することも重要な役割である。

Ⅱ　開発部門における品質保証活動

　開発部門では、要求品質に基づき、設備や技術水準などを検討し、自社で生産できるように製品の仕様を決定する。製品開発は、一般的に製品企画・開発設計・生産設計・初期流動段階に分類することができる。

1）製品企画段階

　販売部門からの顧客ニーズをもとに、開発部門では、開発する製品のデザインや性能、耐久性、安全性などを顧客ニーズに合わせ仕様を決定する。

2）開発設計段階

　設計品質を決定する段階であり、自社の技術水準や設備などを検討して製品企画を満足させるための試作、性能試験、デザインレビュー **Key Word** などを行い、仕様を決定する。

3）生産設計段階

　開発設計で設定された設計品質を満足させるために、製造部門や品質保証部門などと連携し、作業性やコストを考慮した製造仕様を決定する。

4）初期流動段階

　製造仕様に基づいて、工程が設計され製造を開始した際、製品が設計どおりに製造されているかどうかを確認する。品質上の問題点はもちろん、作業性やコスト面など不具合がある場合は、設計変更などで是正する。

Ⅲ　生産部門における品質保証活動

　設計品質で定められた品質を達成するための製造品質を設定し、製造品質を達成するための活動を行う。製造品質を設定する生産準備活動と量産段階の活動に大別される。

1）生産準備活動

　生産準備活動は、量産に必要な人員計画、生産設備の計画、原材料の購入、外注品調達計画、作業設計、工程編成などの4M〔Man（作業者）、Machine（設備）、Material（原材料）、Method（方法）〕を計画し実施していくことである。また、工程で品質を作り込むための品質保証計画を立案し、各工程における管理項目、管理基準、管理方法、確認方法などを決定し、QC工程表（品質工程図または工程品質管理表）として整備する。

2）量産段階の活動

　生産準備が整い量産を開始した時点で、管理項目ごとの品質特性を調査し、規格値とバラツキの関係を示す工程能力を求め、工程能力が十分であることを確認する。また、工程で品質を作り込み、不適合品を発生させないために工程管理を行う。不適合品が発生した場合は、発生原因を特性要因図などを用いて調査し、再発防止の処置をとる。不適合品が作業標準どおりに作業が行われて発生した場合は、作業標準書を改定する必要がある。また、作業標準書どおりに作業が行われていなかった場

Key Word

デザインレビュー（Design Review：DR）──新製品の設計のできばえを評価・確認する方法で、「当該アイテムのライフサイクル全体にわたる既存又は新規に要求される設計活動に対する、文書化された計画的な審査」（JIS Z 8115：2019 -192J-12-101）と定義される。

合は、作業者教育を実施したり、作業標準書に問題があれば改定する。

2 品質保証とクレーム処理

（1）クレームの原因分析

　顧客からの製品やサービスに対する苦情をクレームといい、顧客のニーズに製品やサービスが適合しなかった場合や、欠陥があった場合に発生する。その原因としては製品そのものの不適合と品質保証システムの不適合の2つがあり、顧客の視点に立った品質保証活動が成果を上げていれば、クレームの発生は抑えられると考えられる。クレームの発生は、製品やサービスのイメージを傷つけ、さらには企業イメージのダウンも避けられず業績にも大きく影響する。

　前述のようにクレームは顧客ニーズと製品との不適合、製品の機能の不適合など、不適合品が顧客に渡ってしまったときに発生する。不適合品とは一般的には不良品ともいわれ（本テキストでは、原則として「不適合品」を用いる）、本来備えていなくてはならない品質を満足していない状態を指している。クレームが発生した場合は、製品の欠陥状況、購入時期、使用状況などクレームの状況を詳細に把握することが必要である。そのうえで応急対策として不適合品の流出防止と回収、代替品の手配、恒久対策としての再発防止の是正措置を講じることが重要である。
→前掲図表1-3-2

（2）クレームの再発防止策

　類似クレームの発生の防止や真の原因を把握するためには、クレーム品の製造番号、ロット番号などから不適合がどのような状況で発生したかを製造履歴から追跡できるトレーサビリティのしくみが重要となる。トレーサビリティを実現するためには、モノの流れと作業記録を対応させた工程管理システムの構築が必要となる。最近、家電や自動車などで重大なリコール **Key Word** が起こっているが、トレーサビリティにより迅速

89

な製品回収が可能となり、このしくみを整備していくことが重要である。

クレームの原因として、製品そのものの不適合なのか品質保証システムの不適合なのかを特定し、真の原因に対して以下のようなステップで対策を立てることが重要である。

① 　クレームの内容確認

② 　クレームの原因の特定

③ 　クレームの再発防止を確実にするための処置の必要性の評価

④ 　必要な処置の決定および実施

⑤ 　とった処置の結果の記録

⑥ 　実施した活動のレビューおよび対策の水平展開

クレームが発生したら、真の原因を追求し、原因に対する効果的な対策を考え、再発防止の対策を確実に打っていくことが、品質管理の基本である。また、クレームの発生を抑えるためには、同様の不適合が他の工程や製品で発生しないように、対策を水平展開することが重要である。

Key Word

リコール──製品に欠陥があるとき、生産者が公表して製品を回収・修理すること。

学習のポイント

◆品質マネジメントシステムの国際化について理解する。
◆品質マネジメントシステムの内容（特にISO9000シリーズ）
について理解する。

1 品質マネジメントシステムの国際化

　品質マネジメントシステムの国際規格がISO9000シリーズであり、1987（昭和62）年に制定され、1994（平成6）年、2000（平成12）年、2008（平成20）年、2015（平成27）年に改正されて現在に至っている。

　品質マネジメントとは、「品質に関するマネジメント。注記　品質マネジメントには、品質方針及び品質目標の設定、並びに品質計画、品質保証、品質管理及び品質改善を通じてこれらの品質目標を達成するためのプロセスが含まれ得る」（JIS Q 9000：2015-3.3.4）と定義される。品質マネジメントという言葉にあるように、経営活動の一環ということが強調されている。また、「確信を与える」ことを証明できる品質保証体制が求められている。そのために、活動の結果を記録する体制の整備が必要となる。

　ISOは、国際標準化機構（International Organization for Standardization）のことで、電気分野を除く工業分野の国際的な標準規格を策定するための民間の非営利団体である。本部はスイスのジュネーブで各国1機関が参加でき、日本ではJISC（Japan Industrial Standards Committee ＝日本産業標準化調査会）が加盟している。電気分野の標準規格は国際

電気標準会議（International Electrotechnical Commission：IEC）によって策定される。また、双方に関連する分野は、ISO/IEC JTC 1（合同技術委員会）が合同で標準化を行っている。

　ISO9000シリーズは、EU市場統合とGATT（関税及び貿易に関する一般協定）の国際貿易の円滑化をねらいとして、1987年に世界共通の品質保証システムとして制定された。日本では1991（平成3）年にJIS Z 9900シリーズとしてJISに取り入れられ、ISOとの整合性が図られた。2000（平成12）年には、従来の品質保証から品質マネジメントシステム（Quality Management System：QMS）の要求事項の標準化を行うための国際規格として大幅に改定された。ISO9000シリーズは、企業が構築した品質マネジメントシステムが規格に適合していれば、一定の品質が保証された製品が製造されるという基本的な考え方に立っている。企業の品質マネジメントシステムが規格に適合しているかどうかは、審査登録機関が審査し、認証するしくみとなっている。

　ISO9000シリーズは、前述のように1987年に制定され欧州を中心として進められた。同時期、日本ではTQCを中心とした独自の品質管理，品質保証システムが確立し成果を上げており、ISO9000シリーズへの関心は低いものであった。しかし、EU統合によるISO9000シリーズの欧州企業での採用が、取引の障害となる可能性が指摘され急速に関心が高まり、1991（平成3）年JISにも取り入れられ整合性が図られた。また、TQCはQCサークルを代表とするボトムアップが基本となっており、急激な経営環境の変化に戦略的に対応することが困難であることが指摘されていた。TQCにも経営全般の質の向上を図るという概念が含まれているが、さらに明確にするために総合的品質管理（Total Quality Management：TQM）と呼ぶのが一般的になってきた。

　ISO9000シリーズの中心規格であるISO9001は2015（平成27）年に大幅な改定が行われた。その序文には、以下の記載がある（JIS Q 9001：2015-0.1 序文 一般）。

　「品質マネジメントシステムの採用は、パフォーマンス全体を改善

し、持続可能な発展への取組みのための安定した基盤を提供するのに役立ち得る、組織の戦略上の決定である。

　組織は、この規格に基づいて品質マネジメントシステムを実施することで、次のような便益を得る可能性がある。

　　a）顧客要求事項及び適用される法令・規制要求事項を満たした製品及びサービスを一貫して提供できる。

　　b）顧客満足を向上させる機会を増やす。

　　c）組織の状況及び目標に関連したリスク及び機会に取り組む。

　　d）規定された品質マネジメントシステム要求事項への適合を実証できる。

　内部及び外部の関係者がこの規格を使用することができる。

　この規格は、次の事項の必要性を示すことを意図したものではない。

　・様々な品質マネジメントシステムの構造を画一化する。

　・文書類をこの規格の箇条の構造と一致させる。

　・この規格の特定の用語を組織内で使用する。」

　顧客満足の向上だけでなく、組織の成果の達成が目的に追加されている。また、リスクと機会への対応を求めている。ただし、品質マネジメントシステムの画一性を求めていないとし、組織に使いやすい品質マネジメントシステムにするには、規格の用語にこだわることなく、組織が日常的に使っている用語を用いて文書を構築するなど柔軟に対応することを求めている。さらに、ISO9001が作成を要求している書面（文書）も規格の箇条と一致させる必要はなく、大幅に削減されている。

2　ISO9000シリーズの構成

　2000（平成12）年の改正では構成の面で、ISO9001・9002・9003はISO9001に統合された。また、環境マネジメントシステム監査との整合性の観点からISO19011が制定され、ISO9000の規格は4つの規格に整理され

図表1-7-1 ●ISO9000の主要な規格とJIS Q 9000

ISO規格	JIS規格	規格名称
ISO9000	JIS Q 9000：2015	品質マネジメントシステム－基本及び用語
ISO9001	JIS Q 9001：2015	品質マネジメントシステム－要求事項
ISO9004	JIS Q 9004：2015	品質マネジメント－組織の品質－持続的成功を達成するための指針
ISO19011	JIS Q 19011：2015	マネジメントシステム－監査のための指針

た。主要なISO9000の規格は、ISO9001を中心として、図表1-7-1のように構成されている。このほかにも、計測機器や教育、統計的手法などの支援技術に関する規格があり、これらを総合してISO9000シリーズ（あるいはISO9000ファミリー）と呼んでいる。

3 品質マネジメントシステムの原則

改正された規格では7つの品質マネジメントの原則を採用し、組織におけるすべての階層の責任と権限、および品質に関連する業務を体系的に文書化したQMSに従って業務を遂行し、継続的改善を推進することが求められている。→図表1-7-2

図表1-7-2 ●品質マネジメントの原則（ISO9000：2015）

1－顧客重視 品質マネジメントの主眼は、顧客の要求事項を満たすこと及び顧客の期待を超える努力をすることにある。
2－リーダーシップ 全ての階層のリーダーは、目的及び目指す方向を一致させ、人々が組織の品質目標の達成に積極的に参加している状況を作り出す。
3－人々の積極的参加 組織内の全ての階層にいる、力量があり、権限を与えられ、積極的に参加する人々が、価値を創造し提供する組織の実現能力を強化するために必須である。

4 −プロセスアプローチ 活動を、首尾一貫したシステムとして機能する相互に関連するプロセスであると理解し、マネジメントすることによって、矛盾のない予測可能な結果が、より効果的かつ効率的に達成できる。
5 −改善 成功する組織は、改善に対して、継続して焦点を当てている。
6 −客観的事実に基づく意思決定 データ及び情報の分析及び評価に基づく意思決定によって、望む結果が得られる可能性が高まる。
7 −関係性管理 持続的成功のために、組織は、例えば提供者のような、密接に関連する利害関係者との関係をマネジメントする。

4 ISO9001：2015規格の構成

　2015（平成27）年版のISO9001では、組織が戦略的方向性に関する意図した結果の達成に向けて、品質マネジメントシステムに取り組むということが明確に示されている。特に、以下の点が強調されている。

1）組織の状況理解と適用範囲の決定

　項番4（組織の状況）では、組織の内部・外部の課題や、利害関係者のニーズおよび期待を考慮し適用範囲を決定することを要求している。網羅的でなく適用範囲を絞り、企業経営に直結する品質マネジメントに取り組むことが可能となる。

2）リーダーシップ

　項番5（リーダーシップ）では、ISO9001規格の適用範囲内の最高責任者であるトップマネジメントに、品質マネジメントシステムのリーダーシップとコミットメントを要求している。また、トップマネジメントに組織の事業プロセスへ品質マネジメントシステムの要求事項を統合することを要求している。

3）リスクおよび機会への取り組み

　項番6.1（リスク及び機会への取組み）では、製品またはサービスの品

質に不具合や悪影響を与える潜在的なリスクと機会（ビジネスチャンス）につり合いの取れた対応をすることを要求している。また、製品やサービスの品質を改善するための対策とリスクが低減または除去されたかどうかを評価することが重要である。

4）サービス業への配慮

従来の要求事項では、製品という用語の中にサービスを含んでいたが、2015年版では、製品とサービスの定義を分けている。特に、項番8.4（外部から提供されるプロセス、製品及びサービスの管理）では、2008（平成20）年版の「購買製品」を「外部から提供される製品及びサービス」にというように、用語の見直しが図られている。

5）文書の簡略化

項番7（支援）では、共通要素の要求事項として、2008年版の「文書・記録」が「文書化した情報」となり、形式にとらわれない文書化が可能になった。紙媒体の文書だけでなく、図表や電子媒体の情報での整備も可能になった。ISO認証取得のためだけに作成するような不必要な文書・記録をなくし、企業活動に直結した品質マネジメントシステムを運用していくことが可能となる。

QMSを構築する場合のISO9001：2015に規定されている要求事項の概要は以下のとおりである。→図表1-7-3

図表1-7-3 ● ISO9001：2015　品質マネジメントシステムの要求事項

1.　適用範囲
2.　引用規格
3.　用語及び定義
4.　組織の状況
4.1 組織及びその状況の理解
4.2 利害関係者のニーズ及び期待の理解
4.3 品質マネジメントシステムの適用範囲の決定
4.4 品質マネジメントシステム及びそのプロセス
5.　リーダーシップ

5.1 リーダーシップ及びコミットメント　5.1.1 一般　5.1.2 顧客重視
5.2 方針　5.2.1 品質方針の確立　5.2.2 品質方針の伝達
5.3 組織の役割、責任及び権限
6. 計画
6.1 リスク及び機会への取組み
6.2 品質目標及びそれを達成するための計画策定
6.3 変更の計画
7. 支援
7.1 資源　7.1.1 一般　7.1.2 人々　7.1.3 インフラストラクチャ　7.1.4 プロセスの運用に関する環境　7.1.5 監視及び測定のための資源　7.1.6 組織の知識
7.2 力量
7.3 認識
7.4 コミュニケーション
7.5 文書化した情報　7.5.1 一般　7.5.2 作成及び更新　7.5.3 文書化した情報の管理
8. 運用
8.1 運用の計画及び管理
8.2 製品及びサービスに関する要求事項　8.2.1 顧客とのコミュニケーション　8.2.2 製品及びサービスに関する要求事項の明確化　8.2.3 製品及びサービスに関する要求事項のレビュー　8.2.4 製品及びサービスに関する要求事項の変更
8.3 製品及びサービスの設計・開発　8.3.1 一般　8.3.2 設計・開発の計画　8.3.3 設計・開発のインプット　8.3.4 設計・開発の管理　8.3.5 設計・開発からのアウトプット　8.3.6 設計・開発の変更
8.4 外部から提供されるプロセス、製品及びサービスの管理　8.4.1 一般　8.4.2 管理の方式及び程度　8.4.3 外部提供者に対する情報
8.5 製造及びサービス提供　8.5.1 製造及びサービス提供の管理　8.5.2 識別及びトレーサビリティ　8.5.3 顧客又は外部提供者の所有物　8.5.4 保存　8.5.5 引渡後の活動　8.5.6 変更の管理
8.6 製品及びサービスのリリース
8.7 不適合なアウトプットの管理
9. パフォーマンス評価
9.1 監視、測定、分析及び評価　9.1.1 一般　9.1.2 顧客満足　9.1.3 分析及び評価
9.2 内部監査
9.3 マネジメントレビュー　9.3.1 一般　9.3.2 マネジメントレビューへのインプット　9.3.3 マネジメントレビューからのアウトプット
10. 改善
10.1 一般
10.2 不適合及び是正処置
10.3 継続的改善

5 PDCAサイクルと品質マネジメント

2015年版のISO9001の0.1 序文 一般に以下の記述がある。

「この規格は、Plan－Do－Check－Act（PDCA）サイクル及びリスクに基づく考え方を組み込んだ、プロセスアプローチを採用している。

組織は、プロセスアプローチによって、組織のプロセス及びそれらの相互作用を計画することができる。

組織は、PDCAサイクルによって、組織のプロセスに適切な資源を与え、マネジメントすることを確実にし、かつ、改善の機会を明確にし、取り組むことを確実にすることができる。」

前述のISO9001の要求事項の条項4から条項10と、PDCAの関係を表したものが「PDCAサイクルを使った、この規格の構造」である。→図表1-7-4

図表1-7-4●PDCAサイクルを使った、この規格の構造の説明

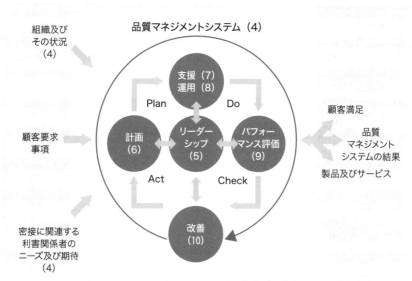

注：（　）内の数字はこの規格の項番を示す。

出所：ISO9001：2015 0.3.2 PDCAサイクル

第1章　理解度チェック

次の設問に、○×で解答しなさい（解答・解説は後段参照）。

1 製造品質とは、設計品質をねらいとして生産する製品の実際の品質で、管理図などにより製品のバラツキを考慮した基準で管理することである。

2 工程能力指数とは、品質特性と与えられた製品の規格との関係を見るために、管理図で設定する上方管理限界（UCL）と下方管理限界（LCL）と品質特性の6σとの比を計算したものである。

3 全数検査は、検査ロットすべてを対象として検査するため、すべての製品が適合品であることを保証できる。

4 管理図の管理限界線は、製品の上限規格、下限規格を考慮して決定され、製品の合否判定のために使われる。

5 社内標準化は企業内の利益や利便を向上するために行われるが、社内規格はISOやJISなどの上位のレベルの規格を遵守して決定される。

6 品質保証は、要求品質、設計品質、適合品質の中で、特に製造工程における4M（Man、Machine、Material、Method）を管理して品質特性のバラツキを減少させ適合品質を達成することが重要である。

第1章　理解度チェック

1 | ○

2 | ×
工程能力指数は、規格の幅と品質特性の6σとの比である。

3 | ×
官能検査のように人手に頼った検査では検査ミスが発生するため、すべてを適合品と保証することはできない。

4 | ×
管理図の管理限界線は3σ限界の考え方を用いて決められ、工程が管理状態かどうかを判定するために用いられる。

5 | ○

6 | ×
品質保証は製造部門だけでなく、すべての部門が顧客の視点に立って組織的に実施していくことが重要である。

┨ 参考文献 ┠

市川博・本多薫『統計処理入門』日本教育訓練センター、2007年

稲本稔・細野泰彦『わかりやすい品質管理［第4版］』オーム社、2016年

奥村士郎『品質管理入門テキスト〔改訂2版〕』日本規格協会、2007年

甲斐章人・森部陽一郎『現代の品質管理マネジメントシリーズ』泉文堂、1999年

久米均『設計開発の品質マネジメント』日科技連出版社、1999年

坂本碩也・細野泰彦『品質管理テキスト〔第4版〕』オーム社、2017年

鐵健司『新版 品質管理のための統計的方法入門』日科技連出版社、2000年

日本経営工学学会『生産管理用語辞典』日本規格協会、2002年

日本規格協会編『JISハンドブック（57）品質管理』日本規格協会、2022年

原崎郁平『QC工程表と作業標準 上手な使い方Q&A』日刊工業新聞社、1989年

森口繁一編『品質管理講座—新編 統計的方法〔改訂版〕』日本規格協会、1992年

谷津進・宮川雅巳『経営工学ライブラリー5 品質管理』朝倉書店、1988年

山田正美『図解 よくわかるこれからの品質管理』同文舘出版、2004年

吉澤正『クオリティマネジメント用語辞典』日本規格協会、2004年

原価管理

この章のねらい

　第2章では、原価管理について、総合的な視野から基本的な考え方とともに、企業の業務の各局面に役立つ手法の適用方法などについて学ぶ。あらゆる企業活動において、業務の遂行過程では必ずコスト（費用、原価）が発生し、この費用と収益との差額が損益になる。営利を目的とする企業は利益の確保を追求しなくてはならない。そのため、収益はできるだけ大きく、費用はできるだけ小さくすることによって、利益を大きくしなくてはならない。第2章では、製造業を前提として、コストをどのように管理するかについて学ぶ。

　企業の業務を管理するには、Q（品質）、C（コスト・原価）、D（納期・生産性）に対して、PDCA（Plan − Do − Check − Act）サイクルを回すことでマネジメントすることが必要となる。企業ではQとDをうまく管理できた成果として、Cを低減できる傾向にある。そのため、利益の実現を目指す企業活動のマネジメントの着眼点として、QとDとともに、Cに注目する必要がある。

　第2章では、製品の開発・設計段階の原価低減活動である原価企画の意義、その手順、コストテーブル、目標原価の意義について学ぶとともに、それに必要となる原価見積もりやVE活動などを学ぶ。また、製造段階の原価低減活動である原価改善に必要なIEやABC/ABM、製造段階の原価維持に必要な標準原価計算についても学ぶ。さらに、損益分岐点分析、経済性評価、物流コストの管理なども学ぶ。

第 1 節　原価管理の基本的な考え方と手法

学習のポイント

◆原価管理には、原価企画、原価改善、原価統制という3つの
カテゴリがあることを理解する。原価管理を実施するには、
基本情報としての原価情報を入手するために、原価計算を行
う必要がある。

◆原価管理におけるマネジメント機能は、プランニングとコン
トロールから成り立っていることを理解する。

◆製造業において、顧客の求める品質（Q）と納期（D）を満
たすために、必然的にコスト（C）が発生するという考え方
を理解する。顧客満足を実現しながら利益の実現を図るのが
生産管理における原価管理である。

1　原価管理の体系

　原価管理と原価計算は混同されやすいが、厳密には異なる。原価管理
は、製造原価を統制すること、あるいは製造原価を低減することである。
他方、原価計算は、製品の単位原価（1単位当たりの原価）を算定する
ことである。原価管理を実施するには、基本情報としての原価情報を入
手するために、原価計算が行われる必要がある。なお、日本における会
計基準の1つ、原価計算の実践規範である「原価計算基準」（1962（昭和
37）年公表）によれば、原価計算の目的は、財務諸表作成目的、価格計
算目的、原価管理（原価統制）目的、予算管理目的、基本計画設定目的

の5つが挙げられている。しかし、1990年代以降、ABC（活動基準原価計算）、品質原価計算、ライフサイクル・コスティング、マテリアルフローコスト会計など、比較的新しい原価計算の手法が広く知られるようになった。これらは、「原価計算基準」には依拠していないものの、原価管理のために有益であるため、積極的にみずからの企業においてどのように活用するかを検討する価値がある。

　原価管理の体系を示すと、図表2-1-1のとおりである。原価管理のねらいを大きく分けると原価統制と原価低減に分けることができる。原価統制は、狭義の原価管理であり、原価を計画された範囲内に収めることを指す。他方、原価低減は、業務プロセスの改善や製品設計の見直しなどによって製造原価の低減（コストダウン）を図ることを指す。歴史的には、原価統制の活動としての原価維持より始まり、原価低減の活動としての原価改善、原価企画へと展開されていった。

　原価維持は、標準原価と実際原価との差異を分析し、実際原価をあらかじめ定めた範囲内に収める活動のことを指し、具体的には標準原価計算という原価計算制度を用いて標準原価管理という活動として実現される。原価改善は、製品の製造段階における原価低減である。具体的には

図表2-1-1 ●原価管理の体系

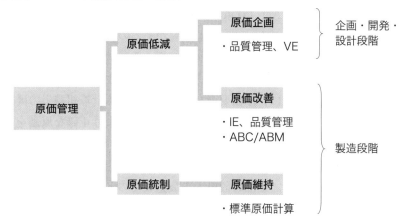

105

IE（Industrial Engineering）などの生産管理の手法を活用することによる作業そのものの改善やムダ取りなどによる改善、品質管理による品質の向上、ABC/ABM（Activity Based Costing/Activity Based Management）を活用した間接業務の原価改善などによって実現する。原価企画は、製品の企画、開発、設計段階での原価低減である。具体的には、品質管理活動やVEなどによって、デザインレビューやコストレビューを通じた設計の再検討、原材料の見直し、工法の改善などを行う。

　経営活動において、Q（品質）、C（コスト・原価）、D（納期・生産性）が大事であるとはよくいわれる。しかしながら、QDCという順序で表記すべきであるという意見もある。原価管理に関して注意すべきは、製造原価（コスト）を低減するための直接的な方策はほとんどないことである。人員削減を伴う事業整理や工場の売却などによって事業縮小すれば、製造原価が大幅にかからなくなるが、それは現実的な解決策とはならない。経営活動における品質の向上（Quality：Q）、生産性の向上と納期の短縮（Delivery：D）が成し遂げられた結果として、原価低減（Cost：C）が実現できる。したがって、原価管理は、原価低減の成果を金額で見える化させ、原価低減を経営者、管理者、現場の人たちそれぞれに動機づける役割（マネジメントコントロール）が大きな位置づけを占める。

　原価管理活動は他の管理活動と同様に、Plan（計画）、Do（実施）、Check（評価）およびAct（対策）の管理サイクル、すなわちPDCAサイクルに沿って実施される。注意する必要があるのは、特定の原価要素について特定の部署が原価責任（原価を統制あるいは低減する責任）を有するように組織を設計することである。原価の発生を機能別・責任区分別に管理するとともに、原価要素を分類・集計する計算組織上の区分を原価部門という。原価責任とは、この原価部門がより正確な原価を算定したり、原価管理を行う責任を意味する。

　設計図を作成する設計過程において技術要件が決定されるのに従い、原価が決定されていく。製品の設計から製造までの各段階において、それぞれの業務に携わる技術者が原価責任を有する。製品設計技術者は、

原材料の選択と消費量の決定、組立作業と解体作業における作業性ならびに物流段階の配慮において原価責任を有する。生産システム設計技術者は、生産要素（生産設備）の選択と配置（レイアウト）において原価責任を有する。生産管理技術者は、品質と納期の実現において原価責任を有する。

2 プランニングとコントロール

　原価管理も、生産管理や品質管理と同様、PDCAの管理サイクルに基づいて実施される。原価管理の機能を大別すると、プランニング（計画）とコントロール（統制）から成り立っている。プランニングは、将来の状態を予測し、目標を設定し、目標達成のための具体的な方法を決定することである。コントロールは、仕事や作業を指示し、実行し、計画と実績の差異が大きい場合は、その差異を小さくするように手立てを講じたり、計画を修正することである。

　第1に、標準原価計算における標準原価を管理することによる原価統制について考える（標準原価計算については、本章第4節で解説する）。標準原価は、標準の操業度と、標準の作業方法において、標準の能率（生産性）と標準の原価率（原価標準）を適用して算出される原価である。標準原価計算では、標準原価を設定することがプランニング、差異分析の結果を用いて差異を小さくするための具体的かつ有効な手段を講じることがコントロールに相当する。

　第2に、製品の開発・設計と生産という側面から原価低減について考える。製品の開発・設計や生産に携わる者は、「よい製品を作る」という意識はもちろんのこと、その先のビジネスも考慮しつつ「いかに利益を上げられる製品を開発するか」についても意識しなくてはならない。その理由は図表2-1-2のとおり、QCDに関連する企業と顧客の関係にある。

図表2-1-2 ● QCDの関係

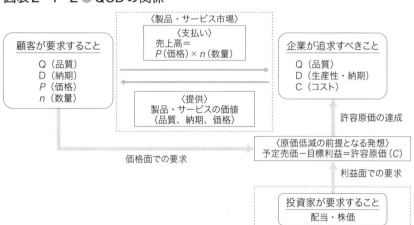

　企業は、顧客に対して、製品やサービスにおける「品質（Quality：Q）」、「納期（Delivery：D）」に関連した価値を提供し、その価値に見合う金額を支払う。ここで、顧客の支払金額＝企業にとっての売上高（収益）は、次式により求められる。

　　売上高＝製品1単位当たりの価格（Price：P）×販売数量（n）

　市場取引を前提とすれば、価格（P）は市場によって決められるべきものであって、1つの企業の専決事項として決められるものではない。また、企業にとって適正な利益も、資本市場を通じて投資家（現在および将来の株主）から要求されるものであって、企業の専決事項ではない。そのため、企業の経営活動では、あらかじめ予想される取引価格を予定売価として設定し、そこから目標となる利益を控除した残額に製造原価（C）を収めなければならない。したがって、企業が追求しなければならない製造原価＝許容原価（C）は、次式により求められる。

　　予定売価－目標利益＝許容原価（C）

　企業は、顧客の求めるQとDの条件を満たしながら、この許容原価に原価を納めることで、自社の利益を確保する必要がある。では、この許容原価（C）は、どのように管理しなければならないだろうか。

　原価管理は、決して作るために発生した原価だけを扱うものではない。ここに示した許容原価に基づき、目標利益を実現するための原価の目標値として目標原価が設定される（→本章第５節）。このような考え方に基づく製品の企画・開発・設計段階での原価低減活動が原価企画である。また、設定された目標原価を達成するため、あるいはさらに利益を増大させるために行う製造段階の原価低減活動が原価改善である。

　原価企画も原価改善も、原価統制と同様に、プランニングとコントロールから成り立っている。原価企画でも原価改善でも目標原価の設定がプランニングに相当する。原価企画では、原価低減のアイデアを設計に取り入れ、その結果どの程度の原価低減の成果が見込めるかを評価し、さらなる改良を加えていくプロセスがコントロールに相当する。原価改善では、生産管理や品質管理の手法を駆使した改善を行い、その結果どの程度の原価低減が実現できたかを継続的に行っていくプロセスがコントロールに相当する。

3　製品の開発・生産活動と製造原価

　製造原価の数値は経営活動の成績表の１つである損益計算書（Profit and Loss Statement：P/L）に記載される。有価証券報告書で開示するための損益計算書は実績値を用いて作成される。他方、将来に向けた経営計画における見積損益計算書を作成する場合は、将来数年間（中期経営計画で３〜５年）の見積数値を用いる。

　損益計算書は自〇年〇月〇日から至〇年〇月〇日までのように、一定の経営活動期間における経営活動の記録であり、その内容のあらましは図表２-１-３のとおりである。

　売上高から売上原価を差し引いて売上総利益が求められる。さらに売

図表２-１-３●損益計算書の構造

```
                    損益計算書

                              自○年○月○日
                              至○年○月○日

    売上高
        －売上原価
    売上総利益
        －販売費及び一般管理費
    営業利益
        ＋営業外収益
        －営業外費用

    経常利益
        ＋特別利益
        －特別損失
    税引前当期純利益
        －法人税・住民税
            および事業税
    当期純利益
```

上総利益から、売上高を実現するための活動にかかる販売費及び一般管理費を差し引いて営業利益が求められる。この営業利益は、企業の本業による利益を意味する。営業利益に本業の取引とは直接関係がない営業外収益を加え、営業外費用を差し引いて経常利益が求められる。企業経営に必要となる資本調達に必要となる費用（資本コスト）の１つである借入金の利息が営業外費用に含まれることから、間接金融に資本調達を依存する企業にとって、経常利益は経営者による経営成績の大きな目安にされてきた。

　原価管理の成果は、最終的に損益計算書の当期純利益という形で反映される。その関係を要約すると、次式により単純化できる。

　　収益－販売する製品の製造原価－その他の費用
　　＝当期純利益（もしくは当期純損失）

　この式のとおり、企業が販売する製品の製造原価が小さければ小さいほど、売上高を上げるために発生した費用が小さければ小さいほど、利益が大きくなる。生産管理が貢献できるのは、前者の製造原価を小さくすることである。さらに、とりわけ、生産管理では製造原価の大小だけではなく、産出量と製造原価総額との割合、すなわち効率も考慮しなければならない。

$$効率 = \frac{アウトプット（産出量）}{インプット（製造原価の総額）}$$

　この式において、効率を高めるためには分母の値（製造原価の総額）を小さくし、分子の値（産出量）を大きくする必要がある。製造段階の原価改善として、生産管理や品質管理によって、作業や原材料のムダを排除する、設備の不稼働時間を少なくする、不適合品の発生を抑制する、などの努力をすることで産出量を増大させたり、製造原価の総額を低減できれば、効率の向上を実現できる。労働災害をなくすなどの改善活動もこの効率を向上させるための方策である。また、生産管理や品質管理を通じて標準化が進むことで、標準原価管理による原価維持が成立するようにもなる。

　他方、原価企画活動において、主に設計段階でVEによって製品の価値を向上させる（→本章第5節）製品設計を追求していくことを通じて、製造原価の総額を小さくし、利益を大きくすることができる。工業製品を作るためにはそれに先立って設計がなされなくてはならない。設計業務の結果は設計図であり、設計図の中には多くの情報が含まれている。設計過程は複雑でその理解には専門知識が必要であるが、ここでは設計の結果として図表2-1-4のような設計図が与えられたものとする。

　設計図には製品を製造するために必要な情報がすべて記載されていなくてはならない。そして図表2-1-4に示したように材質、形状、寸法および精度の4項目は設計図に不可欠な項目である。すなわち、どんな原材料を使って作るか（材質）、どんな形のものを作るか（形状線）、大きさはどのくらいか（寸法線）、そしてどのように仕上げるか（仕上記号）

図表2-1-4 ● 設計図の例

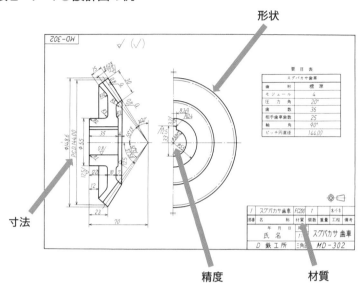

形状

寸法

精度

材質

出所：大西清『JISにもとづく標準製図法』理工学社

である。製造現場ではこの設計図の指示に従って生産活動を開始するが、この設計図にはこれら4つの要素が過不足なく記載されていなくてはならず、これらの要素はすべて製造原価の金額に直結している。

　材質、形状ならびに寸法の3項目は指定した原材料をどのくらい消費するかを示している。そして指定された原材料に対して形状、寸法ならびに精度の3項目はどのような設備を使って、だれが、どのような加工を行うかを決める情報を提供している。すなわち、設計図には原材料の消費量と加工手段が記載されている。原材料の消費量からは材料費が求められ、加工手段に生産数量の条件が加味されて加工工数が求められる。加工工数からは加工時間が求められ、加工費が求められる。この2つの費用、すなわち材料費と加工費を合わせたものが製造原価の総額である。つまり、設計図には技術情報だけではなく、間接的に原価情報も含まれており、設計によって大幅に製造原価が変わることを意味する。かねてから「設

計段階でほとんど原価は決まる」といわれてきたのはこのことによる。

　これまで述べたことを式に表すと次のように示される。すなわち、製造原価は物量と時間を変数とする関数である。この式は、物量の管理に基づく正確な消費量の把握と時間の記録が原価を求める基礎であることを意味している。

$$C = f(v, t) \quad (v：volume = 物量 \quad t：time = 時間)$$

　物量の記録と時間の記録には、現在ではITの活用が不可欠となっている。設計情報（CAD：Computer Aided Design = コンピュータ支援設計のデータ）、生産情報（原材料の受け払い、作業時間の記録、工程間移動の推移などのデータ）、在庫情報（仕掛品・原材料・部品の在庫などのデータ）は、製造業では基幹情報として統合的な情報システムによって管理される。それら情報の保管と部門間の共有化は、生産管理の成否、ひいては原価管理の成否にもかかわる。そのため、生産管理部門には、情報システム部門との緊密な協調が強く求められる。

　生産活動は設計図をもとに製品を製造する。生産のために用いられる技術と製造原価は深い関係を有している。すなわち、Q（品質）とD（納期・生産性）の達成度あるいは充足度が原価の発生を左右するので、生産活動における原価を把握するためには技術に対する知識も必要となる。

　ここでは、生産管理において原価をとらえるために必要な技術に関する知識を整理する。製品の設計図には、さまざまなタイプの因子（要素）が転写される。これらの因子の決定事項は製造原価の大小に大きく影響する。

　○タイプⅠ——型を使う【鋳造、塑性加工、粉末冶金、プラスチック成形】

　　・Qの因子——型の品質

　　・Dの因子——型交換時間（付加価値を生まない時間）

　○タイプⅡ——不要部分を除去する【機械加工、溶断、特殊加工】

　　・Qの因子——加工物の品質、加工方法の精度（原材料の品質、加

　　工設備の加工精度）
　　・Dの因子——加工物の取り付け・取り外し時間（付加価値を生ま
　　　ない時間）
　○タイプⅢ——組織や表面を変える【熱処理、表面処理】
　　・Qの因子——物理的条件の再現（物理的・化学的変化の原理）
　　・Dの因子——Qの因子に準じる
　○タイプⅣ——要素を組み合わせる【溶接、組立】
　　・Qの因子——組み合わせる個々の要素の品質
　　・Dの因子——組立性や分解性を配慮した設計

　タイプⅠにおいて、所期の品質を実現するためには型そのものの品質・精度が製品にそのまま転写される。したがって、達成したい品質の製品を作ろうとするならば目的を達成できる精度の型を準備することが不可欠であり、このタイプの技術は型の管理に重点を置かなくてはならない。また、型を使って加工する原材料の品質や加工条件などにも配慮が必要である。型を使う技術には必然的に型交換を伴うのでこの時間は付加価値を生まない。付加価値を生まない時間を極小化するには、標準化を進め、シングル段取やワンタッチ交換といった工夫により不稼働時間を短縮するために、IEやVEなどの管理技術のほか５Ｓ運動などを駆使する必要がある。

　タイプⅡにおいて、品質条件を実現するためには加工対象の原材料の品質が条件に適合していることが絶対の条件であり、原材料や部品を供給する産業・企業もしくは前工程の技術の技術水準に依存する。さらに加工設備の加工精度が維持されており、かつ使用する工具や加工条件が適切に守られていなくてはならない。この技術では加工物や工具の交換といった付加価値を生まない時間を避けることができない。この不稼働時間を短縮するためにさまざまな検討が求められる。

　タイプⅢは物理変化や化学変化を利用する。この技術において品質条件は物理変化や化学変化に依存するので、原理に反することはできない。

したがって、実験室などで実験されて裏づけのある条件を工場で再現しなくてはならない。たとえば、メッキ工程において納期が短いからといって、メッキ条件を変えられない。時間を勝手に変えられないのがこの技術の特徴である。

　タイプⅣにおける品質問題は、組み合わせる個々の要素の品質がすべてであり、1個の要素でも不適合品であれば最終製品になり得ない。組立作業の品質は個々の構成要素の前工程でのできばえに依存するが、組立作業時間は作業性の善し悪しに左右される。作業性は設計段階で解決されていなくてはならない。組み立てしやすいか、ライフサイクルの終わりで分解しやすいか、再生や廃棄の場合に環境負荷はどうかなどについて、設計段階で検討する動きとしてコンカレントエンジニアリングなどがある。

　使用する技術のタイプによって原価発生の特徴と管理ポイントが異なることから、どの技術を用いるかは生産方式のあり方と原価の発生を左右する大きな問題点である。Qをいかにして維持するか、そして、Dをいかにして実現するかはこれら固有技術の水準の高さに依存しており、技術水準は結果としてCの発生に敏感に反映されることになる。すなわち、技術水準が高くて安定したものでなければ要求された品質のものは作れず、計画した加工時間を実現できず、その結果リードタイムを守れないために、顧客の求めるものを提供できないことになる。生産活動における原価はこれら固有技術の水準の高さに左右されるので、技術水準の維持・伝承に力を注ぐことはもちろんのこと、より強い競争力を確保するために新しい技術の獲得・吸収を怠ってはならない。

　図表2-1-5に示しているのは、加工のタイプに関連するQとDの因子である。QとDを管理することは、とりもなおさずCを管理することにほかならない。製品設計技術者はもちろんのこと、生産活動に携わる多くの技術者、製品の企画を行うマーケティング部門、販売を担当する営業部門の人たちにも、これらの意識と知識をもってもらうことが肝要である。

図表2-1-5 ● 加工のタイプとQの因子、Dの因子

タイプ	内容	Qの因子	Dの因子
Ⅰ 型を使う	鋳造 塑性加工 粉末冶金 プラスチック成形	型の品質 型を使う原材料の品質	型交換時間
Ⅱ 不要部分の 除去	機械加工 溶断 特殊加工	加工対象の品質 上流産業・前工程の品質	加工対象の取り付け・取り外し時間 工具の交換時間 計測・測定時間
Ⅲ 組織や表面を 変える	熱処理 表面処理	実験室の再現	Qの因子に準じる
Ⅳ 要素を 組み合わせる	溶接 組立	個々の要素の品質	組立・分解性を考慮した設計

＊加工技術に関する詳しい知識は他の専門書を参照されたい。

第 2 節　原価の構成

◆生産管理に関連する原価の諸概念と原価の構造を理解する。
◆原価把握の具体的な手法について理解する。

1　製造原価と総原価

　生産活動に伴い原価が発生する。最終的には損益計算書（P/L）にまとめられるが、その前段階に原価計算がある。1962（昭和37）年に実践規範として設定された原価計算基準によれば、原価とは次のように定義されている。

① 　原価は経済価値の消費である
② 　原価は一定給付（ある財物を提供すること）に転嫁される価値である
③ 　経営目的に関連していること
④ 　正常な状態で把握されたもの

　原価の構造は図表2-2-1のようになる。すなわち、原価の3要素である材料費、労務費および経費からなる製造直接費と製造間接費の合計が製造原価であり、製造原価に販売費及び一般管理費を加えたものが総原価になる。また、販売価格から総原価を引いたものが利益となる。

　原価は次のような分類によって把握される。それぞれは異なるものを扱っているわけではなく、同じ原価の総額をそれぞれ別の見方で分類・把握しているだけである。

① 　発生形態による分類（材料費・労務費・経費）

図表2-2-1 ●原価の構造

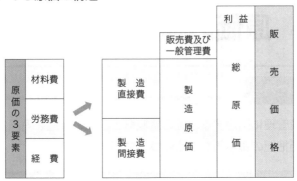

② 製品との関連による分類（直接費・間接費）
③ 操業度との関連による分類（固定費・変動費）

<h2>2　材料費・労務費・経費（発生形態による分類）</h2>

　発生形態によって把握される原価は原価の3要素とも呼ばれ、原価計算の基礎となる原価概念である。

Ⅰ　材料費

　材料費は物品の消費によって生じる原価である。材料費は、素材費（または原料費）、買入部品費、燃料費、工場消耗品費、消耗工具器具備品費に細分される。材料費は製品を作るための基本であり、多くの場合、原価の大きな割合を占める。材料費は次式により求められる。

　　材料費＝材料消費量×材料単価

Ⅱ　労務費

　労務費は、労働力の消費によって生じる原価である。労務費は、賃金（基本給のほか割増賃金を含む）、給料、雑給、従業員賞与手当、退職給与引当金繰入額、福利費（健康保険料負担金等）に細分される。最近は多くの企業において年末年始や夏期休暇など休日が集中する傾向がある

ため、月間操業日数がばらつくことが多い。そこで年間操業日数と労務費予算から原価計算期間（通常は１ヵ月）の負担額を求めることが多い。

Ⅲ　経費

　経費は、材料費と労務費以外に発生する原価である。減価償却費、棚卸減耗費および福利施設負担額、賃借料、修繕料、電力料、旅費交通費等の諸支払経費などに細分される。経費の計算方法から分類すると、①支払経費、②発生経費、③測定経費、④月割経費に分けられる。

3　直接費・間接費（製品との関連による分類）

　詳しくは本章第３節において解説するが、原価計算において原価の集計には、大きく分けて２つの方法がある。第１の方法は賦課（直課）である。賦課は、製品との関連性が明確なものを製造直接費として扱い、製品に対して直接的に集計することである。第２の方法は配賦である。配賦は、製品との関連性が明確でないものを製造間接費として扱い、いったん部門に集計して、その後で製品に配分することである。このように、直接費と間接費に分ける分類を、製品との関連による分類という。

　「発生形態による分類」と「製品との関連による分類」を組み合わせると、実務でよく使われる直接材料費、間接労務費などの原価概念が得られる。これを図表２-２-２に示す。

　直接材料費には、主要材料費（原料費）、買入部品費などがある。間接材料費には、補助材料費、工場消耗品費、消耗工具器具備品費などがある。直接労務費には、直接賃金、組立工賃金などがある。間接労務費に

図表２-２-２ ● 発生形態と製品関連の組み合わせ

区　分	直接費	間接費
材料費	直接材料費	間接材料費
労務費	直接労務費	間接労務費
経　費	直 接 経 費	間 接 経 費

は、間接作業賃金、間接工賃金、手待賃金、休業賃金、給料、従業員賞与手当、退職給与引当金繰入額、福利費（健康保険料負担金等）などがある。直接経費には、ある特定の製品を製造するために支払った外注加工費、特許権使用料、型代、専用治工具費などがある。間接経費は、福利施設負担額、厚生費、減価償却費、賃借料、保険料、修繕料、電力料、ガス代、水道料、租税公課、旅費交通費、通信費、保管料、棚卸減耗費、雑費などがある。

4 固定費・変動費（操業度との関連による分類）

　原価には操業度に応じて発生する原価と操業度とは無関係に発生する原価がある。材料費や光熱費のように操業度が増えればそれに応じて発生額も増える原価は変動費と呼ばれる。他方、操業度のいかんにかかわらず、たとえば、給料や減価償却費のように操業度の増減と関係なく発生する原価は固定費と呼ばれる。

　この原価区分によって、限界利益という概念が生じることとなる。限界利益は次のように定義される。

　　限界利益＝売上高－変動費

　この限界利益が固定費よりも大きく固定費をまかなえれば、利益が出ることが簡単にわかる。このように変動費に着目して計算する原価計算を直接原価計算（もしくは部分原価計算）と呼ぶ。また、変動費と固定費の区分は、損益分岐点分析において使用される。直接原価計算および損益分岐点分析については、本章第７節と第８節で解説する。

5 製品開発から生産実施までの原価概念

　製品の開発から生産の実施に至るまでに用いられる原価概念を図示すると図表２-２-３のようになる。原価は、それがとらえられる局面に応

図表2-2-3 ●製品開発から生産実施までの原価概念

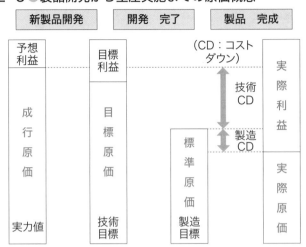

出所：橋本賢一『よくわかる原価のしくみ』日本能率協会マネジメントセンターを
　　　一部加筆

じて算定された方法や管理のねらいによって区別される。

　まず新製品開発・設計にあたって原価見積もりが行われ、成行原価が
算定される。これは現行の技術をもとに見積もられる。次いで目標利益
が定められると、許容原価の算定を経て、最終的に目標原価が示されて
開発が進められる。その開発の間にも継続的に原価見積もりが行われ、
目標原価と原価見積もりの数値が対比され、それらの差異を埋めるため
の原価低減の策が検討される（→本章第5節）。その原価低減の策として、
原材料の選択、購買方法の検討、使用設備の検討、作業方法の見直しな
ど技術面での検討がなされる。

　新製品開発・設計が終わって製造段階に移行する際に、標準原価が設
定される（→本章第4節）。標準原価は設計段階での目標原価の達成度、
製造の初期流動段階の製造原価などをもとに、標準の操業度において標
準の方法によって達成されるべき原価として設定される。製造段階での
原価維持の方法である標準原価管理において標準原価と実際原価が対比
され、差異分析が行われる。製造段階での原価改善の実施によってコス

トダウンが達成できたときには、そのコストダウンの成果を新たな標準
原価に反映させる。

6 原価概念の整理

1）生産過程の推移による区分

○成行原価──現行の技術をもとに見積もった原価である。競争環境
を配慮するとこのままの原価が通用するわけがなく、原価低減を前
提として、もしくは努力目標としての目標原価を設定することによ
って原価管理が実施される。成行原価は見積原価とも呼ばれる。

○許容原価──市場によって決まる予定売価から、経営層が経営目標
として株主の期待に応える目標利益を差し引いて算定される原価水
準である。

○目標原価──一般的に成行原価では目標利益を実現することはでき
ない。一方で、設定された許容原価ではすぐには達成が難しく、動
機づけの観点から合理的でない場合もある。そこで、許容原価と成
行原価とのすり合わせをして、製品開発・設計段階における必達目
標としてコストダウン目標を設定する。それが目標原価である。

○標準原価──標準の操業度において、標準の方法に対して、標準の
能率（生産性）と標準の原価率を適用して算出される原価である。

○実際原価──価格については実際価格、または予定価格、消費量に
ついては実際消費量をもとに計算した原価である。

2）製品原価と期間原価との区分

○製品原価──ある特定の製品ごとに集計された原価である。製造原
価は、費目別計算、部門別計算を経て製品別原価として求まる（→
本章第3節）。

○期間原価──一定期間における発生額で、販売費及び一般管理費な
どのように当期の収益と対応させて把握する原価である。製品原価
とは異なり、販売費や一般管理費は期間を定めて把握するほかに手

立てがない。損益計算書において、売上高から売上原価を差し引いて売上総利益を求めた後、販売費及び一般管理費を期間原価として差し引いて営業利益を求める。このように期間収益に対応させる原価を期間原価という。

3）全部原価と部分原価の区分

○全部原価——原価要素ごとに集計して求めた製造原価に、販売費及び一般管理費を合計した原価である。

○部分原価——計算目的によって特定の原価要素だけを集計したもの。代表的なものに変動費だけを集計した直接原価（変動原価）がある。これは、あいまいさが残る固定費の配賦計算をせずに、変動費だけを計算対象にするものである。

4）機会原価と埋没原価の区分

○機会原価（Opportunity Cost）——いくつかの代替案から1つの選択肢を選んだために、他の選択肢を選んだときに得られたであろう利益（断念される利益）または発生したであろう原価。これは実際の原価として発生していないが、意思決定の際には必要となる。特に設備投資や製品選択といった意思決定問題において判断基準となる。

○埋没原価（Sunk Cost）——過去において発生し回収不能になった投資額のように、将来に向けた意思決定（代替案の選択）に影響を及ぼさない原価である。設備投資において新たに導入する新設備と旧設備を比較する場合、旧設備の残存価値がこれに当たる。

5）部門個別費と部門共通費の区分

○部門個別費——特定の部門において直接消費されることが明らかな材料費、労務費および経費をその部門の費用として集計したもの。

○部門共通費——特定の部門で直接消費されないで全体の部門にかかわる共通費用として扱われる労務費、減価償却費、賃借料、福利厚生費などを各部門の活動量に応じて配賦する。

第 3 節　実際原価計算

学習のポイント

◆原価計算の目的には財務会計目的と管理会計目的があること
を理解し、その双方を実現する基礎的な手段として実際原価
計算があることを理解する。
◆実際原価計算は、実績としての原価を集計することを目的と
する。その実施のためには、工場を製造部門と補助部門に分
類し、費目別計算→部門別計算→製品別計算の手順を踏んで
行われることを理解する。
◆製品別計算においては、直接費の賦課計算と間接費の配賦計
算が使われることを理解する。

1　原価計算の目的と手続

(1) 原価計算とは

Ⅰ　原価計算の目的

　原価計算は、原価管理を行う際の基本情報を入手するために必要とな
る。ただし、原価計算にはさまざまな方法があり、企業の業種や業態、
原価管理のねらいや主眼、原価計算の目的などによって行うべき原価計
算が変わる。したがって、原価管理を行うためには、原価計算というも
のがどのようなものかをまず知る必要がある。

　原価計算の目的には次の2つがある。

① 財務会計目的——企業の外部の利害関係者に情報を提供する。
② 管理会計目的——企業の内部の経営管理者に情報を提供する。

124

　財務会計目的の原価計算では原価計算制度に基づき、財務諸表作成に必要な数値情報を提供する。財務諸表は企業経営の成績表であり、その代表的なものは貸借対照表、損益計算書、キャッシュフロー計算書（Cash Flow Statement：C/F）である。特に原価計算と密接なものは貸借対照表と損益計算書である（→図表２-３-１）。損益計算書において計上される売上原価（→本章第１節）、貸借対照表において計上される製品、仕掛品を求めるのに原価計算制度が用いられる。

　貸借対照表（Balance Sheet：B/S）は「○○年○○月○○日現在」と表記されるように、ある時点における財産の有り高（左側：資産）とその裏づけ（右側：負債・純資産）の記録である。生産活動に必要な原材料や生産活動に付随して発生する製品在庫や仕掛品は資産として左側に記載される。したがって、過剰な在庫や仕掛品という資産は、負債や純資産に対応しているものであることから適正な在庫や仕掛りの管理の必要性を自覚させてくれる。貸借対照表は、継続する経営活動を決算日で区切った断面図にたとえられる。

　損益計算書（Profit and Loss Statement：P/L）は「自○○年○○月○○日　至○○年○○月○○日」で示される一定期間における経営活動の記録である。生産活動の結果である収益（たとえば、売上高）と、それに要して発生した費用の内訳を表示したもので、収益と費用ならび

図表２-３-１ ●P/LとB/Sの概念図

P/L（損益計算書）	B/S（貸借対照表）
立体図	断面図
期間データ	時点データ
時系列データ	クロスセクションデータ
フロー	ストック

にその結果の損益を示している。損益計算書は、ある会計期間の期首から期末までの経営活動を示す立体図にたとえられる。

Ⅱ　生産活動のきっかけと原価計算の方法

製造業において、生産方式は大きく分けて２つある。

① 製品の品質、納期、数量、価格などを客先（相手先）によって指定されて生産する

② 製品の品質、価格、生産期間などを自社で決定して生産する

前者は受注生産、後者は見込生産と呼ばれ、生産形態や管理方式が大きく異なるとともに原価計算方式も異なる。

受注生産の企業においては、客先の指定した製品を作るために原材料の調達から生産設備の準備、作業者の手配までを注文が替わるたびに行う必要がある。管理の重点項目は、指定された納期を守ることに置かれ、日程管理が重要になる。原価計算は注文ごとに行われ、製造指図書もしくはオーダナンバー別に原価元帳（原価集計ファイル）を用意して、原価を集計し、原則として製造が完了した時点で原価元帳が締め切られて原価計算が行われる。この原価計算を個別原価計算あるいは指図書別原価計算と呼ぶ。

直接材料費や直接労務費は出庫伝票や作業表に記入された指図書番号の原価元帳に集計される。製造間接費はそれぞれの部門で集計されたものを作業時間や消費した材料費などを基準にして配賦される。

他方、大量生産を前提とした見込生産において、個別原価計算を適用することは、計算するためにかかるコストと比較して計算の結果から得られる便益が得られない場合が多い。そこで、このような見込生産における原価計算として、総合原価計算が行われる。見込生産の場合は、製品の完了時期がはっきりしないため、原価計算期間（通常１ヵ月）を定め、期末の完成品と仕掛品に分けて、それぞれの原価を計算する。→図表２‐３‐２

１つの計算期間における期首と期末の仕掛品には次式の関係が成り立ち、期末仕掛品原価は次期の期首仕掛品原価となる。→図表２‐３‐３

図表２-３-２ ● 完成品原価と仕掛品原価

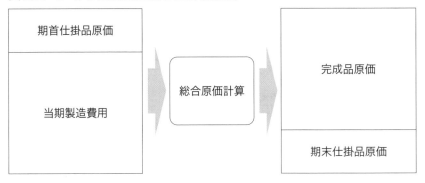

図表２-３-３ ● 期首仕掛品原価と期末仕掛品原価

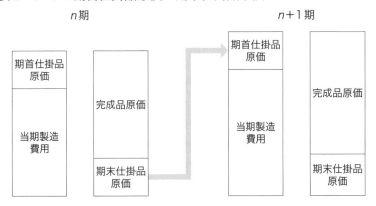

$$期首仕掛品原価＋当期製造費用＝完成品原価＋期末仕掛品原価$$

同様に、１つの計算期間における期首と期末の製品棚卸高には次式の関係が成り立ち、期末製品棚卸高は次期の期首棚卸高となる。→図表２-３-４

$$期首製品棚卸高＋当期完成品原価（製品原価）$$
$$＝売上原価＋期末製品棚卸高$$

図表2-3-4 ● 期首製品棚卸高と期末製品棚卸高

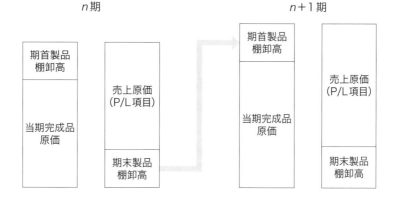

（2）原価計算の手続の概要

原価計算は次のような手順を踏んで行われる。

① 費目別計算
・材料費・労務費・経費ごとの集計

② 部門別計算
・部門ごとの原価責任を明らかにするための集計
・部門個別費の賦課と部門共通費の配賦
・補助部門費の製造部門への配賦

③ 製品別計算
・生産方式に応じた計算（個別原価計算か総合原価計算か）
・製品別原価の計算

Ⅰ　費目別計算

原価計算の第1段階は費目別計算である。費目別計算は、一定期間における原価要素を費目別に分類測定する手続であり、財務会計における費用計算でもある。費目別計算では、形態別（原価の発生形態の違い）による分類、すなわち材料費・労務費・経費の3分類で計算する。この分類方法はモノに関する材料費、人に関する労務費、それ以外の経費の3分類である。原価をとらえるのに最もよく使われる分類であり、原価

の３要素といわれる。ほかにも、原価の分類には、製品との関連による分類である直接費と間接費、操業度との関連による分類である固定費と変動費、管理可能性による分類である管理可能費と管理不能費などの分類がある。

費目別計算の原価要素の分類は、形態別分類と製品との関連による分類を基礎として、製造直接費と製造間接費に大別する。たとえば、次のような分類である。

〇製造直接費

　・直接材料費――主要材料費、買入部品費など

　・直接労務費――直接賃金、組立工賃金など

　・直接経費――外注加工費、特許権使用料など

〇製造間接費

　・間接材料費――補助材料費、工場消耗品費など

　・間接労務費――間接作業賃金、間接工賃金など

　・間接経費――水道光熱費、福利厚生費など

なお、費目別計算の詳細については後述する（→本節**2**）。

Ⅱ　部門別計算

原価計算の第２段階は、製造間接費を製品に配賦（配分）するための部門別計算である。部門別計算は、費目別に把握された原価要素を、原価部門別に分類集計する手続である。原価部門は図表２-３-５のように製造部門と補助部門に分けられる。補助部門はさらに補助経営部門と工場管理部門に分けられる。工場を部門分けするのは、原価計算において製品との直接的な関係が薄い製造間接費を発生部門別に分類したのちに、発生部門と製品とを関連づけられるようにして、製品ごとに消費された製造間接費を把握しやすくするためである。

製造部門は、直接、製造作業が行われる部門を指し、製品の種類別、製品生成の段階、製造活動の種類別などに従って、これを各種の部門または工程に分ける。たとえば、機械製作工場における鋳造、鍛造、機械加工、組立等の各部門はその例である。

図表２-３-５●原価部門の構造

　補助部門は、直接製造にかかわらないが、工場内運搬や生産管理のように製品を特定できないが必要不可欠な役割を果たしている部門である。補助部門は、製造部門に対して補助的関係にある部門である。補助部門は工場管理部門と補助経営部門とに分けられ、さらに機能の種類別等に従って、各種の部門に分けられる。たとえば、補助経営部門は、動力部、修繕部、運搬部、工具製作部、検査部等である。
　図表２-３-６のとおり、原価を製品に関連づけるための計算として、賦課（直課）と配賦がある。製造部門において特定の製品のために消費されたことがはっきりしている製造直接費は、費目別計算ののちに、製品別計算として製品単位に賦課する。他方、どの製品のために発生した

図表２-３-６●賦課と配賦の概念

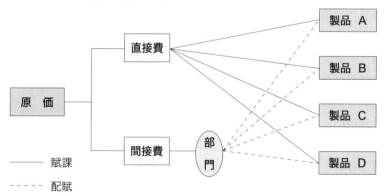

か特定できない原価である製造間接費は、費目別計算ののちに部門別計算を経て、製品別計算において各製品に配賦する。なお、部門別計算の詳細については後述する（→本節**3**）。

Ⅲ　製品別計算

　原価計算の第3段階は、製品原価を集計するための製品別計算である。製品別計算は、原価要素を一定の製品単位に集計し、製品単位の製造原価を算定する手続である。製品別計算は対象製品の生産形態の違いにより、総合原価計算と個別原価計算に区別される。

　受注生産の企業においては、指定された納期を守るための日程管理が重要になるため、注文ごとに作成される製造指図書別もしくはオーダナンバー別に原価が集計される個別原価計算が行われる。他方、大量生産を前提とした見込生産において、計算するためにかかるコストの関係から個別原価計算ではなく、総合原価計算が行われる。

　なお、製品別計算の詳細については後述する（→本節**4**）。

2　費目別計算の方法

（1）材料費のとらえ方

Ⅰ　材料消費量のとらえ方

　材料費は原価計算期間における実際の消費量に消費価格を乗じて計算する。原材料の消費量は、原則として継続記録法（倉庫部門から出庫されたつど記録をとり計算する方法）によって計算する。ただし、原材料の消費量を継続記録法によって計算し難いものについては棚卸計算法（倉庫部門における棚卸記録を用いて計算する方法）を適用する。

　　①　継続記録法——原材料の受け入れ・払い出しのつど数量を記録して原材料の消費量をとらえる。原材料の価格が高く、測定や管理の手間をかけて採算の合うものについて用いられる。

　　②　棚卸計算法——原材料の受け入れ・払い出しのつど記録をとらず、期末棚卸の結果を用いて計算により材料消費量を求める。実務にお

いて最も多く用いられる。

当期出庫数量＝期首棚卸数量＋当期仕入数量－期末棚卸数量

の計算式によって求める。

③　逆計算法——製品に使用される材料消費量があらかじめ判明している場合、完成した製品の数から逆算して消費量を求める。原材料の価格が安価で、測定や管理の手間をかけると採算の合わないものについて用いられる。

Ⅱ　材料価格のとらえ方

原材料の消費価格は原則として購入原価をもって計算する。ただし、同種原材料の購入原価が異なる場合には、次の方法によって計算する。なお、原材料の消費価格を求める必要がある場合には、予定価格等をもって計算することができる。

　　○先入先出法——先に入庫したものから出庫したと仮定して評価する方法

　　○移動平均法——入庫時に価格を計算し直し、その価格を平均単価として評価する方法

　　○総平均法——原価計算期間の平均単価を、その期間の払出単価として評価する方法

　　○個別法——入庫した原材料を個々に保管し、出庫時にどの原材料を消費するか明確にして評価する方法

材料価格の評価方法もさることながら、原材料の調達方法や在庫数量の把握方法、出庫請求に即応できる払出体制など生産活動と連動した在庫管理システムの良否は材料価格に大きな影響を及ぼす。

〈例題〉

次のような原材料の入出庫の記録がある。先入先出法による材料元帳を作成せよ。

日付　摘要	数量	単価(円)	金額(円)
期首繰越高	300	100	30,000
2日　入庫	200	110	22,000
3日　出庫	250		
5日　入庫	300	120	36,000
7日　出庫	400		

〈解答〉

先入先出法の回答例を図表2-3-7に示す。

図表2-3-7 ● 先入先出法による材料元帳

日付	入　庫			出　庫			残　高		
	数量	単価	金額	数量	単価	金額	数量	単価	金額
繰越	300	100	30,000				300	100	30,000
2	200	110	22,000				300	100	30,000
							200	110	22,000
3				250	100	25,000	50	100	5,000
							200	110	22,000
5	300	120	36,000				50	100	5,000
							200	110	22,000
							300	120	36,000
7				50	100	5,000	150	120	18,000
				200	110	22,000			
				150	120	18,000			
合計	800		88,000	650		70,000	—	—	—

（2）労務費のとらえ方

製造部門に属する作業者に対して支払われるのが直接労務費、それ以外の部門の従業員に対して支払われるのが間接労務費となる。ただし、前者の場合において、待ち時間や機械・設備のメンテナンス時間、別作業を行っていた時間は間接時間として、これにかかわる労務費は間接労務費となる。

　労務費には支払労務費と消費労務費がある。支払労務費は賃金体系に基づいて支払われる労務費の支払分である。この支払労務費は往々にして原価計算期間と一致しない場合があり、次式により求められる。

　　消費労務費＝当月支払労務費－前月未払労務費＋当月未払労務費

　しかし、わが国では雇用契約の関係上、製品原価に含まれる労務費が固定費の性格を帯びている場合も多く、その場合は夏休み、年末年始休暇、ゴールデンウイークなどの休日が集中する月の操業日数は少なくなり、支払労務費が実体と合わない。この不合理を回避するため多くの場合、年間操業カレンダーをもとに労務費予算から操業日数ごとの月間労務費を求めている。

〈例題〉
　ある工場では、毎月16日から翌月15日までを賃金給与計算期間としている。3月20日に、作業者の労務費として、労務費に含まれる会社負担の社会保険料等50万円を控除したうえで、総額250万円を現金で支払った。工場が労務費として負担した総額300万円の労務費のうち、前月の未払分には100万円が含まれていた。また、3月15日から3月31日までの労務費の未払分は150万円であった。3月1日から3月31日までの原価計算期間における消費労務費を計算せよ。
〈解答〉
　消費労務費＝当月支払労務費－前月未払労務費＋当月未払労務費
　　　　　　＝（250万円＋50万円）－100万円＋150万円
　　　　　　＝350万円

（3）経費のとらえ方

Ⅰ　経　費
　経費には次の種類がある。
　①　支払経費──外注加工費、保管料、旅費交通費など、支払いの事

　実に基づいて測定される経費

② 　測定経費——電気料金やガス料金のように料金体系がはっきりしており、メーターや度数計で使用量が測定でき、使用料金を測定できる経費

③ 　月割経費——減価償却費、保険料、賃借料など発生額が年間で決められていて、原価計算期間（通常は1ヵ月）で月割計算する経費

④ 　発生経費——棚卸減耗費のように棚卸の実施によって初めて把握できる経費

　生産活動は、投入した原材料の形状・寸法・性質などを変化させるプロセスである。製造原価はこの変換過程（投入→変換→産出）において発生する原価を集計し製品ごとに集計したものである。

Ⅱ 　減価償却

1）減価償却費の意義

　減価償却費は、長期間にわたって使用される有形固定資産の設備投資費用を、その資産が使用できる期間にわたって費用として計上することである。建物、建物付属設備、機械装置、器具備品、車両運搬具などは減価償却資産と呼ばれ、固定資産として貸借対照表に記載される。減価償却資産は、時間の経過とともにその価値が減少するので、固定資産の取得に要した金額を、その資産の使用可能期間にわたり分割して減価償却費として間接経費とする。使用可能期間は法定耐用年数として財務省令で定められている。減価償却費は設備更新の原資として再投資の1つの目安となるが、減価償却資産の法定耐用年数と実際の経済命数（固定資産が経済価値を産み出せる期間）が異なる場合も多い。

2）減価償却の方法

　減価償却の方法には毎年一定額を償却する定額法、毎年一定率ずつ償却する定率法などがある。

　　○定額法——毎年一定の額を償却していく償却法。毎年の減価償却費を平準化できるという特徴がある。年間の減価償却費は、取得原価と残存価額との差額を耐用年数で除して求める。なお、償却率を求

める場合、原理的に、取得額を A_0、耐用年数を n、n 年後の簿価を A_n、償却率を r とすれば、$A_n = (1 - nr) A_0$ と表すことができ、次式により求められる。

$$償却率 \ r = \frac{1}{n} \left(1 - \frac{A_n}{A_0} \right)$$

法人税においては $A_n = 0$ として各耐用年数における法定償却率が定められる。

○定率法──毎年その期首の未償却残高に対して一定の率を償却していく償却法。償却期間の早い時期に大きく償却することで利益を圧縮できるという特徴がある。年間の減価償却費は、取得原価と減価償却累計額との差額に償却率を乗じて求める。なお、償却率を求める場合、原理的には、取得額を A_0、耐用年数を n、n 年後の簿価を A_n、償却率を r とすれば、$An = (1 - r)^n A_0$ と表すことができ、次式により求められる。

$$償却率 \ r = 1 - \sqrt[n]{\left(\frac{A_n}{A_0} \right)}$$

ここで $\sqrt[n]{\left(\dfrac{A_n}{A_0} \right)}$ は $\dfrac{A_n}{A_0}$ の n 乗根である。

◎取得価格1,000,000円（2007（平成19）年4月1日以降に取得）、耐用年数7年の定額法による減価償却資産の各年の償却にかかわる計算は図表2-3-8のとおりである。

図表２-３-８ ● 定額法による減価償却費

定額法の償却率：0.143、各年の償却限度額：1,000,000×0.143＝143,000円

年　数	1	2	3	4	5	6	7
期首簿価	1,000,000	857,000	714,000	571,000	428,000	285,000	142,000
償却限度額	143,000	143,000	143,000	143,000	143,000	143,000	141,999
期末簿価	857,000	714,000	571,000	428,000	285,000	142,000	1

◎取得価格1,000,000円（2012（平成24）年4月1日以降に取得）、耐用
　年数7年の定率法による減価償却資産の各年の償却にかかわる計算は
　図表2-3-9のとおりである。

図表2-3-9●定率法による減価償却費

定率法の償却率：0.286、保証率：0.08680、改訂償却率：0.334

年　数	1	2	3	4	5	6	7
期首簿価	1,000,000	714,000	509,796	363,995	259,893	173,089	86,285
償却限度額	286,000	204,204	145,801	104,102	74,329	49,503	24,677
償却保証額	86,800	86,800	86,800	86,800	86,800	86,800	86,800
改訂取得原価×改訂償却率					86,804	86,804	86,284
期末原価	714,000	509,796	363,995	259,893	173,089	86,285	1

注）償却限度額が償却保証額（取得原価×保証率0.08680＝86,800円）に満たないことにな
　る5年目以後の各年は、改訂取得価額（259,892円）に改訂償却率（0.334）を乗じて計
　算した金額86,804円が償却限度額となり、7年目に残額1円まで償却できる（7年目に
　おいては残存簿価1円となるために、86,284円が償却限度額になる）。

　なお、減価償却制度は2007年4月1日に改正され、残存簿価1円まで
償却できるようになっている。

3　部門別計算の方法

（1）製造間接費の配賦

　直接材料費のような製造直接費は製品に賦課できるが、製造間接費は
何らかの方法で製品と関連づけなくてはならない。製造間接費を製品へ
関連づけ、最終的に製品別に配分する手続を配賦という。この配賦を行
うための基準として配賦基準が用いられる。

　製造間接費の配賦は、製造間接費を原価部門別に分類・集計すること
を通じて行われる。製造間接費を原価部門別に分類・集計するには、当
該部門において費用が発生したことが直接的に認識されるかによって、

製造間接費を部門個別費と部門共通費とに分類する。部門個別費は、部門における発生額を直接に当該部門に賦課（直課）する。部門共通費は、原価要素別にまたはその性質に基づいて分類された原価要素群別もしくは一括して、適当な配賦基準によって関係各部門に配賦する。配賦は間接部門費を製造部門に割り振り、その製造部門を利用した製品の原価として負担させるものである。

　配賦基準には多くの試みがなされている。たとえば、動力供給部門であれば製造部門の電力消費量、用水部門であれば用水使用量、運搬部門であれば運搬回数あるいは運搬重量、修繕部門であれば修繕回数あるいは修繕時間などが考えられている。

　補助部門費を製造部門に配賦するには、直接配賦法、階梯式配賦法、相互配賦法などがある。いずれの方法を試みても大きな違いがないときは、計算の簡単な直接配賦法が好ましい。その理由は、いずれの方法が優れているかを論ずるよりも、より解決が急がれる重要な問題があるはずだからである。

　補助部門費の配賦方法について、以下に簡単に示す。

1）直接配賦法

　直接配賦法は、補助部門間相互の用役の授受関係を計算上まったく無視し、すべての補助部門費を直接、製造部門に対してのみ配賦する方法をいう。補助部門費が比較的少ない場合に、配賦計算を簡便に行うために用いられる。

2）階梯式配賦法

　階梯式配賦法は、補助部門間相互の用役の授受関係を計算上も一部認め、順位付けされた補助部門の上位から下位へと順次、補助部門費を配賦していき、最終的には、最下位の補助部門に集計された補助部門費の合計額を、製造部門に対して配賦する方法をいう。補助部門費配賦の厳密さから見れば、直接配賦法と後述の相互配賦法との中間に位置するような配賦計算方法である。

3）相互配賦法

　相互配賦法は、補助部門間相互の用役の授受関係を計算上もすべて認め、補助部門費を製造部門と補助部門とに配賦していく方法をいう。補助部門費の配賦計算をより厳密に行うために用いられる。

〈部門別計算の計算例〉
　以下では、工場を２つの製造部門と３つの補助部門とからなるものと想定して、Ａ製品およびＢ製品の２製品の個別原価計算の例題を考える。
１）部門の設定
　今回の計算例では、工場の製造部門に加工部門と組立部門があり、補助部門には運搬部門、修繕部門、工場管理部門があるものとする。→図表２-３-10

図表２-３-10 ● 工場の部門

２）製造部門と補助部門に関する基礎資料
　各部門に発生した費用と関連する基礎情報について、図表２-３-11に製品に関する資料、図表２-３-12に部門に関する資料、図表２-３-13に部門費に関する資料を示す。費目別計算についてはこれら資料を参照していただきたい。
３）補助部門費の製造部門への配賦
　補助部門は直接的には製造活動にかかわりをもたないので、補助部門である運搬部門、修繕部門、管理部門の原価を製品と関連づけることが

図表２-３-11●製品に関する資料

製品	材料費 (円/個)	加工時間（時間/個）	
		加工部門	組立部門
A	150,000	50	60
B	200,000	30	60

図表２-３-12●部門に関する資料

部門名	総作業時間 (時間)	従業員数 (人)	占有面積 (m²)
加工部門	2,000	12	150
組立部門	3,000	18	350

図表２-３-13●部門費に関する資料（円）

部門名	加工部門	組立部門	運搬部門	修繕部門	管理部門
労務費	5,000,000	7,800,000	3,300,000	1,570,000	6,700,000
部門費					
減価償却費	1,550,000	1,360,000	880,000	210,000	1,220,000
福利厚生費	750,000	920,000	475,000	110,000	1,180,000
水道光熱費	1,000,000	410,000	320,000	80,000	330,000
旅費交通費	85,000	60,000	0	10,000	410,000
通信費	15,000	50,000	25,000	20,000	160,000
小　計	3,400,000	2,800,000	1,700,000	430,000	3,300,000
合　計	8,400,000	10,600,000	5,000,000	2,000,000	10,000,000

できない。そこで考案されたのが配賦であり、ここでは、補助部門費を加工部門と組立部門へ配賦する。また、割り振り計算をする根拠となる項目を配賦基準という。配賦計算は、直接配賦法、階梯式配賦法、相互配賦法などがある。ここでは直接配賦法を用いることにする。

　補助部門費の配賦基準：

　　運搬部門費は作業時間比で配賦

　　修繕部門費は占有面積比で配賦

　　管理部門費は従業員比で配賦するものとする。

運搬部門費：加工部門　5,000,000円×｛2,000/(2,000 + 3,000)｝
　　　　　　　　　　　＝2,000,000円
　　　　　　組立部門　5,000,000円×｛3,000/(2,000 + 3,000)｝
　　　　　　　　　　　＝3,000,000円
修繕部門費：加工部門　2,000,000円×｛150/(150 + 350)｝
　　　　　　　　　　　＝600,000円
　　　　　　組立部門　2,000,000円×｛350/(150 + 350)｝
　　　　　　　　　　　＝1,400,000円
管理部門費：加工部門　10,000,000円×｛12/(12 + 18)｝
　　　　　　　　　　　＝4,000,000円
　　　　　　組立部門　10,000,000円×｛18/(12 + 18)｝
　　　　　　　　　　　＝6,000,000円

この配賦計算の結果、加工部門では15,000,000円、組立部門では21,000,000円の製造部門費となった。→図表2‐3‐14

図表2‐3‐14 ● 直接配賦法による補助部門費の配賦

費　目	総　額	製造部門		補助部門		
		加工	組立	運搬	修繕	管理
部門費	36,000,000	8,400,000	10,600,000	5,000,000	2,000,000	10,000,000
運搬	5,000,000	2,000,000	3,000,000			
修繕	2,000,000	600,000	1,400,000			
管理	10,000,000	4,000,000	6,000,000			
製造部門費合計	36,000,000	15,000,000	21,000,000			

4）製品別の配賦額の計算

加工部門の総作業時間は2,000時間、組立部門の総作業時間は3,000時間であるから、

加工部門の時間単価は　15,000,000円/2,000時間＝7,500円/時間

組立部門の時間単価は　21,000,000円/3,000時間＝7,000円/時間

となる。消費された材料費と製品別作業時間の資料から、各製品原価が

次のように計算できる。

A製品への製造間接費の配賦額：

50時間 × 7,500円 + 60時間 × 7,000円

= 375,000円 + 420,000円

= 795,000円

B製品への製造間接費への配賦額：

30時間 × 7,500円 + 60時間 × 7,000円

= 225,000円 + 420,000円

= 645,000円

4 製品別計算の方法

（1）個別原価計算

個別原価計算は、種類を異にする製品を個別に生産する生産形態に適用する。特定製造指図書について個別に直接費および間接費を集計し、製品原価はこれを当該指図書に含まれる製品の生産完了時に算定する。生産する製品やその品質・納期などが取引先によって指定されて生産するので、多くの場合、個別受注生産の生産形態をとる企業において用いられる。

〈例題〉

ある工場でA製品とB製品をロット生産している。1個当たりの直接材料費はA製品が40万円、B製品が60万円であり、直接労務費はA製品が20万円、B製品が40万円であった。直接経費はなかった。A・B製品の製造に消費した製造間接費は30万円であり、製品Aに14万円、製品Bに16万円を配賦した。A・B製品ともにそれぞれ20個と40個が今月に完成した。製品A・Bのそれぞれの1個当たりの製造原価はいくらか。また、月初および月末に仕掛品はなかった。

〈解答〉

◎製品Aの製造原価

　1個当たりの製造間接費＝製品Aに配賦された製造間接費／製品の個数

　　＝14万円／20個

　　＝0.7万円／個

　製品Aの1個当たりの製造原価

　　＝製品Aの直接材料費＋製品Aの直接労務費＋製品Aの直接経費

　　　＋製品Aに配賦された製造間接費／個

　　＝40万円＋20万円＋0万円＋0.7万円

　　＝60.7万円

◎製品Bの製造原価

　1個当たりの製造間接費

　　＝製品Bに配賦された製造間接費／製品Bの個数

　　＝16万円／40個

　　＝0.4万円／個

　製品Bの1個当たりの製造原価

　　＝製品Bの直接材料費＋製品Bの直接労務費＋製品Bの直接経費

　　　＋製品Bに配賦された製造間接費／個

　　＝60万円＋40万円＋0万円＋0.4万円

　　＝100.4万円

〈例題〉

　ある工場ではA製品とB製品を生産している。製造に従事する加工部門の作業者は5名、組立部門の作業者は10名である。完成品1個当たり、A製品には、加工部門で5時間／個、組立部門で15時間／個、B製品には加工部門で15時間／個、組立部門で25時間／個の直接作業時間を消費する。工場には工場を管理・運営する工場管理部門と生産活動を円滑に推進するための補助経営部門とがあり、1ヵ月の工場管理部門費は300万円、補助経営部門費は200万円であった。製造部門で発生した1ヵ月

の部門費は加工部門で320万円/月、組立部門で710万円/月であり、ともにそれぞれ20個と40個が今月に完成した。A製品とB製品それぞれに配賦される製造間接費はいくらか。ただし、工場管理部門費は従業員数で、補助経営部門費は直接作業時間でそれぞれ割り振り、A製品とB製品における補助部門から製造部門への配賦は、直接作業時間で割り振る。また、月初および月末に仕掛品はなかった。

〈解答〉

◎補助部門費の製造部門への割り振り

　工場管理部門費（300万円）

　　加工部門　300万円×5人/（5人+10人）=100万円

　　組立部門　300万円×10人/（5人+10人）=200万円

　補助経営部門費（200万円）

　　直接作業時間の消費時間は加工部門が5時間×20個（A製品）+15時間×40個（B製品）=700時間、組立部門が、15時間×20個（A製品）+25時間×40個（B製品）=1,300時間となる。

　　加工部門　200万円×700時間/（700時間+1,300時間）=70万円

　　組立部門　200万円×1,300時間/（700時間+1,300時間）=130万円

◎製造部門の部門費の計算

　　加工部門の部門費：320万円+100万円+70万円=490万円

　　組立部門の部門費：710万円+200万円+130万円=1,040万円

◎製造部門の直接作業時間1時間当たりの部門費の計算

　　加工部門の時間単価：490万円/700時間=7,000円/時

　　組立部門の時間単価：1,040万円/1,300時間=8,000円/時

◎製品に配賦される製造間接費の計算

　　A製品：7,000円/時間×（5時間/個×20個）+8,000円/時×（15時間/個×20個）=3,100,000円

　　B製品：7,000円/時間×（15時間/個×40個）+8,000円/時×（25時間/個×40個）=12,200,000円

（2）総合原価計算

　総合原価計算は、まず原価計算期間を定め、この１期間に発生したすべての原価要素を集計して当期製造費用を求める。これに期首仕掛品原価を加え、この合計額（これを総製造費用という）を完成品と期末仕掛品とに分割計算することにより完成品原価を計算し、これを製品単位に均分して単位原価を計算する。完成品と期末仕掛品に分割することから分割の原価計算ともいう。

　総合原価計算では、直接材料費と加工費に分けて完成品原価と期末仕掛品原価を計算する。加工費は、製造原価のうち直接材料費以外の直接労務費、直接経費、間接材料費、間接労務費および間接経費を合計したものである。

　総合原価計算は生産形態に応じて多様な原価計算方法が考案されている。

① 　単純総合原価計算――単一工程で単一製品を繰り返し製造する場合に適用される原価計算である。総合原価計算法の基礎形態である。

② 　工程別総合原価計算――単一製品を２つ以上の連続する工程で生産する場合の原価計算である。完成するまで複数の工程を経る場合に、その工程ごとに原価計算を行う。

③ 　加工費工程別総合原価計算――第１工程においてのみ原材料が投入され、第２工程以降は加工のみがなされる生産形態に適用される原価計算である。

④ 　組別総合原価計算――同一工程で異なる製品グループが生産される生産形態に適用される原価計算である。

⑤ 　等級別原価計算――同一工程でサイズ、型、等級などが異なる製品を生産する生産形態に適用される原価計算である。

⑥ 　連産品原価計算――石油精製のように同一原材料からグレードの異なる製品が産出される場合に適用される原価計算である。

　総合原価計算はその生産形態の違いにより、単純総合原価計算、等級別総合原価計算、組別総合原価計算に分けられる。また複数の加工工程

があり、原材料の投入の違いにより工程別総合原価計算、加工費工程別総合原価計算の区分がなされる。同一工程において同一原材料から異種製品が産出され、相互に主製品と副製品を明確に区別できない場合、これを連産品といい、連産品の正常市価等を基準として定めた等価係数に基づき、1期間の総合原価を連産品に按分して計算する。

　総合原価計算は、自社で生産品目を定め、品質や生産期間を決めて生産することから、見込生産の生産形態をとる企業において用いられる。

〈例題〉

　次の資料に基づいて、単純総合原価計算により、月末仕掛品原価、完成品原価および完成品単位原価を算出し、総合原価計算表を完成させなさい。完成品総合原価と月末仕掛品原価を計算する方法として、平均法を用いる。なお、直接材料は、工程の始点で投入されるものとする。

(資料)

〔生産情報〕

月初仕掛品	10,000kg（50％）
当月投入	70,000kg
当月投入数量合計	80,000kg
当月完成品	60,000kg
月末仕掛品	20,000kg（50％）
当月産出数量合計	80,000kg

　　※（　）の数字は加工進捗度である。

〔総合原価計算表（一部）〕

（単位：円）

摘　要	直接材料費	加工費	合　計
月初仕掛品	1,000,000	800,000	1,800,000
当月製造費用	7,000,000	7,600,000	14,600,000
合　計	8,000,000	8,400,000	16,400,000

〈解答〉

　生産情報にある仕掛品とは、完成に至っていない製造途中のものである。加工進捗度とは、完成品を100%とした仕掛品の完成度合いを表している。仕掛品の総合原価計算にある当月製造費用とは、製品製造のために消費された直接材料費および加工費である。

　総合原価計算では、原則として、月初仕掛品と当月製造費用を直接材料費と加工費に分けて、当月完成品原価と月末仕掛品原価を算出する。例題では平均法を利用している。

　平均法は、月初仕掛品原価と当月製造費用を合計した金額を、当月投入産出数量の合計で除して平均単価を求め、平均単価に月末仕掛品数量を乗じて月末仕掛品原価を算出する。

　月末仕掛品原価に含まれる直接材料費は次式により求められる。

$$平均単価（直接材料費分） = \frac{月初仕掛品 + 当月製造費用}{完成品数量 + 月末仕掛品数量}$$

$$= \frac{1,000,000 + 7,000,000}{60,000 + 20,000} = 100（円/kg）$$

$$月末仕掛品原価（直接材料費分） = 100（円/kg） \times 20,000kg$$

$$= 2,000,000（円） \quad \cdots（1）$$

　完成品原価に含まれる直接材料費は、当月投入した直接材料費（月初仕掛品原価および当月製造費用に含まれる直接材料費の合計）と月末仕掛品に含まれる直接材料費の差で算出される。

$$当月完成品原価（直接材料費分） = 当月投入した直接材料費 - 月末仕掛品原価（直接材料費分）$$

$$= 8,000,000 - 2,000,000$$

$$= 6,000,000（円） \quad \cdots（2）$$

　次に、月末仕掛品原価に含まれる加工費を算出する。完成品原価と月末仕掛品原価に含まれる加工費を算出するためには、加工進捗度を考慮する必要がある。直接材料費においては、「直接材料は工程の始点で投入

される」としていることから、完成品と月末仕掛品の数量に応じて、それぞれの単位当たりの原価に直接材料費が等しく含まれている。

　それに対して、加工費において月末仕掛品の加工進捗度が50％となっている。加工進捗度50％という意味は、仮に、完成品1kgに10,000円の加工費が消費されているとすれば、月末仕掛品1kgには、5,000円分（10,000円×50％）の加工費が消費されているという意味である。つまり、前述の月末仕掛品原価に含まれる直接材料費と同様に、平均単価と月末仕掛品の数量の積で算出することはできない。加工進捗度を考慮した完成品原価および月末仕掛品原価を算出するためには、仕掛品数量を完成品の数量に換算した数量、すなわち完成品換算数量を用いて計算する。完成品換算数量は、仕掛品数量に加工進捗度を乗じて算出される。

　月末仕掛品原価に含まれる加工費は次式により求められる。

$$平均単価（加工費分）=\frac{月初仕掛品＋当月製造費用}{完成品数量＋月末仕掛品数量（完成品換算数量）}$$

$$=\frac{800,000＋7,600,000}{60,000＋20,000×50\%}=120（円/kg）$$

$$月末仕掛品原価（加工費分）=120（円/kg）×（20,000kg×50\%）$$

$$=1,200,000（円）\quad\cdots（3）$$

完成品原価に含まれる加工費は、当月投入した直接材料費（月初仕掛品原価および当月製造費用に含まれる加工費の合計）と月末仕掛品に含まれる加工費の差で算出される。

$$当月完成品原価（加工費分）=当月投入した加工費－月末仕掛品原価$$
$$（加工費分）$$
$$=8,400,000－1,200,000$$
$$=7,200,000（円）\quad\cdots（4）$$

　以上から、月末仕掛品原価および完成品原価は、それぞれに含まれる直接材料費と加工費を合計することで算出される。また、完成品単位原価は、完成品原価を完成品数量で除して算出される。

月末仕掛品原価＝（1）＋（3）＝2,000,000＋1,200,000＝3,200,000円

完成品原価＝（2）＋（4）＝6,000,000＋7,200,000＝13,200,000円

完成品単位原価＝完成品原価÷完成品数量

$\qquad$ ＝13,200,000円÷60,000kg＝220円/kg

〈例題〉

次の資料に基づいて、単純総合原価計算により、月末仕掛品原価、完成品原価および完成品単位原価を算出し、総合原価計算表を完成させなさい。完成品総合原価と月末仕掛品原価を計算する方法として、先入先出法を用いる。なお、直接材料は、工程の始点で投入されるものとする。

（資料）

〔生産情報〕

月初仕掛品	3,000個（50％）
当月投入	8,000個
当月投入数量合計	11,000個
当月完成品	9,000個
月末仕掛品	2,000個（75％）
当月産出数量合計	11,000個

※　（　）の数字は加工進捗度である。

〔総合原価計算表（一部）〕

（単位：円）

摘　要	直接材料費	加工費	合　計
月初仕掛品	1,000,000	800,000	1,800,000
当月製造費用	8,000,000	7,200,000	16,200,000
合　計	9,000,000	8,000,000	18,000,000

〈解答〉

先入先出法は、月初仕掛品が先に完成品になるという仮定に基づき、月初仕掛品に含まれる直接材料費および加工費をすべて完成品原価に算入したうえで、当月製造費用を当月完成品数量と月末仕掛品数量の割合

で割り当て、月末仕掛品原価を求める。完成品原価は、月初仕掛品原価と当月製造費用の合計と月末仕掛品原価の差で算出する。

月初仕掛品原価は、当月製造費用を完成品数量から月初仕掛品数量を減算して月末仕掛品数量を加算したもので除して平均単価を求め、平均単価に月末仕掛品数量を乗じて月末仕掛品原価を算出する。

月末仕掛品原価に含まれる直接材料費は次式により求められる。

$$平均単価（直接材料費分）= \frac{当月製造費用}{完成品数量 - 月初仕掛品数量 + 月末仕掛品数量}$$

$$= \frac{8,000,000 円}{9,000 個 - 3,000 個 + 2,000 個} = 1,000（円／個）$$

$$月末仕掛品原価（直接材料費分）= 1,000（円／個）× 2,000 個$$
$$= 2,000,000（円）\quad \cdots（１）$$

完成品原価に含まれる直接材料費は、当月投入した直接材料費（月初仕掛品原価および当月製造費用に含まれる直接材料費の合計）と月末仕掛品に含まれる直接材料費の差で算出される。

$$当月完成品原価（直接材料費）= 当月投入した直接材料費 - 月末仕掛品原価（直接材料費分）$$
$$= 9,000,000 - 2,000,000$$
$$= 7,000,000（円）\quad \cdots（２）$$

次に月末仕掛品原価に含まれる加工費を算出する。加工費は、加工進捗度を考慮して、完成品換算数量を用いて計算する。

月末仕掛品原価に含まれる加工費は次式により求められる。

$$平均単価（加工費分）=$$

$$\frac{当月製造費用}{完成品数量 - 月初仕掛品数量（完成品換算数量）+ 月初仕掛品数量（完成品換算数量）}$$

$$= \frac{7,200,000 円}{9,000 個 - 3,000 個 × 50\% + 2,000 個 × 75\%} = 800（円／個）$$

月末仕掛品原価（加工費分）＝800（円／個）×（2,000個×75％）
$$= 1,200,000（円）\quad\cdots（3）$$

　完成品原価に含まれる加工費は、当月投入した加工費（月初仕掛品原価および当月製造費用に含まれる加工費の合計）と月末仕掛品に含まれる加工費の差で求められる。

当月完成品原価（加工費分）＝当月投入した加工費－月末仕掛品原価
（加工費分）
$$= 8,000,000 - 1,200,000$$
$$= 6,800,000（円）\quad\cdots（4）$$

　以上から、月末仕掛品原価および完成品原価は、それぞれに含まれる直接材料費と加工費を合計することで算出される。また、完成品単位原価は、完成品原価を完成品数量で除して算出される。

月末仕掛品原価＝（1）＋（3）＝2,000,000 + 1,200,000 = 3,200,000円
完成品原価＝（2）＋（4）＝7,000,000 + 6,800,000 = 13,800,000円
完成品単位原価＝完成品原価÷完成品数量
$$= 13,800,000円 ÷ 9,000個 ≒ 1,533.33円／個$$

5　原価の概念と原価計算の整理

Ⅰ　原価計算・原価管理のための原価の概念
原価をとらえるために以下に示すいくつかの概念がある。

① 形態別分類──製品を作るために必要な原材料にかかる材料費、人にかかる労務費、その他の経費で原価をとらえる基本的な分類である。材料費、労務費ならびに経費の3つは「原価の3要素」といわれる。

② 製品との関連による分類──特定の事業や製品に直接結びつけられる費用を製造直接費、コストの発生が特定の事業や製品と結びつかない費用を製造間接費という。

③ 操業度との関連による分類──一定時間内に機械・設備が稼働し

たり、人が作業する割合を操業度という。製造活動のように操業度に応じて発生する原価を変動費、操業度と関係なく定常的に発生する原価を固定費という。この原価概念から限界利益や損益分岐点分析が導かれた。

④ 管理可能性による分類——組織における意思決定が発生を左右する原価で、意思決定によって発生がコントロールできる原価を管理可能費、コントロールできない原価を管理不能費という。たとえば、交際費や教育訓練費は経営管理者の意思決定によって増減をコントロールできるので管理可能費であるが、ひとたび設備投資を決定した設備の減価償却費は管理不能費となる。

Ⅱ 原価計算の整理

原価計算には目的によっていろいろな手法が用いられているので、いくつかの観点から整理する。

① 時制（tense）の違いによる分類

　ア　実際原価計算——過去形のデータ、すなわち実績値を対象に行う原価計算（過去形：edのデータ）

　イ　標準原価計算——成り行きまかせ（on-going）ではなく、標準値を定めて実績値と差異分析を行い管理しながら実施する原価計算（過去形：edのデータと未来形：willのデータ）

　ウ　原価見積もり——原価企画などにおいて、生産実施前に現行の技術で見込まれる原価を算出し、許容原価に収まるよう計画する際に行う予想される原価数値の計算（未来形：willあるいはshouldのデータ）

② 計算対象の範囲による分類

　ア　全部原価計算——発生した原価すべてを計算対象とする。製造間接費も配賦率を用いて配賦計算を行う原価計算である。

　イ　部分原価計算（直接原価計算）——あいまいさの残る配賦計算をしないで製造直接費（主として変動費）を計算対象にする原価計算である。製造間接費（固定費）の配賦計算はしない。

③　生産形態の違いによる分類

　　ア　個別原価計算——納期や数量・品質などが客先（相手先）によって指定されて生産する場合に行う原価計算である。主に受注生産に適用する。

　　イ　総合原価計算——品質や生産期間を自社で決めて連続生産する企業で行う原価計算である。原価計算期間を定め、完成品と仕掛品とに分けて計算する。見込生産または連続生産に適用する。OEM（Original Equipment Manufacturer＝他社ブランド製品の製造）のように受注生産でありながら連続で大量生産する場合もある。

第 4 節 標準原価計算

学習のポイント

◆標準原価計算は目標値としての原価標準を設定し、そこから標準原価を求め、実際原価計算から得られた実際原価と比較し、原価差異を計算して、差異分析を行う。

◆原価差異の原因を徹底的に追求し、是正措置をとるプロセスを組織の制度として行うことによって、標準原価計算の実施は、原価維持活動として機能する。

◆標準原価計算において、避けることができない原価差異が生じ、今後もその状態が継続すると認められる場合など、原価標準の妥当性が低下してしまったら、原価標準の改定を検討する。

1 標準原価計算

　実際原価計算は、〔費目別計算→部門別計算→製品別計算〕という手順を追って進められる（→本章第３節）。

① 費目別計算——原価の３要素（材料費・労務費・経費）別の集計
② 部門別計算——部門ごとの原価責任を明確化するための集計
③ 製品別計算——製品別単価算出のための計算

　ただし、実際原価計算が扱うデータは実績として得られた過去のデータであり、算出された製品原価や製品単位原価はあるべき原価の水準を示しているとはいえない。したがって、実際原価計算は過去の事実の測定と報告の働きをするものの、原価の水準がどの程度であるべきかが明

示的でなければ、原価維持の機能は果たせない。そこで標準原価計算が
考案された。

2　原価標準と標準原価

Ⅰ　標準原価の働き

　原価標準は、材料費・労務費・経費の各原価項目に対して設定された
1単位当たりの標準的な原価である。原価標準として、金銭面の標準価
格（材料価格、賃率、配賦率）と数量面の標準消費量（材料数量、作業
時間、操業度）の双方を設定する。たとえば、直接材料費であれば、標
準消費価格と標準消費数量を設定する。標準原価は、製品1単位に対し
て、科学的に予定された原価であり、次式により求められる。

　　標準原価＝標準価格（予定価格または正常価格）×標準消費量

標準原価には次のような働きがある。

① 　具体的な原価数値目標を示す（Plan）──達成すべき目標が金額
　　で示されることによるモチベーションの向上

② 　部門の業績を評価する（Do）──部門の業績を標準原価と実際原
　　価で示すことにより達成度が理解されやすくなる

③ 　標準原価と実際原価との比較による問題点の摘出（Check）──
　　差異分析により問題点が把握できるので、原価の標準値の設定に問
　　題があるのか、あるいは実施上に問題があるのかのいずれかについ
　　て問題点が明らかになる

④ 　原価の迅速な把握（Act）──原価標準を使って原価を計算する
　　ので、実際原価のデータを使った費目別計算、部門別計算を待たず
　　に原価計算を迅速に行うことができる。また仕掛品の評価など、金
　　額で評価を迫られる問題の解決に役立つ（ただし、この点について
　　はICT普及以前の利点である。ICTが普及した現在では、実際原価
　　も迅速に把握可能である）。

Ⅱ　標準原価の設定方法

　標準原価は客観的かつ科学的に定められなくてはならない。したがって、標準原価の設定に際しては、生産管理部門だけではなく製造部門、購買部門、技術部門、設計部門などの関係部門の協力が必要になる。費目ごとの標準原価は次のように設定される。

１）標準直接材料費

　　　標準直接材料費＝標準材料価格×標準材料消費量

　材料費は材料単価と消費量との積で求まるから、材料価格と消費量の変動をそれぞれ管理しなくてはならない。特に材料消費量は、機械・設備の能力・保全状態や作業者の能力・作業方法などによって変動するので、安定した消費量を確保するために管理努力を必要とする。

２）標準直接労務費

　　　標準直接労務費＝標準賃率×標準作業時間

　労務費は賃率と作業時間との積で求まるから、賃率と作業時間をそれぞれ管理しなくてはならない。ここで賃率は、標準操業度における労務費を標準操業時間で除した値であり、一定期間の実績値から求められる。他方、作業時間は、作業者の習熟度や作業環境に依存することが多いので、安定した作業時間の実現に管理努力を払う必要がある。

３）標準製造間接費

　　　標準製造間接費＝標準配賦率×標準配賦基準数値

　製造間接費は多くの場合、固定費的な性格と変動費的な性格を有しているので、基準操業度〔標準値を定める期間における操業度（一定期間における設備や人の利用の度合い）〕に応じた金額を算出する必要がある。

　標準原価は、当座標準原価と基準標準原価の２通りの運用・改定の方法がある。当座標準原価は、市場の状況に影響された価格面の変化、作

業の習熟度や改善の成果によって得られた数量面での変化に応じて、比較的短期間で改定される標準原価である。基準標準原価は、期間比較を優先し、比較的長期間にわたって使用され続ける標準原価である。一般的に用いられているのは、当座標準原価である。生産管理によって得られた改善効果があり、その標準原価を用いた差異分析に妥当性がなくなれば、標準原価を見直し、改定すべきである。

3　原価差異の分析

標準原価計算の特徴は、標準値を設定して実施後の実績値と標準値を比較・分析し、差異が生じた場合にその原因が容認できるものか否かを判定して次の標準値の設定に反映させるところにある。この実績値と標準値との比較・検討を差異分析という。標準値よりも実績値が大きい場合の差異は、売上原価を増加させ、利益を少なくしてしまうため、不利差異と呼ぶ。また、標準値よりも実績値が小さい場合の差異は、逆に売上原価を低減させ、利益を大きくできるので、有利差異と呼ぶ。

（1）直接材料費

直接材料費の原価差異は価格差異と数量差異（消費量差異）に分割される。差異分析の例を図表2-4-1に示す。

直接材料費差異＝標準直接材料費－実際直接材料費
　　　　　　　＝価格差異＋数量差異（消費量差異）
価格差異＝（標準価格－実際価格）×実際消費量
数量差異（消費量差異）＝（標準消費量－実際消費量）×標準価格

〈例題〉

1,000円/kgの原材料を300kg使用する標準を設定していたが、実績値は購入価格が1,100円/kgで実際消費量が320kgであった。

図表２-４-１ ● 材料費の差異分析

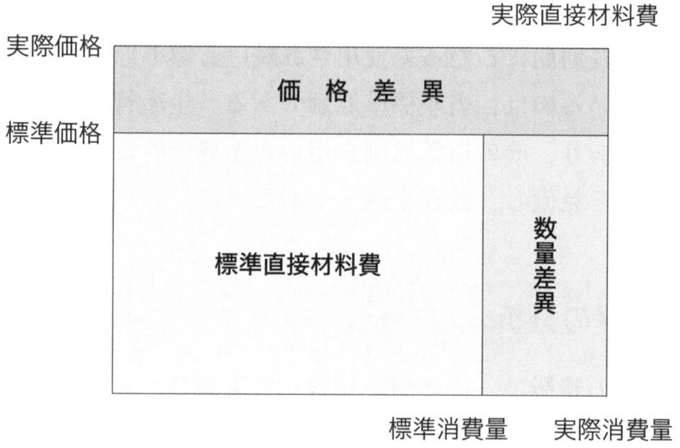

$$価格差異 = (1,000円 - 1,100円) \times 320kg = -32,000円（3万2,000円の不利差異）$$
$$数量差異（消費量差異）= (300kg - 320kg) \times 1,000円 = -20,000円（2万円の不利差異）$$

　価格差異の生じる理由には、市場価格変動の予測違い、購買方法の不適切、在庫管理の手違いなど資材購買部門の責任に属する場合が多いが、為替相場の急変のような外的な要因も考えられる。また、数量差異は製造活動における不適合品の発生、作業者のミスなど製造部門の責任に起因する要因が考えられる。

（2）直接労務費

　直接労務費の原価差異は賃率差異と作業時間差異に分割される。差異分析の例を図表２-４-２に示す。

$$直接労務費差異 = 標準直接労務費 - 実際直接労務費$$
$$= 賃率差異 + 作業時間差異$$
$$賃率差異 = （標準賃率 - 実際賃率）\times 実際作業時間$$
$$作業時間差異 = （標準作業時間 - 実際作業時間）\times 標準賃率$$

図表２-４-２ ● 労務費の差異分析

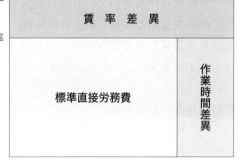

〈例題〉

　標準賃率2,000円/時間、標準作業時間2,000時間という標準を設定していたが、実績値は作業時間が2,150時間で支払賃金は5,160,000円であった。

　　　賃率差異＝(2,000円－5,160,000円/2,150時間)×2,150時間＝－860,000円
　　　　　　　　　　　　　　　　　　　　　　　　　　　(86万円の不利差異)
　　　(※実際賃率＝実際賃金/実際作業時間)
　　　作業時間差異＝(2,000時間－2,150時間)×2,000円＝－300,000円
　　　　　　　　　　　　　　　　　　　　　　　　　　　(30万円の不利差異)

（3）経　費

　直接経費の差異分析も直接材料費ならびに直接労務費に準じる。原材料の消費量に比例的に発生するものは直接材料費と同じ扱いを、消費した時間に比例的に発生するものは直接労務費と同様の差異分析を行う。

（4）製造間接費

　製造間接費には操業度に応じて変動する部分と、操業度の変化とは無関係に発生する固定費部分とがあるので、直接材料費や直接労務費のように簡単に分割して計算することは難しい。そのため、材料費・労務費・経費を分けず、一括して差異分析を行う。いくつかの差異分析の方法があるが、ここではその1つを図表2-4-3に示す。

図表2-4-3 ● 製造間接費の差異分析

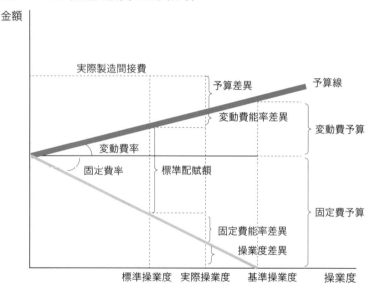

固定費率＝固定費予算／基準操業度

変動費率＝変動費予算／基準操業度

標準配賦額＝（固定費率＋変動費率）×標準操業度

製造間接費差異＝標準配賦額−実際製造間接費

予算差異＝実際操業度における変動予算許容額−実際製造間接費

　　（※実際操業度における変動予算許容額＝固定費予算＋変動費率
　　　×実際操業度）

変動費能率差異 = (標準操業度 − 実際操業度) × 変動費率
操業度差異 = (実際操業度 − 基準操業度) × 固定費率
固定費能率差異 = (標準操業度 − 実際操業度) × 固定費率

〈例題〉

　基準操業度（作業時間）が1,000時間であり、このときの製造間接費の予算は、変動費が600,000円、固定費が1,000,000円であった。標準操業度は750時間であったが、実際操業度は800時間であり、製造間接費は1,500,000円であった。

固定費率 = 1,000,000円/1,000時間 = 1,000円/時間
変動費率 = 600,000円/1,000時間 = 600円/時間
標準配賦額 = 1,600円/時間 × 750時間 = 1,200,000円
製造間接費差異 = 1,200,000円 − 1,500,000円 = − 300,000円
　　　　　　　　　　　　　　　　　　（30万円の不利差異）
予算差異 = (1,000,000円 + 600円/時間 × 800時間) − 1,500,000円
　　　　 = − 20,000円　　　　　　　　（2万円の不利差異）
変動費能率差異 = (750時間 − 800時間) × 600円/時間 = − 30,000円
　　　　　　　　　　　　　　　　　　（3万円の不利差異）
操業度差異 = (800時間 − 1,000時間) × 1,000円/時間 = − 200,000円
　　　　　　　　　　　　　　　　　　（20万円の不利差異）
固定費能率差異 = (750時間 − 800時間) × 1,000円/時間 = − 50,000円
　　　　　　　　　　　　　　　　　　（5万円の不利差異）

4　原価差異の原因

　標準原価計算におけるプランニングは標準原価の設定であり、コントロールは是正措置を含む差異分析である。標準原価計算による原価維持、すなわち標準原価管理を行うためには、原価差異が生じる原因と業務上

の責任とを結びつけることが肝要となる。具体的な是正措置は、生産管理や品質管理の手法に大きく依存することになるものの、原価差異の種類ごとに、どの部署が不利差異を解消するまでの責任を有するかをはっきりさせておかなければ、いつまでも自分事として是正措置に着手しない組織となってしまう。

（1）直接材料費の原因と責任

1）価格差異

　原材料や部品などの実際価格が標準価格を超えてしまうために不利差異が生じる。購入する原材料や部品の価格は、購買部門が取引先を交渉するものであるため、価格差異は購買部門の責任となる。ただし、価格差異の原因は購買部門による購入量購入方法、購入先選定の誤りなどがある一方で、価格標準の設定の誤り、市価の変動によって仕方ないケースもあり得るので注意を要する。

2）数量差異

　製造活動における原材料や部品の実際消費量が標準消費量を超えてしまうために不利差異が生じる。原材料や部品の消費量は、製造工程におけるムダ、品質の低下、能率の低下によって生じてしまうので、数量差異は製造現場の責任となる。ただし、数量差異の原因は、仕損や減損などのムダ、品質の低下、能率低下などがある一方で、標準設定の誤りによって仕方なく生じるケースもある。また、原材料、工程、製造方法、製品の設計、機械器具の変更によって一時的に生じることもあるし、原価標準を改定しなければならないこともあるので注意を要する。

（2）直接労務費差異の原因と責任

1）賃率差異

　実際賃率が標準賃率を超えてしまうために不利差異が生じる。賃率は製造現場ではあまり管理できない要素である。実際賃率は労働市場にも影響されることがあるし、工具の構成の変化によって平均賃率が変動し

てしまう。また、能率の高い仕事をする労働者の賃率は高いのは当たり前である。そうすると採用を担当する部署ですら、賃率を管理することが難しい場合もありうる。

２）作業時間差異

　実際作業時間が標準作業時間を超えてしまうために不利差異が生じる。作業時間は作業能率に影響されるものであるため、作業時間差異は製造現場の責任である。ただし、作業時間差異の原因は、作業能率の低下だけでなく、数量差異と同様に、標準設定の誤りによって仕方なく生じるケースもあったり、原材料、工程、製造方法、製品の設計、機械器具の変更によって生じることもある。

（3）製造間接費差異の原因と責任

１）予算差異

　予算と実績との差によって生じてしまうため、製造間接費予算の設定について直接的に関与できない以上、製造現場に責任があるとはいえない。

２）操業度差異

　基準操業度に対する実際操業度の差（施設の遊休）によって不利差異が生じるため、工場の規模を決めることができた責任者（生産本部長ないしは取締役など）の責任となる。

３）能率差異

　変動費能率差異と固定費能率差異は、能率の低さによって不利差異が生じる。ここで能率とは、時間当たりの製造量を指し、これに直接関与しているのは製造現場である。

第 5 節　原価企画

学習のポイント

◆原価（コスト）は、製品の開発・設計段階でほぼ決定される。
◆原価企画の重要性と原価引き下げの進め方について理解する。
◆原価企画活動のステップについて理解する。
◆製品開発から生産実施までの原価概念と目標原価のあり方について理解する。

1　原価企画の意義

（1）利益の作り込み

　原価企画において、利益の作り込み、あるいは原価の作り込みと呼ばれる重要な概念がある。利益の作り込みとは、市場から与えられた価格設定の中で株主が許容しうる適正な利益を得るために、製品の価値もしくは品質を落とさず徹底的に原価を低減させることを意味する。原価低減に着目した呼び方が原価の作り込みであり、原価低減によって達成される利益の向上に着目した呼び方が利益の作り込みである。

　原価企画はなぜ必要とされたのかを考えるには、製造業における発想の転換を理解する必要がある。かつて市場構造が売り手市場、すなわち製造する側の供給能力が市場の需要能力を下回っていて、「作れば売れる」時代には、次式のように原価に利益を加えて売価としていた。

　　　原価＋利益＝売価

　しかし、市場構造が買い手市場の時代になると、製品には高機能が求

められライフサイクルも短くなった。売価は変化の激しい市場もしくは消費者によって定められる傾向がますます強まり、企業が存続するために、利益をいかに確保するかがいっそう重要な課題になった。つまり、原価は、成り行きに任せて発生した原価を集計したり、分析するだけではなく、利益の確保を実現するために主導的な働きを担うようになってきた。すなわち、次式により求められる原価数値が必達目標として取り扱われ、諸計画をリードする時代になったのである。

予定売価－目標利益＝許容原価

ただし、この式が本当の意味をもつのは、実現可能性が技術的に裏づけられている場合においてのみである。製品を作るために必要な原材料の材質や使用量を決めるのは技術であり、その製品を作るために使用する機械・設備や加工方法を決めるのも技術である。これらの技術を念頭において作図されたものが設計図であり、設計図を作成する過程が設計である。設計過程は原価とはかけ離れた領域のように見受けられるが、実は原価と密接な関係を有している。

本章第1節 **3** で示したとおり、材質の選択、製品の形状、大きさおよび加工精度は、製品を作るために決定されなくてはならない最低条件であり（→前掲図表2‐1‐4）、これが原価を決定する基本情報となる。すなわち、材質、形状、寸法は原材料の使用量を決定し、材料費算出の基礎となる。また、材質、形状、寸法ならびに仕上がり加工精度によって、使用する加工設備、作業方法、工程編成など、場合によっては作業者を指定したり、作業時間を設定すれば、それによって加工費が規定される。すなわち、直接材料費と直接労務費など原価のほとんどは設計段階で決まってしまうのである。

製造業において、生産過程での改善努力が原価引き下げ効果を上げることはありうる。しかしながら、設計過程における改善努力はその数倍もの効果を生み出すのである。利益増大を念頭において原価改善を推進しようとするならば、技術者、特に製品設計技術者を原価改善チームに

含めることが不可欠であり、それが成否を決める鍵となる。

（2）コストの推移とコストダウン

　設計活動の成果は設計図として示される。設計図が完成するまでには多くの資料検索や検討、討議がなされるが、おおまかなステップを示すと図表2-5-1のようになる。

　原価（コスト）は消費した原材料と製造に消費された時間を変数とする関数である。直接材料費は消費した物量に比例して発生し、加工費は消費された作業時間に比例して発生する。生産活動に移行するのに先立って設計が行われるが、設計活動において考慮されるべきは、大きく分けて、以下の3つのポイントである。

図表2-5-1 ● 設計活動の守備範囲

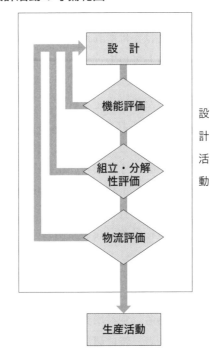

① 製品の機能が過不足なく発揮できるかの観点から見る機能評価
② 製品を組み立てる作業段階で組み立てしやすいか、分解・廃棄する段階で分解しやすいか否かの組立・分解性評価
③ 製品を顧客に届けるまでの物流過程において問題が起きないかの物流評価

Ⅰ 機能評価

　機能評価は、使い手の視点に立脚し、使いやすさ、性能・機能の面において過不足ないものであるかどうかの顧客満足を評価することである。機能評価は、製品の機能を発揮するために必要な原材料の物理特性が適切か、調達活動が円滑か、材料消費量を決定するサイズが妥当か、加工性は適切かなどが検討される。この段階で、材料費がほとんど決定される。さらに、生産数量を加味した加工方法の選択は正しいか、使用する加工設備は適切かなどが生産条件を決定する。

　この機能評価が正しくなされないと、製品が顧客の手に渡ってから不具合を起こしたりクレームが発生したり、その後始末に予想外の出費がかさんだり、場合によっては企業イメージを損なうような事態を招きかねない。

　また、資源保護や環境保全の観点から、安全に廃棄できる、再利用しやすいなどの配慮のもとに、原材料の選択がなされなくてはならない。この面でもVE活動が効果を発揮する。

Ⅱ 組立・分解性評価

　組立・分解性評価は、作り手の視点に立脚し、仕事・作業のしやすさを評価することである。組立・分解性評価では、最終製品を組み立てる作業のしやすさや分解しやすさを事前に検討する。組立作業において作業しやすい設計になっているかどうかで、作業時間は決定的に左右される。また、優れた組立治具の準備も有効である。

Ⅲ 物流評価

　物流評価は、運び手の視点に立脚し、運びやすさを評価することである。物流評価は、製品を顧客に届ける段階において荷扱いがしやすいか、

荷姿が交通条件に合致しているか、物流手段が環境条件に適合している
かなど、これから大いに解決しなければならない問題を含んでいる。

　これらの3つのポイントはそれぞれ計画機能をもち、技術的要素の多
くを決定するので結果的に多くのコストを決定することになる。この設
計に基づいて生産活動に移行すると、具体的な経済的価値の消費を伴う
コストが発生する。この両者の関係を概念的に図示すると図表2-5-2
のようになる。この図からわかるように、コストがどれだけ発生するか
は開発段階と設計段階でほとんど決まってしまっている。しかし、実際
にコストが発生するのは製造段階である。コストダウンを図るには、最
も上流で根源的な開発や設計段階の活動に力を注ぐべきである。このよ
うに技術は原価の発生にきわめて大きなウエイトを占めており、原価企
画や原価改善には技術部門と経営管理部門（経理部門）との連携が不可
欠である。
　ここで改めて、「製造原価は物量と時間を変数とする関数である」（→

図表2-5-2 ● コストの決定と発生の関係

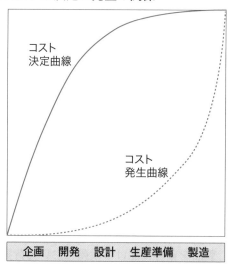

本章第1節**3**）。

$$C = f(v, t)\ (v：volume＝物量\quad t：time＝時間)$$

　製品の開発・設計段階での原価低減のために注目すべきは、物量も時間も突き詰めると技術の問題に帰着することである。この問題に正面から取り組むために、固有技術の側から企画から製造準備までを同時並行的に進める**コンカレントエンジニアリング**（Concurrent Engineering）の取り組みが行われてきた。これは、従来の設計活動があくまでも固有技術独自のものとする姿勢から、生産活動における問題点を設計段階においても配慮することが必要だという意識の変化に基づき、広く積極的に行われたものである。また、**PLM**（プロダクトライフサイクルマネジメント：Product Lifecycle Management）によって、製品のライフサイクル全体をカバーする全体最適化の考え方も普及したといえよう。

　他方で、設計過程が完了しても多くの問題が発生する。生産活動と管

図表2-5-3●生産過程の概念図

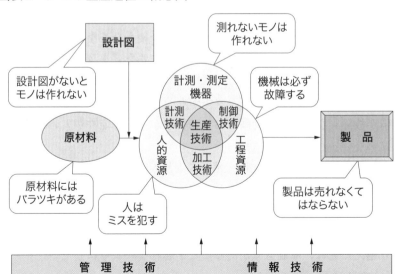

理技術の関係として、図表2-5-3となる。ここで示すように人はミスを犯す、機械は必ず故障する、原材料にはバラツキがあるという要素は避けることのできない制約条件であり、これらを考慮に入れながら設計することは、総合的な創作行為といえる。

製造段階ではコスト決定はほとんどなされない代わりに、原価発生が現実のものとなる。製品を作るためには、原材料、加工設備ならびに作業者が必要になる。

人、機械・設備、原材料の3つは生産の3要素といわれ、生産管理の管理項目として重要視されてきた。Man（人）、Machine（機械・設備）、Material（原材料）の頭文字をとって3Mと呼ばれている。この3Mにはそれぞれ次のような特性がある。

　○Man（人）──ミスを犯す
　○Machine（機械・設備）──故障する
　○Material（原材料）──バラツキがある

生産活動はこのように不確定な特性の要素から成り立っているので、立案した計画がそのとおり実施されないことが多い。これが生産管理を難しいものにする大きな原因である。しかも、この原因のそれぞれは従来から繰り返されて今日まで続いており、今後もなくならないであろう。しかし、これらの特性が原因で製品の品質に悪影響を及ぼさないようにする努力はいろいろな面で続けられており、生産管理とはこの3要素との闘いでもある（原材料にバラツキがなく、人がミスを犯さず、機械・設備が故障しなければ、計画どおりに物事が進む可能性が大いに高まるに違いない）。

生産管理システムを確立し、運用するときにこの点は深く認識していただきたい。価値工学（VE）の創始者マイルズ（L. D. Miles）は管理を進める場合に直面する問題点を「抵抗の10項目」としてまとめている。これらは洋の東西を問わず、ありがちな言い訳や過信であろう。これを乗り越えた先に、原価低減があることを忘れないようにしたい。

〈抵抗の10項目（マイルズ）〉

① そんなものは役立たない
② 確かにそうだがわれわれは違う
③ 案としては立派だが
④ これ以上コストは下がらない
⑤ われわれだっていつもそうしている
⑥ 他人の勧めでやるのはいやだ
⑦ コストを下げれば品質は落ちる
⑧ うまくいっている、なぜ変えるのか
⑨ 昔やったことがある
⑩ われわれはそのことをよく知っている

（3）開発・設計段階の原価低減

　原価低減は製造過程における改善努力（原価改善）に依存することが多かったが、VE（Value Engineering＝価値工学）がその適応範囲を広げるに従って、開発・設計段階でも大きな効果を上げるようになった。新製品の開発には、ベンチマーキングやQFD（品質機能展開）などの管理工学の手法も活用する。

　VEは1947年にVA（Value Analysis＝価値分析）としてL. D. マイルズによって提唱された手法であり、日本バリュー・エンジニアリング協会によって、「最低のライフサイクルコストで必要な機能を確実に達成するために、製品やサービスの機能的研究に注ぐ組織的な努力」と定義された。

　当初は、価値分析（Value Analysis：VA）と呼ばれて製造活動や調達活動に限定されていたが、現在ではVEとして、適用分野も製造活動に限らずコストの発生する全分野に及び、サービス業にまで広く適用されている。また、コストのとらえ方も広がり、生産、使用、廃棄に及ぶライフサイクルコストを視野に入れるようになった。

　VEでは、価値を次のように定義し、価値を向上させることを目的とする。

$$価値\ V\,(Value) = \frac{機能\ F\,(Fanction)}{コスト\ C\,(Cost)} = \frac{F}{C}$$

左辺の価値を大きくするためには、右辺において分子の F の値を大きくするか、分母の C の値を小さくするかである。分母の値を小さくすることが、原価低減に当たる。

VEは一般に次のようなステップで進められる。

① 対象選定

② 機能定義

③ 機能評価

④ アイデアの発想

⑤ アイデアの具体化

⑥ 提案

⑦ 実施（フォローアップ）

VEには、ゼロルックVE、ファーストルックVEおよびセカンドルックVEのステップがあり、それぞれ適用される段階と効果が異なっている。ゼロルックVEは、設計前の商品企画段階で製品の機能とコストのトレードオフを検討するVEである。最も効果が高いのはゼロルックVEであり、使用する原材料の選択、加工技術の指定など制約条件の少ない段階での固有技術と深く結びついた活動である。ファーストルックVEは製品の開発・設計活動を対象としたVEであり、セカンドルックVEは製造活動や調達活動を対象としたVEである。

VE活動を推進するためには、創造的なアイデア創出が必要である。アイデア創出に役立つ手法としてKJ法、ブレインストーミング法が挙げられる。ブレインストーミング法は、グループの力を利用して大量にアイデアを発想するものであり、次の４つのルールがある。

① 批評禁止

② 自由奔放

③ 質より量

④　改善結合

改善発想に結びつきやすいキーワード、たとえば「軽薄短小」「便利さ、手軽さ」「重厚長大」などを提示することも発想に結びつきやすい。ECRSの原則（Eliminate＝除去する、Combine＝組み合わせる、Rearrange＝再編成する、Simplify＝単純化する）を適用することも有効である。いずれにしても、価値向上の方策を推進するためにチームの知恵を集中することが求められる。

さらに、コンカレントエンジニアリング、すなわち設計と同時に製造段階の問題点を解決することが普及している。ゼロルックVEとコンカレントエンジニアリングの連携は今後ますます必要であり、その効果も期待できるものと思われる。

2008（平成20）年3月、ドラム缶の軽量化と価格引き下げに関する報道があった。材料に従来用いられていた冷間圧延鋼板に代えて高張力鋼を用いることにより、材料の厚さが1.2ミリから1.0ミリに変更され、製品重量で2キロ軽くなり、価格も5％引き下げられるとのことであった。成形工程の作業性も従来と変わりなく、200℃弱で焼付塗装すると強度が増し、リユース回数も増加するという。これは、鉄鉱石やコークスの価格の急騰、資源の囲い込み傾向が強まる中で、鋼材の使用量を減らして価格が高くても高機能の材料を使うことで資源の有効利用を図るという技術のブレイクスルー（現状突破）であり、従来の制約条件にとらわれないゼロルックVEの成果である。

ゼロルックVEでは、技術動向の変化を迅速・的確に把握することがきわめて重要である。民間航空機の胴体は従来ジュラルミンの削り出し加工が普通であった。しかし、現在はアラミド繊維や炭素繊維をエポキシ樹脂で積層・硬化させる工法が広く使われ、これによって、軽量で強度が高く燃費も大幅に改善される技術が急速に普及している。技術の進歩を的確にとらえてこれに対応する能力は、厳しい競争環境で生き残る必須条件でもある。

2 製品開発・設計工程と原価企画活動のフェーズ

（１）製品開発・設計工程の段階

　一般に、製品開発・設計工程の段階は、商品企画、基本設計、詳細設計、生産準備、初期流動とされ、これに続いて量産段階とされる。このような開発・設計方法をリレー式開発と呼ぶ。製品開発・設計工程の各段階において、VEの実施内容が変わる。→図表２‐５‐４

Ⅰ　商品企画

　何のために何を作るかということは、エンジニアのみならず、企業人全般にとってきわめて重いテーマである。しかし、現在のビジネスでは、さまざまな手法やテクノロジーを活用することによって、作りたいものではなく使いたいものを市場が求めていることを探索することができるようになってきた。

　企業の経営方針やマーケティングによって、市場が求めていることを明確にし、商品を企画するところから原価企画が開始される。原価企画を進めるために作られるチームのスタッフには、設計担当者はもちろん、QC担当者、VE担当者、IE技術者の協力が不可欠である。価値を向上させるという目的を達成するための第１ステップとして、ゼロルックVEが始まる。ねらいの品質や原価をどうするか、製造者責任は果たせるのか、市場ニーズに合致しているか、流通後の製品の廃棄・回収・再生に問題はないかなどの検討項目のほとんどは、この段階で解決しておかなければならない。原価低減の観点では、この段階が最もコストダウンの効果が大きいので、最大の努力を傾注すべきである。

Ⅱ　基本設計

　基本設計は、機能設計あるいは開発設計とも呼ばれ、基本機能を確定する設計である。基本構造部位が決められるので、使用する原材料、大きさ、加工精度などが決定される。材質が決定され、寸法が決められるので、材料単価と消費量から材料費が決められる。加工精度が指定されるので、使用する生産設備と作業者が決まり、加工費がほぼ決まる。ま

た、同時に製品の信頼性についても、具体的な項目を確定しておかなくてはならない。この段階からファーストルックVEが効果を発揮する。

Ⅲ 詳細設計

詳細設計は、製品設計とも呼ばれ、細部機能、部品設計が進められ、加工の種類によっては内外製の判定や準備を進め、工程における品質の作り込みが具体的になされる。製品の一定量を生産するのに必要な原材料、エネルギー、労働力などの基準量である原単位が検討されることで、原価見積もりがより高精度になり、標準原価の設定が始められる。原単位には「単位輸送量当たり燃料消費量」「製品1単位当たり材料使用量」などが含まれる。設計図の承認が必要な場合には、この段階までに承認を受けなくてはならない。

Ⅳ 生産準備

生産準備段階では、生産数量の概略と生産時期が示されるので、原材料調達の手配、生産設備の準備、外部に生産委託する場合の業者選定、工具や治具の準備、計測・測定器や試験機の手配、必要であれば作業者の教育・訓練など多岐にわたる準備が必要になる。

Ⅴ 初期流動

初期流動管理は、製品の設計・開発が終了し、量産に移行してから発生しそうな諸問題を解決する管理活動を指す。所期の品質・コスト・納期を達成しているか、設備は管理状態にあるか、安全操業が確保されているか、原材料の供給はうまくいっているかなど生産システム全般にわたる評価がなされ、現状把握力、問題解決能力、改善能力、維持管理能力が評価される。初期流動管理がうまくいって垂直立ち上げが実現することは、新製品を社会に送り出すスピードがあることであり、競争優位の絶対条件である。セカンドルックVEが効果を発揮する段階でもある。

図表2-5-4と図表2-5-5では、リレー式開発とコンカレントエンジニアリング（ラグビー方式開発）の違いを示している。リレー式開発では製品開発・設計工程を段階的に進行させるのに対して、コンカレン

図表2-5-4●リレー式開発

図表2-5-5●コンカレントエンジニアリングと原価企画活動のフェーズ

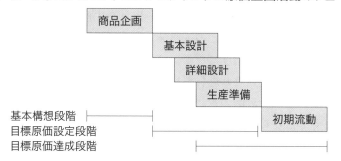

トエンジニアリングでは並行的に進行させる。原価企画活動は、コンカレントエンジニアリングを前提に、さまざまな部署からの担当者を交えてクロスファンクショナルチーム（CFT）として組織横断的に実施される。クロスファンクショナルチームとは、全社的な経営課題を解決するため、部署や役職にとらわれず必要な人材を集めて構成されるチームのことである。

（2）原価企画活動のフェーズ

Ⅰ　基本構想段階

　まず、現行の技術をもとに原価見積もりを行う。この段階での原価数値は成行原価である。多くの場合、この段階では利益が実現できていないので、原価引き下げ目標を定めて目標原価とする。必要なら原材料から加工法、作業方法の見直しも行う。VE活動のゼロルックVEが最も効果を発揮する段階である。→図表2-5-6

　また、ここでQFDも活用できる。QFDは要求品質を取り込み、顧客ニーズを考慮した品質を企画することに役立つ。品質保証のツールとし

図表2-5-6 ● 製品開発から生産実施までの原価概念
（図表2-2-3を再掲）

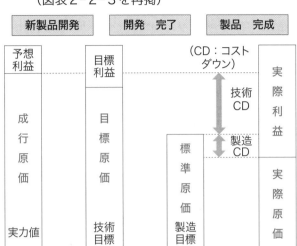

出所：橋本賢一『よくわかる原価のしくみ』日本能率協会マネジメントセンターを
　　　一部加筆

てQFDを用いて品質を作り込むことによって、その結果として原価の大枠が作り込まれる。基本構想段階で品質の作り込みがしっかりできれば、ムダな製品仕様で設計することもなく、設計変更が少なくてすむ。

Ⅱ　目標原価設定段階

　目標原価は、実行可能な具体的指示として展開しなくてはならない。生産設備の指定と準備、使用材料の準備、作業者の指定、作業標準の作成、QC工程表（図）の作成、安全作業手引書の作成などの活動がある。必要に応じて協力企業との連絡・打ち合わせも行う。**ティアダウン（リバースエンジニアリング）**により、他社の製品を部品単位まで分解し、部品ごとに**ベンチマーキング**を行い、その情報を参考にしながら、価格競争力を達成できる目標原価を設定する。ベスト・プラクティスより劣っている箇所を改善するという目標設定ができる。また、設計段階で製造しやすい設計にできれば、製造段階で発生する工数も減らすことができる。

Ⅲ　目標原価達成段階

　原価低減のための分析ツールとして、ファーストルックVEを活用することで機能別にコストの作り込みが行われ、原価低減が図られる。具体的なVEアイデアを実装することによって、原価低減を実現でき、目標原価を達成することができる。ただし、最終目標は原価低減ではなく、あくまで顧客にとっての価値向上であることに注意が必要となる。

　製品の開発・設計段階で行われるファーストルックVEにおける価値向上の方策を分類すると、以下の４通りがある。

　　①　機能アップ：機能向上・コスト一定による価値向上
　　②　機能追加：機能大幅向上・コスト増加による価値向上
　　③　代替品：機能一定・コスト低減による価値向上
　　④　機能削除：機能削除・コスト大幅低減による価値向上

　機能削除については禁じ手とされてきたところはあるが、グローバルな市場展開において各国の要求品質が異なる以上、過剰な仕様にしないことが競争優位の確保につながるのであれば、柔軟に対応すべきである。

　当然のことながら、製品開発における重要な項目について報告の義務が生じる。原価企画においては、目標原価に対する達成度合いは、報告の最重要事項となる。目標原価が達成できたときは当然の結果として、もし未達成の場合でもその原因や理由について詳細な報告がなされるべきであり、今後の課題として製造段階へ引き継ぎ、総合的かつ継続的に解決していくことが肝要である。

3　目標原価

（1）目標原価の意義

　製品開発における価格（売価）、原価、利益に関する考え方には次の２つがある。

① 原価ベースの価格決定

予定売価 ＝ 　　基準原価 　　＋ 　　目標利益

　　　↓ 　　　　　　↑ 　　　　　　↑

販売価格 　技術者が決める 　経営層が決める

② 売価ベースの原価決定

許容原価 ＝ 　　　　予定売価 　　－ 　　目標利益

　　↓ 　　　　　　　　↑ 　　　　　　　↑

技術者の挑戦目標 　市場が決める 　経営層が決める

　第1は原価ベースの価格決定である。技術者主導で策定された製品仕様を基準として算出された原価である基準原価に、経営層が経営目標として株主の期待に応える目標利益を上乗せして売価とするものである。

　第2は売価ベースの原価決定である。多くの企業にとって市場によって決まる予定売価から、経営層が経営目標として株主にコミットする目標利益を差し引いて許容原価とするものである。許容原価と目標原価との関係性について詳しくは (2) において解説するが、オンリーワンの革新的製品を提供するマーケットリーダー企業でもない限り、成熟した市場における製品の価格は市場によって決まることになるため、後者の考え方に基づいて原価を管理することが重要となる。

　多くの企業にとって、競争が激しい市場で生き残るには、戦略的な製品開発に成功する必要があり、市場ニーズを的確に把握し、そのニーズを製品コンセプトや仕様に取り込むと同時に、それを低コストで実現する必要がある。すなわち、マーケットインの発想での製品開発が不可欠となる。目標原価の意義は、製品設計技術者だけでなく、生産システム設計技術者、生産管理技術者、品質管理担当者、マーケティング担当者、営業担当者、原価計算担当者など、原価企画活動に携わるすべての人がマーケットインの発想で製品開発を行うために共有する中核的な目標数値となることにある。

　目標原価の達成に求められる条件を以下に示す。これらの条件は、VE

活動などの管理ツールを活用することにより具体化される。

① 現行の技術では実行可能ではないが、可能な限り改善を図り最善
の結果をもたらすものであること

② 設定した目標原価を実現するために組織を上げて取り組む姿勢が
すみずみまで行き渡り、成果を上げることに集中すること

③ 目標原価は最善・最高のものではなく、技術や競争関係によって
変化するものと心得ること

（２）目標原価設定方法

目標原価の設定方法としては、次の方法が挙げられる。

１）積上げ法

積上げ法は、自社の技術レベル、生産能力などを勘案して、目標原価
を設定する方法である。この方法では、技術者が現行の製品原価をもと
にして、追加機能あるいは削除機能、ムダ・ムリの削除、新たに加えら
れるコスト要因などを、部品加工、組立作業、組立方法などの段階まで
細かく分類するなどして、原価を積算する。そのようにして、積み上げ
られた原価を成行原価という。ただし、企業によっては、成行原価をそ
のまま目標原価とすることはせず、VEによる検討を行ったり、一定の原
価低減目標を反映させて、目標原価を算定する。

成行原価→VEによる検討など→目標原価

２）割付法

割付法は、市場における競合製品の売価などを参考にして、予定売価
を決め、そこから一定利益を確保するために必要となる原価を目標原価
とする方法である。次式により目標原価を算定し、その目標原価を、具
体的な原価費目に割付をする。これを細分割付という。→図表２-５-７

予定売価－目標利益＝許容原価＝目標原価

ここで用いる予定売価は経営計画に基づく販売活動をその根拠にして

図表2-5-7 ●成行原価、目標原価・細分割付

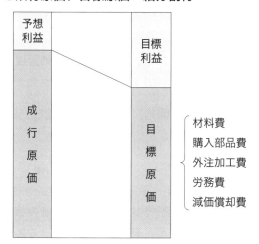

おり、利益計画の裏づけがあるとともに、技術的根拠もあわせもっていることが必要である。

3）統合法

　積上げ法は、技術者の経験が色濃く反映されるのでより現実的な数値が得られる一方、現状を前提とする傾向が強くなり旧来の手段・方法にとらわれやすくなる。他方、割付法は、利益確保を理想状態で想定するので計画としては見事に見えるが、ややもすると机上の空論となりがちで、技術的裏づけや実行可能性の面で問題が生じる。そこで両手法の長所を採用して考えられたのが統合法である。統合法では、積上げ法による現実的な原価と、割付法による理想的な原価を照らして実行性を検討し、目標となる原価を設定する。

　統合法では、次式により許容原価を算定する。そののちに、市場志向の数値である許容原価と技術志向の数値である成行原価とのすり合わせ、目標原価を設定する。そして、VEによる検討や後述するベンチマーキングなどを活用して、成行原価を目標原価に近づけるという方法をとる。

予定売価 − 目標利益 ＝ 許容原価 → 目標原価 ← 成行原価
（すり合わせ）

なお、目標原価が設定されても、さらに初期流動管理、生産開始を経て、標準原価計算（→本章第４節）による原価維持活動が進められていく。

目標原価の達成 →（生産開始）→ 標準原価の達成（原価維持）

4 原価見積もり

原価見積もりは、過去の経験や知識、現状の原価の状況、将来の原価発生にかかわる分析に基づいて、特定の時点における製品原価の予測数値を算出することである。具体的には、VEの対象原価としての原価を算出することが該当する。設計段階において試作を繰り返し行うつどで、原価見積もりが行われ、原価の予測数値が算出される。

（１）原価見積もりの範囲

目標原価と原価見積もりによる原価は、設計段階における計画値と試作による見積もり数値の関係にある。したがって、目標原価が総原価であれば原価見積もりの数値も総原価、目標原価が製造直接費であれば原価見積もりの数値も製造直接費という具合に、取り扱う原価の範囲も同じであることが望ましい。ただし、現実問題として、目標原価で取り扱う原価の範囲も特定の企業において同一ではなく、製品ごとの位置づけによって変わることも多い。

原価見積もりは、製品・サービスの製造に先立って設定された数値を用いて行われるので、実際に発生した原価と差異が生じる。これはある程度やむを得ないことであるが、差異が生じる原因は大きく２つに分けられる。１つは見積もり技術が劣っている場合であり、多くの場合はコストテーブルの精度が低いか不備によるものである。この問題の解決に

は、原価見積もりグループに固有技術の専門家を加えることが有効である。もう1つは外的環境の変化、すなわち為替レートの急変や原油高のように資源問題にかかわるような不可避的な場合である。原価見積もりの数値は常に正確にすべきではあるものの難しい。かといって、より正確な数値にする努力は続けるべきである。最近では、データサイエンスの活用によって見積もり精度を向上させることも大きく期待されている。

（2）原価見積もりの方法

　原価見積もりの方法には、一括方式と積上げ方式の2つがある。

　一括方式による原価見積もりでは、工程別の部品ごとの原価要素別計算を行わず、過去の類似品の原価実績に基づき、設計上の特性等の諸条件を加味して製品の原価を見積もる。そのため、一括方式による原価見積もりは概算見積もりの域を出ない。この方式は見積もり時間がかからないし、技術者の熟練を要さずに済むが、過去の類似品の原価情報がない場合、きちんとした見積もりができない。

　積上げ方式による原価見積もりでは、原価を算出する際に工程別の部品ごとの原価要素別に見積もり計算を行って、それらを積算して製品の原価を見積もる。基本設計や詳細設計が行われている間は概算見積もりとして原価が算出されるが、詳細設計において製品仕様がほぼ確定して、生産準備の中で工程設計がなされるようになると詳細見積もりとして原価が算出されるようになる。そのため、積上げ方式の原価見積もりは、比較的正確性の高い見積もり結果を得られるものの、技術者自身の熟練が必要となってしまう。

（3）概算見積もりと詳細見積もり

Ⅰ　概算見積もり

　製造原価の概算見積もりで採用される原価の範囲としては、①製造原価一括で算出、②直接材料費とそれ以外を分けて算出、③直接材料費、直接加工費、それ以外で算出、などの方法がある。製造原価一括で算出

する方法は最もおおまかな原価見積もりとなるため、商品企画の段階で
用いる。直接材料費とそれ以外とを分けて算出する方法は、製造原価一
括で算出するよりも正確性を要する原価見積もりとして行われるので、
主として商品企画と基本設計の段階で用いる。直接材料費、直接加工費、
それ以外の加工費を分けて算出する方法は、さらに正確性を要する原価
見積もりとして行われるもので、主として基本設計と詳細設計の段階で
用いる。

Ⅱ　詳細見積もり

　製造原価の詳細見積もりでは、ティアダウンによるベンチマーキング
を通じて得た他社の原価情報と比較するようにするために、部品ごとの
原価要素別に細分化して見積もる。また、より詳細に見積もるためには、
工程別の計算まで行うことになる。この場合の製造原価としては、部品
ごとの直接材料費、直接労務費、直接経費、製造間接費に細分化する。

　原価企画において、詳細設計段階で用いる詳細設計よりも、コスト決
定の度合いが高い商品企画段階や基本設計段階における原価見積もりで
利用する概算見積もりのほうが重要になる。そのためには、製品の機能
レベルでの概算見積もりが望ましい。製品の機能レベルでの概算見積も
りは簡便的な方法であるので、製品設計技術者が、ある程度の正確性と
迅速性をもって、設計特性等を考慮しながら原価見積もりを行うことが
できる。

第 6 節 コストテーブル

学習のポイント

◆コストテーブルの重要性と利用目的を理解する。
◆コストテーブルの種類として、①設計のためのコストテーブル、②製造のためのコストテーブル、③購買のためのコストテーブルを理解する。
◆コストテーブルの構成および作成上の留意点を理解する。

1 コストテーブルの重要性と種類

　コストテーブルは、製品の原価を構成する要素の項目を一覧表にしたものである。製品開発技術者が行う原価見積もりは、できるだけ容易で、ある程度の正確性をもった原価数値を迅速に計算できるようになっていなければならない。そのためには、コストテーブルを整備しておく必要がある。コストテーブルは、ある程度の正確性と迅速性をもって簡便に原価見積もりを行うために作成される。コストテーブルは、原価見積もりにおいて広く活用され、原価企画活動に携わる製品開発技術者、生産システム設計技術者、生産管理技術者、品質管理担当者などに共有される。

　コストテーブルは原価管理における重要な情報伝達メディアの1つであり、原価企画活動におけるクロスファンクショナルチームのコミュニケーションに必須のものとなる。当初のコストテーブルは紙による記録しかなく、作成・維持・改定に多大な手間を必要とした。現在では表計算ソフトをはじめ、データベース技術やインターネット技術が進歩したおかげで、コストテーブルの作成・運用はICT活用が当たり前であり、

活用範囲も広がった。紙による記録の時代から、原価見積もりは個人の経験と知識に依存する部分が大きく、いわゆるベテランの専門業務といわれてきた。現在では、なるべく原価見積もりの精度を向上させ、担当者によるバラツキが少なくなるように、データベースとしてコストテーブルが構築され、そのコストテーブルのデータを、表計算ソフトを用いてエンド・ユーザーたちが柔軟に運用することも多い。

（1）コストテーブルの利用目的と種類

コストテーブルは、利用目的によって次のように分けられる。

Ⅰ　設計のためのコストテーブル

設計のためのコストテーブルには、①商品企画段階のコストテーブル、②基本設計段階のコストテーブル、③詳細設計段階のコストテーブル、がある。それぞれのコストテーブルは用途も様式も異なる。商品企画段階のコストテーブルは、価格決定目的にも用いられるため、商品企画段階で製品のコンセプトに応じて設定された価格帯に対するコストを概算見積もりするために用いられる。基本設計段階のコスト・テーブルは、製品の機能の確定のために概算見積もりを行うために用いる。詳細設計段階のコストテーブルは、具体的なコスト検討を行うために詳細見積もりを行うために用いる。

そのほか、組立メーカーが数社から提案された部品の性能とともに価格を比較検討するために、部品購入用のコストテーブルを用いる。部品メーカー（サプライヤー）が既存製品の部品（現有品）と比較し、新製品のために設計する部品に関するVE検討を行うためには、現有品比較用コストテーブルを用いる。

設計活動の作図では、一般的にCAD（Computer Aided Design＝コンピュータ支援設計）が利用される。設計に先立ち、強度や機械干渉などをシミュレーションするために、CAE（Computer Aided Engineering＝コンピュータ支援エンジニアリング）が用いられる。また、CAM（Computer Aided Manufacturing＝コンピュータ支援生産）は機械加工

を自動化することにより、生産活動を大きく変えてきた。

　設計におけるコストテーブルには、原材料の指定や形状・寸法の指定だけにとどまらず、シミュレーション結果、自動加工プログラム、必要な場合には協力企業の情報、購入部品の供給業者名からの仕様・価格・品質水準まで多岐にわたる情報が盛り込まれる。設計活動は原価決定の中心部分であるので、ここに努力を集中してしすぎることはない。ICTを高度に利用したシステムの構築を心がけるべきであるが、同時に機密保持やセキュリティ確保にも関心を払わなくてはならない。

Ⅱ　製造のためのコストテーブル

　製造におけるコストテーブルには、生産設備、計測・測定機器、金型、運搬器具に至るまで、生産にかかわる情報はすべて集約しておかなくてはならない。同時に、作業者に関しても経験年数から技能程度まで生産活動に関係する情報とともに、部品加工の正味時間や、類似作業の見積もりに役立つような過去の組立作業の時間記録なども検索できるようにしておくべきである。

　現在は、3D CADが当たり前となっており、そこから得られた3Dデータを、情報端末（ノートPC、タブレット）を使って作業指図や工程指示に用いられたり、生産計画の表示なども行われる。従来の紙による情報伝達はいまやインターネット経由で電子的になされるようになり、データ処理技術の発達によって生産指示から作業報告、品質情報のみならず、製造原価や生産設備の稼働状態まででも情報化され、蓄積されるようになってきた。

Ⅲ　購買のためのコストテーブル

　購買におけるコストテーブルは、購入品目ごとの購入業者名、購入品目、購入価格、リードタイム、荷姿などの項目は当然であるが、グリーン購買やネット調達の可能性も念頭に置いて設計しなければならない。新興国からの原材料や部品の調達も選択肢に加わると、調達品目の品質とコストのトレードオフ、納期との兼ね合いも細かく検討する必要も出てきた。

　ネット調達が広まると、価格と技術の比較が容易になるので、国内だけでなく国際的にも競争はいっそう厳しくなる。企業は、調達する立場だけでなく、調達される立場にも立たされることがあることを認識しておくべきである。

（2）コストテーブルの運用とコストテーブル構成

　組立型のメーカーにおいて、原価企画はサプライヤー抜きでは実現できないのと同様、コストテーブルもアセンブラーだけで作るのではなく、サプライヤーとの協業が必要となる。現在のようにコストテーブルに関連する情報通信技術が進展すると、金額にかかわる項目について最新の数値に対応できるようにするためには、直接サプライヤーなどから、情報システムを通じてコスト情報を提供されることが必要である。特に材料費や加工費については、企業の競争力そのものを表すデータである以上、情報システムとしての運用については高度なアクセス権限を設けなくてはならない。また、技術変化、材料相場、加工機械の更新などがあった場合は、速やかにデータの更新をしなくてはならない。

　第1に基本設計段階のコストテーブルの例として、材料費と加工費のコストテーブルを図表2-6-1・2に示す。第2に、詳細設計段階のコス

図表2-6-1 ● 材料費のコストテーブルの例

NO	材料名	材質(1)	材料単価	部番	板厚	板幅	重量	使用数量	係数	材料費
1-1	A	a	50	MM01	0.11	0.30	0.03	1	0.8	1.2
1-2	B	b	65	MM02	0.52	0.25	0.05	1	1	3.25
1-3	C	c	60	MM03	0.31	0.28	0.06	2	1	7.2

図表2-6-2 ● 加工費のコストテーブルの例

NO	加工機	段取工数	加工時間	加工内容	後始末	調達時間	基準単価	係数	加工費	合計
5-1	m1	2	0.15	XX	XX	0.30	210	1	31.50	31.55
5-2	m2	2	0.12	YY	YY	0.35	250	0.8	24.00	24.00

図表２-６-３ ●詳細設計のためのコストテーブルの例

機種	xxxxx
ロット数	2,100
総ロット数	91,000
部品番号	64R 1254 ZG3
部品名称	YYYY-ZZZZ-031
材料仕様	65-99541358
成形機	300（t）

材料費	352.52
加工費	166.55
処理費	0.55
管理費	24.98
利益	2.40
単価	547
型費	3,600,000

工程	加工費	段取時間	賃率	作業時間	賃率
段取	5.00	xxx	yyy		
成形	133.24			xxx	yyy
仕上	2.49			xxx	yyy
検査	9.16			xxx	yyy
梱包	16.66			xxx	yyy

個取	1
体積	xxxxx（cm^3）
重量	xxxxx
成形圧力	xxxxx
材料単価	xxxxx
ギア有無	ギアなし
形状難易度	C

図表２-６-４ ●部品購入用のコストテーブルの例

		A社	B社	C社	D社
単価		xxxx	xxxx	xxxx	xxxx
性能	A-1	2	4	4	4
	A-2	5	4	2	3
	A-3	2	5	5	4
	B-1	3	4	1	4
	B-2	2	5	3	2
	C-1	2	3	3	2
合計		16	25	18	19
採否			○		

トテーブルの例を図表２-６-３に示す。第３に、部品購入用のコストテーブルの例を図表２-６-４に示す。

2 コストテーブルの作成

原価見積もりは、コストテーブルが整備されていたとしても、技術者などの人手によって正確に行うには熟練も必要であるし、多くの時間も

必要となる。概算見積もりの場合は比較的短い時間で原価見積もりを行うことができるが、詳細見積もりの場合は部品ごとに原価要素別に原価見積もりすることになるので、作業量は多大になり、時間がかかる。そこで詳細設計段階のコストテーブルを工程別に作成しておき、設計図面、製造仕様書、生産量などの見込み数値を勘案して工程設計を行い、直接材料費、直接労務費などの原価を積上げ計算するという方法が一般的に採用される。

　熟練した技術者が1工程当たりの原価見積もりに2〜4分程度かかるとすると、設計図面や製造仕様書の情報を勘案して製造に10工程が必要になった場合、トータルで原価見積もりに20〜40分の時間を要することになる。この製品の設計上、部品の製造に新規で金型が必要だとすると、原価見積もりにさらに多くの時間を要することになる。コストテーブルが整備されていれば、原価見積もりの作業を容易にできるようになる。この原価見積もり作業が情報システム化されれば、さらに迅速に行うことができるようになる。理想的には、CAD、CAM、ERPなどのシステムと連携された原価見積もりができれば、かなりの精度向上が期待できる。

　コストテーブルの作成にあたっては、次の点に留意する必要がある。

① 範囲を決定すること。コストテーブルがカバーする範囲をあらかじめ決めておくこと。あれもこれもと範囲を広げすぎて収拾がつかなくなることのないようにする注意が必要である。

② 拡張性に配慮しておくこと。あとから「この項目を」という要望があっても対応できるようにしておくとよい。

③ メンテナンスのルールを確立しておくこと。コストテーブルのデータは常に最新でなくてはならないので、修正・改定が必要である。必要に応じて修正をする担当者を決めておき、担当者以外はアクセスできないようなルールを作っておかなくてはならない。

④ セキュリティ保持に心がけること。コストテーブルは企業の最高機密であり、外部から（場合によっては内部からも）アクセスできないようなしくみをつくっておかなくてはならない。

第 7 節 直接原価計算

学習のポイント

◆前節まで学んできた実際原価計算や標準原価計算は全部原価計算という手法のカテゴリに分類される。全部原価計算と直接原価計算の役割の違いを理解し、原価計算を行う目的に応じて使い分けなくてはならないことを理解する。

◆全部原価計算は計算期間において発生した原価すべてを計算対象とするので、仕掛品の原価に期間原価が含まれてしまうことを理解する。

◆直接原価計算では期間原価を計算対象に含めないため、製造間接費の配賦計算を行わないことを理解する。

1 全部原価計算

　全部原価計算は、製造間接費の中の変動費と固定費の双方を計算対象にして配賦計算を行う。以下では、全部原価計算と直接原価計算との違いを理解するために、まず全部原価計算を例示する。

　○原価資料　→図表2-7-1

販売価格　　120円/個

製造原価　　　　　　　　　一般管理・販売費

　変動費　50円/個　　　　変動費　10円/個

　固定費　10万円/期　　　固定費　2万円/期

　以上の原価資料をもとに、全部原価計算に基づき作成した3期分の損益計算書が図表2-7-2である。

図表２-７-１ ● 原価資料

（単位：個）

	第１期	第２期	第３期
生産数量	3,000	3,300	2,700
期首棚卸高	0	0	300
販売数量	3,000	3,000	3,000
期末棚卸高	0	300	0

図表２-７-２ ● 全部原価計算による損益計算書

（単位：円）

	第１期	第２期	第３期
売上高	360,000	360,000	360,000
期首棚卸高	0	0	24,090
当期製造原価	250,000	265,000	235,000
期末棚卸高	0	24,090	0
売上原価	250,000	240,910	259,090
売上総利益	110,000	119,090	100,910
一般管理・販売費	50,000	50,000	50,000
営業利益	60,000	69,090	50,910

　この例において第２期の期末棚卸高は次のような計算を行う。

　　第２期期末棚卸高

　　265,000円（当期製造原価）× 300/3,300 ≒ 24,090円

　　当期売上原価

　　265,000円（当期製造原価）－ 24,090円 ＝ 240,910円

　この計算における当期製造原価265,000円の中には期間原価である固定費が含まれており、期末棚卸高にも第２期に発生した固定費が含まれることになる。また、３期を通じて売上高は一定（360,000円）なのに、生産数量が変化すると営業利益は期ごとに変化する。

　全部原価計算に基づいて作成した損益計算書では、売れない製品をたくさん作った期には利益が増えるという変則的な結果を示すので、正し

い経営意思決定を下すのには注意を要する。

さらに、経営意思決定をするうえで注意を要する例として、次の例題を示す。

〈例題〉

A、B、C製品の原価資料（全部原価計算）は図表2-7-3のとおりである。

図表2-7-3 ● A、B、C3製品の損益計算書（全部原価計算）

(単位：円)

	A	B	C	合　計
売上高	1,000	2,000	3,000	6,000
直接材料費	200	500	600	1,300
変動労務費	200	400	600	1,200
製造間接費*	170	340	510	1,020
売上原価	570	1,240	1,710	3,520
売上総利益	430	760	1,290	2,480
一般管理費・販売費				
変動費	150	400	820	1,370
固定費*	160	320	480	960
営業利益	120	40	△10	150

＊合計欄で製造間接費の1,020、一般管理・販売費における固定費の960はそれぞれの製品に配賦して計算されている。

製品別売上高営業利益率は、A製品12％、B製品2％、C製品−0.3％であり、「各製品の需要は十分あるのでC製品の製造・販売を中止し、売上高でA製品を3,000、B製品を3,000製造・販売するものとする」という意思決定を下したものとする。その結果は図表2-7-4のとおりである。

全部原価計算においては間接費を何らかの基準で配賦計算するので、製造間接費1,020円ならびに一般管理費・販売費の固定費960円はA、B製品が負担しなくてはならない。そこで売上高が3,000円で等しいA、B

図表２-７-４ ● Ａ、Ｂ２製品の損益計算書（全部原価計算）

（単位：円）

	A	B	合　計
売上高	3,000	3,000	6,000
直接材料費	600	750	1,350
変動労務費	600	600	1,200
製造間接費	510	510	1,020*
売上原価	1,710	1,860	3,570
売上総利益	1,290	1,140	2,430
一般管理費・販売費			
変動費	450	600	1,050
固定費	480	480	960*
営業利益	360	60	420

＊のついた数値は製品の組み合わせが変わっても発生する原価であること
に注意。

製品が等しく負担するものと仮定して計算すると図表２-７-４のように
なり、6,000円の売上高で営業利益は420円と改善された。

2　直接原価計算

　直接原価計算は、すべての原価を変動費と固定費に分解して変動費だ
けを計算する原価計算方式で、配賦計算というあいまいさの残る割振計
算を排除している。前項の全部原価計算と同一のデータを用いて直接原
価計算の例題を解いてみる。→図表２-７-５

　この結果から明らかなように、売上高が等しければ利益も等しい。直
接原価計算によって得られる限界利益（または貢献利益）は、固定費を
回収して利益を計上できるか否かを容易に判断できる。直接原価計算は
製品別・地域別などの区分ごとに損益計算書を作成したり、限界利益を
求めることにより企業活動の収益性の評価が容易にできる。なお、全部
原価計算によって得られた利益と直接原価計算による利益の食い違いは、
棚卸品に含まれる固定費の負担分によって生じるので、この違いを調整

図表2-7-5 ●直接原価計算による損益計算書

（単位：円）

	第1期	第2期	第3期
売上高	360,000	360,000	360,000
期首棚卸高	0	0	15,000
変動製造原価	150,000	165,000	135,000
期末棚卸高	0	15,000	0
売上原価	150,000	150,000	150,000
変動販売費	30,000	30,000	30,000
限界利益	180,000	180,000	180,000
固定製造原価	100,000	100,000	100,000
固定販売費	20,000	20,000	20,000
営業利益	60,000	60,000	60,000

するには次のような手続を行う。

全部原価計算方式による利益
＝直接原価計算方式による利益＋期末棚卸品に含まれる固定費－
期首棚卸品に含まれる固定費

この手続を固定費調整という。

全部原価計算の数値を用いて損益分岐点を求めることはできないが、直接原価計算の結果は損益分岐点分析をはじめとする管理に利用できる。

〈例題〉

A、B、C製品の原価資料（直接原価計算）は図表2-7-6のとおりである。

直接原価計算の特徴として固定費の配賦計算を行わない。製品別の採算性は固定費の負担力の割合、すなわち限界利益率を用いる。するとA製品の限界利益率は45％、B製品は30％、C製品は32.7％であり、C製品のそれはB製品のそれを上回っている。したがって、これをもとに「B製品の製造・販売を中止し、A製品を3,000、C製品を3,000製造・販売

するものとする」という意思決定を下したものとする。その結果は図表
２-７-７のとおりとなり、6,000円の売上高で営業利益は370円と改善さ
れた。

　前項の全部原価計算の例題の結果からわかるように、全部原価計算で
は売上高の変化と利益は必ずしも連動せず、直接原価計算の限界利益の

図表２-７-６ ● A、B、C３製品の損益計算書（直接原価計算）

（単位：円）

	A	B	C	合　計
売上高	1,000	2,000	3,000	6,000
変動売上原価	550	1,400	2,020	3,970
直接材料費	200	500	600	1,300
変動労務費	200	500	600	2,300
変動管理・販売費	150	400	820	1,370
限界利益	450	600	980	2,030
固定費	—	—	—	1,960
製造間接費	—	—	—	1,000
一般管理・販売費	—	—	—	960
営業利益				70

図表２-７-７ ● A、C２製品の損益計算書（直接原価計算）

（単位：円）

	A	C	合　計
売上高	3,000	3,000	6,000
変動売上原価	1,650	2,020	3,670
直接材料費	600	600	1,200
変動労務費	600	600	1,200
変動管理・販売費	450	820	1,270
限界利益	1,350	980	2,330
固定費	—	—	1,960
製造間接費	—	—	1,000
一般管理・販売費	—	—	960
営業利益			370

ような数値は得られない。全部原価計算は発生した原価を集計することを目的にしたが、直接原価計算（部分原価計算）は売上高と原価を結びつけ、固定費を回収する尺度として限界利益という概念を導入した。さらに、直接原価計算の概念は次のような例題において効力を発揮する。

〈例題〉

　手持ち工数が50時間の工場に工数を上回る注文があった、どの注文を受けるべきか。→図表2-7-8

　時間当たり限界利益を求めて、その値の大きい順に並べ、図のように手持ち時間50時間で判定すると注文D、EならびにCを受注すべきと判断する。しかし、境界線上の注文Aを受注するかどうかの判断は生産管理の範ちゅうを超える経営上の判断となる。

図表2-7-8 ● 受注選択の問題

注文	売上高(万円)	材料費(万円)	限界利益(万円)	工数(時間)	限界利益(万円/時間)
A	50	20	30	25	1.2
B	100	60	40	50	0.8
C	60	30	30	20	1.5
D	70	40	30	10	3.0
E	40	15	25	15	1.7

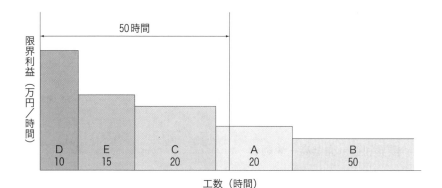

第 8 節　**意思決定支援**

学習のポイント

◆損益分岐点の意味を理解する。
◆損益分岐点分析は原価低減のヒントを与えてくれる。
◆資本コストという概念を用いて未来の経済価値を現在の経済価値に換算して経済性比較を行うことができる。この考え方は設備投資や研究開発などの意思決定問題に用いられる。

1 損益分岐点、限界利益

I　損益分岐点

　営利を目的とする企業経営において利益の継続的な実現は重要な課題である。経営状態を的確に表現する方法として損益分岐点分析がある。損益の概念と原価の発生状態を操業度とあわせて分析する手法である。

　原価には、操業度に応じて発生する原価と操業度とは無関係に発生する原価がある。材料費や光熱費のように操業度が増えればそれに応じて発生額も増える原価は変動費と呼ばれる。他方、操業度の変化にかかわらず、たとえば、給料や減価償却費のように操業の増減と関係なく発生する原価は固定費と呼ばれる。

　この原価区分によって、限界利益という概念が生じることとなる。限界利益は次のように定義される。

　　　限界利益＝売上高－変動費

　この限界利益が固定費よりも大きく固定費をまかなえれば、利益が出

ることが簡単にわかる。このように変動費に着目して計算する原価計算を直接原価計算（もしくは部分原価計算）と呼ぶ（→本章第7節**2**）。

　また、変動費と固定費の区分は、損益分岐点分析として活用される。図表2-8-1は、損益分岐点分析で用いられる損益分岐点図表である。損益分岐点図表は数量（販売数量＝生産数量を仮定）を横軸に、金額（原価、売上高）を縦軸にとる。

図表2-8-1●損益分岐点図表

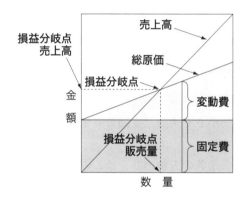

Ⅱ　損益分岐点分析

　損益分岐点分析は、C（Cost）、V（Volume）、P（Profit）を扱うことからCVP分析とも呼ばれる。損益分岐点の売上高と販売量は次式により求められる。

$$損益分岐点売上高 = \frac{固定費}{1 - \dfrac{変動費}{売上高}} = \frac{固定費}{1 - 変動費率} = \frac{固定費}{限界利益率}$$

$$損益分岐点販売量 = \frac{固定費}{販売単価 - 単価当たり変動費}$$

　ここでは変動費と固定費は明確に分類できるものとして扱ってきたが、現実はどうであろうか。水道料金や電話料金のように固定的な基本料金と使用量あるいは度数に比例する料金体系の場合、使用量が少ない場合と多い場合では単位使用量当たりの基本料金負担分が変化する。したがって、この場合はすべてを変動費としては扱いにくく、準変動費という。

　また、需要量の急激な増加により人員を増やすような場合、生産量が増えるに従って固定費が段階的に増加する。したがって、この場合は固定費でありながら増加する固定費ということで準固定費という。

　損益分岐点分析図表は、経営課題の改善に的確な指摘をすることができる。損益分岐点は左側にシフトすることが望ましいことは分岐点図表から直感的に判断できる。

　そのためには、

① 固定費を削減する
② 変動費線の傾きを小さくする（変動費率を下げる）
③ 売上高を大きくする

ことが重要になる。経営改善の方策の多くはこの3点から発していることから、改善策の考案に役立つ手法である。

〈例題〉

　ある企業は販売価格1,000円/個の製品を製造・販売しており、変動費は600円/個、固定費は300万円/期である。現在の販売数量は7,000個/期であり経営不振の状態にある。改善計画を示せ。

〈解答〉

　現在の経営状況　売上高　1,000円/個×7,000個＝700万円

　　　　　　　　　原　価　300万円＋600円×7,000個＝720万円

　　　　　　　　　損　益　現在は20万円/期の損失

〈改善案〉

　損益分岐点売上高は次のとおりである。

$$損益分岐点売上高 = \frac{3,000,000}{1 - \dfrac{600}{1,000}} = 7,500,000 円$$

最低限は損益分岐点まで改善するとしたら、以下の方策が考えられる。

① 売上高を750万円にするために、他の条件は変えないとして、

　ア　販売価格　1,000円を7.14%上げて1,071.4円に変更する。

　イ　販売数量　7,000個/期を7,500個/期に上げる。

② 売上高700万円でも利益が出るように改善するために、他の条件は変えないとして、

　ア　$\dfrac{3,000,000}{1 - x} = 7,000,000$　　より　$x \fallingdotseq 0.5714$

変動費率を0.5714にするために変動費を600円/個から571.4円/個に下げる。

　イ　$\dfrac{x}{1 - \dfrac{600}{1,000}} = 7,000,000$　　より　$x = 2,800,000$ 円

経営改善のために固定費を300万円/期から280万円/期に下げる。

Ⅲ　短期利益計画

　短期利益計画は、将来3～5年間の中期経営計画に基づき、製品別、あるいは製品系列別に単年度（1年）の利益シミュレーションを行い、予算編成へつなげる重要なプロセスである。前述の損益分岐点分析（CVP分析）は、短期利益計画に利用される基礎的な手法となる。

　損益分岐点は売上高、固定費および変動費との関係から導かれる。それぞれを改善点として検討項目を指摘して損益分岐点を左に移動させる（ゼロに近づける）策を講じる。具体的には、損益分岐点図表を用いて、次に挙げる3項目を調整しながらシミュレーションを行う。

　① 固定費を下げる（切片を下げる）

　② 変動費を削減する（傾きを下げる）

③　売上高を伸ばす（価格政策や営業努力の見直しなど）
達成すべき目標利益を求めるには次式を用いる。

$$目標利益を達成する売上高 = \frac{固定費 - 目標利益}{1 - 変動比率}$$

この式をシミュレータとして用いれば、目標とする利益を実現するために必要な売上高、固定費、変動費を求めることができる。
　また、限界利益率と売上高の関係から製品当たりの限界利益率が、生産のリードタイム当たりの限界利益から単位時間当たりの限界利益が、それぞれ求められる。

$$売上高限界利益率 = \frac{限界利益}{売上高}$$

$$時間当たり限界利益率 = \frac{ある製品の限界利益}{生産のリードタイム}$$

　売上高限界利益率は製品ごとの固定費負担能力を表す。時間当たり限界利益率は手持ち工数に制限のある場合、有利な製品の選択をするときの指標になりうる。
　ほかにも、現在の売上高が経営上の安全性を示すために安全余裕率が用いられる。安全余裕率は、損益分岐点売上高と現在の売上高との関係から次式により求められる。

$$安全余裕率 = \frac{現在の売上高 - 損益分岐点売上高}{現在の売上高} \times 100 \, (\%)$$

Ⅳ　事業部別の利益計画

　短期利益計画では、製品別あるいは製品系列別に利益のシミュレーションを行うと同時に、事業部別などの見積損益情報として集約される。事業別に集約された見積損益情報などを用いて、資本収益性を評価し、投資家が満足するレベルの資本収益性があるかを検討する。資本収益性

を評価するための代表的な指標として、総資本事業利益率（ROA：Return on Assets）と自己資本当期純利益率（ROE：Return on Equity）を以下に示す。

① 総資本事業利益率（ROA：Return on Assets）

$$=\frac{事業利益}{総資本}=\frac{事業利益}{売上高}\times\frac{売上高}{総資本}$$

＝売上高事業利益率×総資本回転率
事業利益＝営業利益＋金融収益（受取配当金、受取利息）

② 自己資本当期純利益率（ROE：Return on Equity）

$$=\frac{当期純利益}{自己資本}$$

$$=\frac{当期純利益}{売上高}\times\frac{売上高}{総資本}\times\frac{総資本}{自己資本}$$

＝売上高当期純利益率×総資本回転率×財務レバレッジ

2 経済性評価

　現象としての経済活動を扱うと、その根源を明らかにせざるを得なくなる。原価管理においてなぜその原価が発生するのか、その設備はどうして導入されたのか、なぜそのビジネスを始めたのかなど限りがない。身近な例として、設備投資や研究開発・新規事業への進出など多くの場合は、意思決定問題に帰着することが多い。この意思決定において経済性は重要な位置を占めている。

　一般に意思決定は事に先立ってなされるが、その評価は時間が経過してからなされるのが普通である。すなわち、費用の発生と収益の実現の間には時間の経過がある。これを図示すると図表2-8-2のようになる。

図表2-8-2 ● 時の経過の概念図

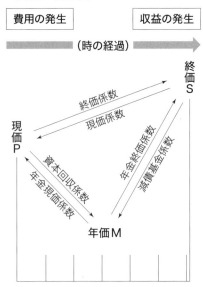

出所：千住鎮雄編『経済性分析』日本規格協会、p. 162、1994年

　ビジネスにおいて「儲かるか否か」の判定は、次式が成立するか否か
で決める。

　　費用の発生＋時の経過による変化＜収益の実現

　たとえば、いまもらえる1万円と1年後にもらえる1万円を考えてみ
るとわかりやすい。年利1％の金融機関等にいまもらった1万円を預け
ると利息が発生することから、1年後には1万100円となる。この場合、
いまもらえる1万円は1年後の1万100円と等価であるといえる。この
ように考えると、利息100円が時の経過による変化を表し、いまもらえ
る1万円と1年後にもらえる1万円を比較すると、いまもらえる1万円
のほうが有利であるといえる。

　このような時の経過による変化を考慮する場合に用いられる概念が、
資本コスト（預金でいえば利子率）である。資本コストの概念は割引率

ともいわれ、一定期間における将来の予想されるキャッシュインフロー（収益）とキャッシュアウトフロー（減価償却費を除く費用や投資額）の差額（正味キャッシュフローもしくはネットキャッシュフロー）を割引率を用いて現在価値を計算したものをDCF（Discounted Cash Flow）とも呼ぶ。

　たとえば、利率2％で100万円を1年間据え置き預金して1年後の元利合計を求めるには、100万円×（1＋0.02）を計算すればよい。

Ⅰ　現価、終価、年価

　ここに現在の預金金額（現価）をP、利子率をi、経過年数をn、n年後の元利合計（終価）をSとすると、

$$S = P \times (1 + i)^n \quad \cdots (1)$$

と表記される。$(1 + i)^n$を終価係数（final worth factor）といい、$[P \rightarrow S]_n^i$と表記することにする。式（1）から、次式が導かれる。

$$P = S \times \frac{1}{(1+i)^n} \quad \cdots (2)$$

$\dfrac{1}{(1+i)^n}$を現価係数（present worth factor）といい、$[S \rightarrow P]_n^i$と表記することにする。

　また、毎年末に一定金額をn年間積み立てる預金をする場合の元利合計（終価）は、積立金額（年価）をMとすると次式により求められる。

$$S = M \times \frac{(1+i)^n - 1}{i} \quad \cdots (3)$$

$\dfrac{(1+i)^n - 1}{i}$を年金終価係数（uniform series final worth factor）といい、$[M \rightarrow S]_n^i$と表記することにする。式（3）から、次式が導かれる。

$$M = S \times \frac{i}{(1+i)^n - 1} \quad \cdots (4)$$

$\dfrac{i}{(1+i)^n - 1}$ を減債基金係数（sinking fund factor）といい、$[S \to M]_n^i$ と表記することにする。

式（2）と式（3）から次式が導かれる。

$$P = M \times \frac{(1+i)^n - 1}{i(1+i)^n} \quad \cdots (5)$$

$\dfrac{(1+i)^n - 1}{i(1+i)^n}$ を年金現価係数（uniform series present worth factor）といい、$[M \to P]_n^i$ と表記することにする。式（5）より、次式が導かれる。

$$M = P \times \frac{i(1+i)^n}{(1+i)^n - 1} \quad \cdots (6)$$

$\dfrac{i(1+i)^n}{(1+i)^n - 1}$ を資本回収係数（capital recovery factor）といい、$[P \to M]_n^i$ と表記することにする。

複利係数を求める式において用いる利子率 i は割引率として用いられる。n は経済性を評価する対象期間を意味する（→図表２-８-３）。以上の考え方に基づいて経済性計算には次のような３つの代表的な計算方法が示される。

〈例題〉（複利係数の数値については第８節末の〔付表〕参照）
　①　年利３％で５万円ずつ年末に10年間預金するのと、45万円を据え置いて預金するのとでは、いずれが有利かを終価で比較する。

図表2-8-3 ●複利係数表（利子率 i 、期数 n ）

	現価Pを求める	終価Sを求める	年価Mを求める
現価Pから		終価係数 $[P \rightarrow S]_n^i$ いまPを据置預金すると n 年後の元利合計はS	資本回収係数 $[P \rightarrow M]_n^i$ いまある基金Pから n 年間受け取れる年金M
終価Sから	現価係数 $[S \rightarrow P]_n^i$ n 年後の元利合計Sを 手にするためにいま預 金するP		減債基金係数 $[S \rightarrow M]_n^i$ n 年後に元利合計Sを 手にするために毎年積 立てるM
年価Mから	年金現価係数 $[M \rightarrow P]_n^i$ n 年間毎年年金Mだけ 受け取るためにいま必 要な基金P	年金終価係数 $[M \rightarrow P]_n^i$ 毎年Mずつ積み立てて n 年後の元利合計はS	

出所：千住編『前掲書』p.162を一部修正

積立預金：5万円× $[M \rightarrow S]_{10}^3 \fallingdotseq$ 5万円×11.46388 $\fallingdotseq$ 57.319万円

据置預金：45万円× $[P \rightarrow S]_{10}^3 \fallingdotseq$ 45万円×1.34392 $\fallingdotseq$ 60.476万円

→据置預金のほうが3.157万円有利

② 設備Aは取得価格1,000万円、年間収益400万円で耐用年数4年、設備Bは取得価格2,000万円、年間収益530万円で耐用年数6年である。資本コスト（割引率）を年5％とするといずれの設備が有利か。このように年数が異なる場合は、これらの投資が繰り返し行われると仮定して、年価で比較する。

設備A：400万円 − 1,000万円× $[P \rightarrow M]_4^5$
$\fallingdotseq$ 400万円 − 1,000万円×0.28201
= 400万円 − 282.01万円 = 117.99万円

設備B：530万円 − 2,000万円× $[P \rightarrow M]_6^5$
$\fallingdotseq$ 530万円 − 2,000万円×0.19702
= 530万円 − 394.04万円 = 135.96万円

→設備Aの年間収益は117.99万円、設備Bの年間収益は135.96万円

で設備Bが年17.97万円有利

③ 2,000万円の改善投資をすると10年間にわたり毎年270万円／年の
コストダウンが見込まれる。この投資案の利益率はいくらか。この
例題はP、Mおよびnが与えられたもとでiを求める問題である。
そのため、P＝200万円に近いiを求めればよい。以下では、補間
法を用いてより詳細に計算している。

利益率5％の場合：270万円×$[M \rightarrow P]_{10}^{5}$

$\doteqdot$ 270万円×7.72173 ≒ 2,084.8万円＞2,000万円

利益率6％の場合：270万円×$[M \rightarrow P]_{10}^{6}$ ≒ 270万円×7.36009

$\doteqdot$ 1,987.2万円＜2,000万円

利益率（補間計算をすると）　5％＋1％×$\dfrac{(2,084.8 - 2,000)}{(2,084.8 - 1,987.2)}$

$= 5％＋1％×\dfrac{84.8}{97.6}$

$\doteqdot$ 5.87％

→この投資案の利益率は約5.87％である。

Ⅱ　その他の評価法

1）投資利益率

複利係数の式においてiの値を判定の基準にする方法である（上記③
の例題に当たる）。

2）正味現在価値法

対象となる設備投資案を用いた製品の製造・販売によって得られる将
来の現金流入額と投資に投じた金額（現金流出額）とを比較し、その差額
である正味現在価値（P）がプラスになる投資案を投資の対象とする方法。

3）内部利益率法

設備投資案の終価（S）または現価（P）が投資額と等しくなる複利係
数を求め、その値を示すiの値を利益率とする方法。複利係数表の数値
を用いて補間法でも求められるが、表計算ソフトの組込関数を利用すれ

ば簡単に求めることができる。

4）資金回収期間

　複利係数の式において n の値を判定の基準にする方法である。

5）回収期間法

　設備投資案が何年で回収できるかを求め、投資回収希望年数と長短を比較する方法である。

〔付表１〕 現価係数 $[S \rightarrow P]_n^i : \dfrac{1}{(1+i)^n}$

n＼i	1 ％	3 ％	5 ％	6 ％	7 ％
1	0.99010	0.97087	0.95238	0.94340	0.93458
2	0.98030	0.94260	0.90703	0.89000	0.87344
3	0.97059	0.91514	0.86384	0.83962	0.81630
4	0.96098	0.88849	0.82270	0.79209	0.76290
5	0.95147	0.86261	0.78353	0.74726	0.71299
6	0.94205	0.83748	0.74622	0.70496	0.66634
7	0.93272	0.81309	0.71068	0.66506	0.62275
8	0.92348	0.78941	0.67684	0.62741	0.58201
9	0.91434	0.76642	0.64461	0.59190	0.54393
10	0.90529	0.74409	0.61391	0.55839	0.50835
11	0.89632	0.72242	0.58468	0.52679	0.47509
12	0.88745	0.70138	0.55684	0.49697	0.44401
13	0.87866	0.68095	0.53032	0.46884	0.41496
14	0.86996	0.66112	0.50507	0.44230	0.38782
15	0.86135	0.64186	0.48102	0.41727	0.36245
16	0.85282	0.62317	0.45811	0.39365	0.33873
17	0.84438	0.60502	0.43630	0.37136	0.31657
18	0.83602	0.58739	0.41552	0.35034	0.29586
19	0.82774	0.57029			

出所：千住編『前掲書』、p. 163

〔付表２〕 終価係数 $[P \rightarrow S]_n^i : (1+i)^n$

n＼i	3 ％	5 ％	6 ％	7 ％	8 ％
1	1.03000	1.05000	1.06000	1.07000	1.08000
2	1.06090	1.10250	1.12360	1.14490	1.16640
3	1.09273	1.15762	1.19102	1.22504	1.25971
4	1.12551	1.21551	1.26248	1.31080	1.36049
5	1.15927	1.27628	1.33823	1.40255	1.46933
6	1.19405	1.34010	1.41852	1.50073	1.58687
7	1.22987	1.40710	1.50363	1.60578	1.71382
8	1.26677	1.47746	1.59385	1.71819	1.85093
9	1.30477	1.55133	1.68948	1.83846	1.99900
10	1.34392	1.62889	1.79085	1.96715	2.15892
11	1.38423	1.71034	1.89830	2.10485	2.33164
12	1.42576	1.79586	2.01220	2.25219	2.51817
13	1.46853	1.88565	2.13293	2.40984	2.71962
14	1.51259	1.97993	2.26090	2.57853	2.93719
15	1.55797	2.07893	2.39656	2.75903	3.17217
16	1.60471	2.18287	2.54035	2.95216	3.42594
17	1.65285	2.29202	2.69277	3.15882	3.70002
18	1.70243	2.40662	2.85434	3.37993	3.99602
19	1.75351	2.52695	3.02560	3.61653	4.31570
20	1.80611	2.65330			4.66096

出所：千住編『前掲書』p. 167

〔付表３〕 　　資本回収係数$[P{\rightarrow}M]_n^i\ ;\ \dfrac{i\,(1+i)^n}{(1+i)^n-1}$

n \ i	1 ％	3 ％	5 ％	6 ％	7 ％
1	1.01000	1.03000	1.05000	1.06000	1.07000
2	0.50751	0.52261	0.53780	0.54544	0.55309
3	0.34002	0.35353	0.36721	0.37411	0.38105
4	0.25628	0.26903	0.28201	0.28859	0.29523
5	0.20604	0.21835	0.23097	0.23740	0.24389
6	0.17255	0.18460	0.19702	0.20336	0.20980
7	0.14863	0.16051	0.17282	0.17914	0.18555
8	0.13069	0.14246	0.15472	0.16104	0.16747
9	0.11674	0.12843	0.14069	0.14702	0.15349
10	0.10558	0.11723	0.12950	0.13587	0.14238
11	0.09645	0.10808	0.12039	0.12679	0.13336
12	0.08885	0.10046	0.11283	0.11928	0.12590
13	0.08241	0.09403	0.10646	0.11296	0.11965
14	0.07690	0.08853	0.10102	0.10758	0.11434
15	0.07212	0.08377	0.09634	0.10296	0.10979
16	0.06794	0.07961	0.09227	0.09895	0.10586
17	0.06426	0.07595	0.08870	0.09544	0.10243
18	0.06098	0.07271	0.08555	0.09236	0.09941
19	0.05805	0.06981	0.08275		0.09675
	0.05542	0.06722			

出所：千住編『前掲書』p. 169

〔付表４〕 　　年金現価係数$[M{\rightarrow}P]_n^i\ ;\ \dfrac{(1+i)^n-1}{i\,(1+i)^n}$

n \ i	3 ％	5 ％	6 ％	7 ％	8 ％
1	0.97087	0.95238	0.94340	0.93458	0.92593
2	1.91347	1.85941	1.83339	1.80802	1.78326
3	2.82861	2.72325	2.67301	2.62432	2.57710
4	3.71710	3.54595	3.46511	3.38721	3.31213
5	4.57971	4.32948	4.21236	4.10020	3.99271
6	5.41719	5.07569	4.91732	4.76654	4.62288
7	6.23028	5.78637	5.58238	5.38929	5.20637
8	7.01969	6.46321	6.20979	5.97130	5.74664
9	7.78611	7.10782	6.80169	6.51523	6.24689
10	8.53020	7.72173	7.36009	7.02358	6.71008
11	9.25262	8.30641	7.88687	7.49867	7.13896
12	9.95400	8.86325	8.38384	7.94269	7.53608
13	10.63496	9.39357	8.85268	8.35765	7.90378
14	11.29607	9.89864	9.29498	8.74547	8.24424
15	11.93794	10.37966	9.71225	9.10791	8.55948
16	12.56110	10.83777	10.10590	9.44665	8.85137
17	13.16612	11.27407	10.47726	9.76322	9.12164
18	13.75351	11.68959	10.82760	10.05909	9.37189
19	14.32380	12.08532	11.15812		
	14.877747	12.4622			

出所：千住編『前掲書』p. 173

〔付表 5 〕 減債基金係数 $[S \rightarrow M]_n^i : \dfrac{i}{(1+i)^n - 1}$

n i	3 %	5 %	6 %	7 %	8 %
1	1.00000	1.00000	1.00000	1.00000	1.00000
2	0.49261	0.48780	0.48544	0.48309	0.48077
3	0.32353	0.31721	0.31411	0.31105	0.30803
4	0.23903	0.23201	0.22859	0.22523	0.22192
5	0.18835	0.18097	0.17740	0.17389	0.17046
6	0.15460	0.14702	0.14336	0.13980	0.13632
7	0.13051	0.12282	0.11914	0.11555	0.11207
8	0.11246	0.10472	0.10104	0.09747	0.09401
9	0.09843	0.09066	0.08702	0.08349	0.08008
10	0.08723	0.07950	0.07587	0.07238	0.06903
11	0.07808	0.07039	0.06679	0.06336	0.06008
12	0.07046	0.06283	0.05928	0.05590	0.05270
13	0.06403	0.05646	0.05296	0.04965	0.04652
14	0.05853	0.05102	0.04758	0.04434	0.04130
15	0.05377	0.04634	0.04296	0.03979	0.03683
16	0.04961	0.04227	0.03895	0.03586	0.03298
17	0.04595	0.03870	0.03544	0.03243	0.02963
18	0.04271	0.03555	0.03236	0.02941	0.02670
19	0.03981	0.03275			

出所：千住編『前掲書』p. 175

〔付表 6 〕 年金終価係数 $[M \rightarrow S]_n^i : \dfrac{(1+i)^n - 1}{i}$

n i	3 %	5 %	6 %	7 %	8 %
1	1.00000	1.00000	1.00000	1.00000	1.00000
2	2.03000	2.05000	2.06000	2.07000	2.08000
3	3.09090	3.15250	3.18360	3.21490	3.24640
4	4.18363	4.31012	4.37462	4.43994	4.50611
5	5.30914	5.52563	5.63709	5.75074	5.86660
6	6.46841	6.80191	6.97532	7.15329	7.33593
7	7.66246	8.14201	8.39384	8.65402	8.92280
8	8.89234	9.54911	9.89747	10.25980	10.63663
9	10.15911	11.02656	11.49132	11.97799	12.48756
10	11.46388	12.57789	13.18079	13.81645	14.48656
11	12.80780	14.20679	14.97164	15.78360	16.64549
12	14.19203	15.91713	16.86994	17.88845	18.97713
13	15.61779	17.71298	18.88214	20.14064	21.49530
14	17.08632	19.59863	21.01507	22.55049	24.21492
15	18.59891	21.57856	23.27597	25.12902	27.15211
16	20.15688	23.65749	25.67253	27.88805	30.32428
17	21.76159	25.84037	28.21288	30.84022	33.75023
18	23.41444	28.13238	30.90565	33.99903	37.45024
19	25.11687	30.53900			

出所：千住編『前掲書』p. 177

第 9 節 ┃ 原価低減

◆原価低減には企画・開発・設計段階における原価低減（原価企画）と製造段階における原価低減（原価改善）がある。

◆企画・開発・設計段階における原価低減効果のほうが圧倒的に大きいので、この段階での原価低減努力に力を注ぐことが有益である。

◆原価低減にはいろいろな手法が用いられるが、効果が大きく広く使われるのが価値工学（VE）とIEである。

◆1980年代には技術の進歩、製品の多様化が進み、伝統的な原価計算で用いられてきた配賦基準を用いた原価計算では対応できなくなり、ABC（活動基準原価計算）が開発された。そのABCの関連情報を活用して、製造間接費の原価改善を試みるのがABM（活動基準管理）である。

　材料費や労務費といったコスト（C）要素を具体的に低減するためには、品質（Q）と納期・生産性（D）を管理する必要がある。それには品質管理、生産管理などの手法の活用が不可欠である。原価の具体的な発生は製造段階においてなされると思われるが、すでに述べたように原価発生の前段階、すなわち、企画・開発・設計段階で原価がほとんど決まってしまう。したがって、原価低減の効果が最も大きいのは企画・開発・設計段階で行われる原価企画である。しかし、製造段階での原価改善の努力を否定するものではなく、原価企画で目標原価が達成できなかった場合は、製造段階での原価改善による効果が期待される。

図表２-９-１ ● 意思決定の自由度と原価の自由度

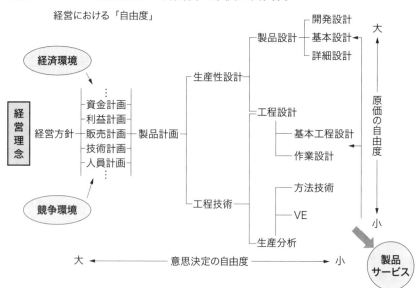

図表２-９-１に示した原価の自由度は、企画段階が最も大きく、開発段階、設計段階へと進むにつれて小さくなり、製造段階ではほとんどなくなる。すでに示したように、原価は消費された物量と時間を変数とする関数とみなされる。したがって、材料費を低減するためには消費する物量を削減すること、労務費を低減するためには消費する時間を削減することが求められる。

1　直接材料費の原価低減

原価低減には、原価企画による原価低減と製造段階での原価改善による原価低減がある。原価低減の具体的方法として、原価企画にはVE（Value Engineering＝価値工学）による低減が役立ち、直接費の原価改善にはIE（Industrial Engineering＝経営工学）による低減が役立つ。

IEは1911年、テイラー（F. W. Taylor）によって提唱された科学的管

理法に端を発する。人・モノ・設備・金を総合したシステムの設計、運用、評価、改善のために工学的ならびに数学的なアプローチを利用する。テイラーが指向したところは作業方法とその管理の合理化および客観化にあり、ムダのない洗練された動きを追求する姿勢であり、継続的な改善をする体質の確立である。IEは製造段階の原価改善に役立つツールである。

　直接材料費にかかわる原価低減についてまとめると、以下のようになる。

Ⅰ　設計段階での原価低減

　材料費の原価低減は設計段階における材料選択や形状決定に負うところが大きく、VEの働きが大きい。VEによる材質の見直し、より安価な代替材料の検討、ムダの少ない設計、廃材の利用などが考えられる。

　企画段階でのゼロルックVEの活用、設計段階でのファーストルックVEの活用は原価低減に効果的である。また、製造段階における不適合品の発生は原材料の浪費に結びつく場合が多く、品質管理活動の充実によりある程度回避できる。

　一般に材料費は製造原価の大きな部分を占めるが、その材質や形状ならびに大きさは企画・設計段階において決定される。

　VE（価値工学）における価値は次のように定義される。→本章第5節 **1**（3）

$$価値\,(Value) = \frac{機能\,(Function)}{原価\,(Cost)}$$

　この式において価値を向上するためには、右辺において同じ機能であれば原価を低減することで価値を高めることができる。この考え方を具体化するときに役立つものにECRSの原則（改善の原則）がある。E＝除去する（Eliminate）、C＝組み合わせる（Combine）、R＝再編成する（Rearrange）およびS＝単純化する（Simplify）である。

　また、設計においては、①材質を決める（材料単価を決める）、②形状を決める（外形線を引く）、③寸法を決める（寸法線を引いて寸法を入れる）、そして④仕上げ記号（精度）を決める（加工方法と使用設備を決め

る）、という原価決定において欠かせない重要なプロセスである。

　特に前記④の仕上げ記号（精度）を決めることは、加工工程における使用設備や作業者ならびに作業時間を左右する要素であり加工費を変動させる大きな要因である。原価決定における設計活動の重要さはいくら強調しても強調しすぎることはない。原価管理における技術者の役割はますます重要になってくる。

Ⅱ　生産準備段階での原価低減

　生産準備段階では、品質、コスト、納期・生産性の目標を達成する作業者、設備、原材料、方法の４つのMを管理された状態にするために、生産工程の管理方法を確立させる。この管理方法は、QC工程表としてまとめられ、工程で品質を作り込むための設備の操作、保守点検の方法、作業標準などが含まれる。QC工程表を量産段階に移行する前に確立することで安定した量産ができるようになり、原価の低減につながっていく。

　材料調達方法の見直し（従来の取引方式にとらわれない調達ネットワークを利用した調達など）、取引条件の見直しなどを行うことによっても原価低減を行うことができる。とりわけ、ICTの発展により従来の取引形態を超えたビジネスが出現してきたので、海外を含んだ調達ネットワークを用いて国際調達も可能になった。

Ⅲ　製造段階での原価低減

　不適合品の発生は、原材料のムダづかいと加工時間のロスをもたらす。その対処のためにも、IEなどの工学ツールを用いた生産管理を行って生産の効率化を図ったり、品質管理を行って不適合品の発生を抑える必要がある。

　生産過程における材料費の低減は不適合品の発生予防が有効である。そのために、品質管理（QC）活動の徹底を図るべきである。

　不適合品の発生は、有限な資源を浪費する、貴重な時間をムダに消費するという２つの点でムダなコストを発生させる。そしてその結果、納期を守れないで顧客に迷惑をかける、企業の信用を失墜させて経済的な損失をもたらすという悪影響を生む。さらに、不適合品の発生は手直し

や再加工など余分な作業により工程に悪影響を及ぼし、生産の流れを乱して他の生産活動の円滑な運営を阻害する。

　品質管理活動を行うにもコストがかかる。ただし、品質管理システムの設計・実行のための予防コスト、原材料や製品の品質を検査するための評価コストをかけたとしても、結果としてそれ以上に失敗コスト（製造原価のロスや不適合品販売による損害）を抑えられる。

2　直接労務費の原価低減

　生産を自社で継続するのであれば、リードタイムの徹底的な短縮が原価低減の有効手段である。加工時間そのものは物理的変化であるため、加工方法を根源的に改変する以外大幅な短縮は望めない。また、作業者が行っている作業をロボットの導入に置き換えるといった工場自動化も有効である。ここで重要な概念が付加価値である。付加価値は、生産活動により生産された財貨の価値が、投入した原材料よりも高まった場合の差額として算出される。その代表的な算出方法には中小企業庁方式や日銀方式がある。

　・中小企業庁方式（控除方式）：

　　付加価値（加工高）＝売上高－（直接材料費＋買入部品費＋外注加工費＋間接材料費）

　・日銀方式（加算方式）：

　　付加価値＝経常利益＋人件費＋金融費用＋租税公課＋減価償却費

　直接労務費の低減には、モノを探す、手待ちをする、手直しや修正作業、段取・後始末など付加価値を生まない時間の徹底的な短縮ないし排除が必要である。このようなムダ・ムラ・ムリを排除するには、従来の加工方法を見直し、必要に応じて変更する必要がある。

　社外への加工委託、生産移管が可能で、品質上も納期確保においても遜色なく経済的に優位になるのであれば、外部への生産委託という選択

肢もありうる。しかし、自社に技術が確保できなくなるというリスクも覚悟しなければならない。

　極論するならば、付加価値を生まない時間はすべて労務費のムダづかいである。機械故障を減らし、不適合品をなくし、生産性をアップすることによって、付加価値を生む時間を極大化でき、トータルの直接労務費を低減させることができる。そのために、IEを活用し、稼働率・可動率を測定し、それに基づく管理を行うことが有効である。

　IEは製造現場における作業研究を中心として発展してきた。IEは経営活動全般にわたる経営改善を行う技術であるが、３ムの撲滅、すなわちムダ・ムラ・ムリの排除ともいわれる。特にムダは過剰設備、過剰在庫、過剰人員に現れ、この結果、余分な労務費、余分な減価償却費、余分な保守費用などを発生させる。

　さらに、作りすぎのムダとその結果としての過剰在庫をもたらして余分な保管費用、余分な金利負担をもたらす。これらを改善できれば、たとえば、在庫管理によって在庫が減少して在庫費用が減少し、作業管理によって作業が改善され時間短縮により労務費が削減され、品質管理によって不適合品が減少して材料費、加工費が改善されることになる。

　付加価値を生む時間の極大化が労務費の削減につながるといっても、その前提が満たされていなくてはならない。すなわち、仕事内容と手順があらかじめ定められ、生産設備や作業環境ならびに作業標準や工具・用具が準備されていることが前提である。

3　直接経費の原価低減

　生産活動における直接経費には、自社が購入した原材料を他社に加工を委託するときに支払う外注加工費、その製品の製造にかかわる特許使用料、あるいはその製品の製造にしか使われないソフトウェア使用料などが挙げられる。しかし、直接経費の代表的なものは特定の製品製造のためにしか使用しない生産設備の減価償却費であるため、生産実施段階

での原価低減は望めない。すなわち、経費の発生に関しては過去におい
てなされた意思決定に依存するところが大きく、特に設計段階における
意思決定の問題に帰着する。→本章第8節**2**

　たとえば、設計品質と製造品質の向上によって、余計な加工作業が減
る。それによって余計な加工費として、ムダな外注加工費をかけずにす
むようにもなる。そのように設計品質と製造品質を向上させるためには、
QCストーリーに基づき、QC七つ道具などの品質管理の手法を用いて、
原価企画や原価改善を行うことが有効である。

4　間接費の原価低減

　7つのムダ（①作りすぎのムダ、②手待ちのムダ、③運搬のムダ、④
加工そのもののムダ、⑤在庫のムダ、⑥動作のムダ、⑦不良（不適合品）
を作るムダ）、はすべて製造間接費と深いかかわりがある。原価低減の要
諦はムダの撲滅にある。製造業における間接部門の役割は年々大きくな
り、かかるコストも増加傾向にある。そのうちでも間接労務費の占める
割合は大きく、高コスト構造になる要因となりうる。これを抑制するた
めに徹底的な業務の見直しと改善が必要になる。その結果、必要ではあ
るが機密保持などに問題がなく、単純な繰り返し作業は外部委託したり、
パートタイマーやアルバイトなど労務費単価の低い人材の採用も検討す
ることが必要となる。ほかにも、5S活動の成果として在庫のもちすぎ
がなくなったり、倉庫や棚などの原材料の置き場所が効率化されて少な
いスペースで済むことによって、倉庫関連の減価償却費などの費用の低
減が期待できる。

　間接部門の原価分析を行うための手法として、ABM（活動基準原価管
理）がある。IE、QC七つ道具（→第1章第2節**2**）などの技法を用いる
とともに、ABMによって得られた原価情報や活動量などの情報を用い
て、業務を見直し、主に間接労務費の低減へつなげることができる（→
本節**6**）

　製造活動では電力などのエネルギーの消費は必須である。業種によってエネルギーのコストには幅があり、装置産業ではとても多くの電力を消費する。エネルギーのコストに関して、省エネ（省エネルギー）の施策は間接経費の低減へ大きく貢献する。

　また、情報処理についても所期の目的を達しているのか、新しい技術に対応しているのかの面から情報化投資を見直すことも重要である。これらのムダのほかにも、設備投資の判断ミスによる減価償却費のムダがある。設備投資における意思決定の重要さを認識すべきであり、「設備を所有する」から「設備を利用する」という考え方に変わる必要がある。すなわち、設備のリースやレンタルを利用することも考慮すべきである。

5　操業度と原価低減

　操業度とは、「一定期間において、生産可能量に対する、実際生産量の比率をいう」（JIS Z 8141：2022-1237　注釈3）と定義され、生産設備能力の利用度合いを意味している。生産設備の多くは固定費を発生させるから、利用度合いが高い場合の製品1個当たりや時間当たりの固定費の負担割合は低くなり、利用度合いが低い場合の製品1個当たりや時間当たり固定費の負担割合は高くなる。このように操業度の高低は原価と密接なかかわりがある。次の例題で理解されたい。

〈例題〉
　売価1,000円／個の製品を9,000個／期、製造・販売している企業がある。1個当たり変動費は600円、固定費は200万円／期、設備の生産能力は10,000個／期であるが不適合品率が10％で、不適合品は手直しもできず残存価値はゼロである。この場合、不適合品の発生による損失はいくらか。
〈解答〉
　現在の状況：

売上高　　　　　9,000個×1,000円/個＝900万円

原価　600円/個×10,000個＋200万円＝800万円

利益　　　　　　　　　　　　　100万円

不適合品が発生しなければ：

　ⅰ）現在より売上高が増加する（9,000個以上売れる）

　ⅱ）現在の売上高を維持する（9,000個以上売れない）

ⅰ）の場合：（生産能力いっぱい生産する）

　　売上高10,000個×1,000円/個＝1,000万円

　　原価600円/個×10,000個＋200万円＝800万円

　　利益200万円

ⅱ）の場合：（現状を維持する）

　　売上高9,000個×1,000円/個＝900万円

　　原価600円/個×9,000個＋200万円＝740万円

　　利益160万円

ⅰ）とⅱ）の比較：

　現在以上に売上高があれば、

　　200万円（不適合品ゼロ）－100万円＝100万円…（1）

　売上げが現状維持ならば、

　　160万円（不適合品ゼロ）－100万円＝60万円…（2）

（1）の100万円を不適合品数の1,000個で除すると1,000円となり、これはこの問題の売価である。同様に（2）の60万円を不適合品数の1,000個で除すると600円となり、これは変動費である。

　ⅰ）の場合のように、製造・販売が〔需要≧生産能力〕の関係であれば生産活動は販売に直結しており、不適合品の発生は売り逃しになる。

　ⅱ）の場合のように〔需要＜生産能力〕の関係であれば需要の分だけしか売れず、不適合品が発生した場合に手直しや作り直しの余裕がある。この場合の不適合品の発生は変動費だけの損失になる。

　製造過程で発生した不適合品の評価は操業状態、すなわち操業度に依存する。この例題において、生産能力いっぱい操業している状態（手不足状態）で不適合品が出ると、売り逃し損として売価そのものが損失となる。他方、操業に余裕があり不適合品が出ても手直しの余裕がある状態（手余り状態）なので変動費分が損失となる。

　操業度が高いということは時間当たり固定費の負担額が小さいことであり、原価低減の大きな要因である。しかし、原価低減は操業度を上げることだけと判断してはならない。生産した製品が販売され代金が回収されて初めて企業活動が完結するのであるから、"製品を製造する"だけではなく、"資金を回収する"ということにも留意されたい。

6 　ABC/ABM

Ⅰ　ABC

　わが国は戦後、高度経済成長の時代、バブル経済時代、デフレ不況と大きな経済変動を経験し、加工技術・材料技術も高度化・多様化し、NC工作機械が普及した。設計作業は製図台からCADに変わり、ロボットの導入が進み、情報技術の高度化によりネットワークの時代を迎えた。しかし、原価計算基準は1962（昭和37）年に定められて以来、一度も変更されずに今日を迎えている。その原価計算基準では間接費の配賦に触れているが、旧来の技術と大量生産・大量販売を前提としており、昨今の高度化し複雑化した経営環境に対応できるものではなくなってきている。この問題は、ABC（Activity Based Costing＝活動基準原価計算）が注目されるとともに改めて論じられるようになった。

　伝統的な原価計算は、〔費目別計算→部門別計算→製品別計算〕という段階を経るが、従来の部門別計算・製品別計算はもっぱら生産現場における生産活動に関連した事象を配賦基準にして製造間接費の配賦計算をしていた。たとえば、作業場の面積、作業者数、電力消費量、減価償却金額、運搬回数、作業時間などである。しかし、最近の生産活動は計画機

能や管理機能に依存するところが大きく、働きはますます複雑になり規模も大きくなり発生する金額も高額になってきた。また、これらの製造間接費だけではなく、市場や顧客との関係の高度化から販売費・一般管理費も何らかの方法で原価に反映させたいという要望も強くなってきた。

そこで、部門に置き換わる活動（アクティビティ）という単位に製造間接費を集計し、コストドライバーを基準にして製品原価を算出するABCという方法が開発された。

製品Aと製品Bの2種のみを生産販売している工場を例として、ABCの計算方法を伝統的な原価計算と比較して説明する。製造原価の算出には、製造間接費を特定の製品に割り振る必要がある。伝統的な原価計算では、部門別計算を通して、製造間接費を部門別に集計して製品に割り振る。ABCでは、部門ではなく、活動に製造間接費を集計して製品に割り振る。製造間接費を部門に割り振るか活動に割り振るかの違いではあるが、一般に活動は部門での仕事がより細分化したものとなる。たとえば、部門別計算では、製造間接費を倉庫部門費のように部門ごとに集計される。他方、ABCでは、倉庫部門の活動を、検収活動、運搬活動、ピッキング活動、梱包活動などにより細分化し、それらの活動にそれぞれ製造間接費を集計する。

たとえば、倉庫部門費の製造間接費が総額で30,000,000円であったとする。伝統的な原価計算である部門別計算では、出庫指示回数などの配賦基準を用いて製品Aと製品Bに製造間接費を割り振る。製造部門が1部門のみで、直接配賦法を用いる。また、配賦基準を出庫指示回数とし、それぞれ、製品Aの出庫指示回数が10回、製品Bが5回とする。この場合、製品Aと製品Bに割り振られる製造間接費は次式により求められる。

製品Aに割り振られる製造間接費
= 製品Aの出庫指示回数（10回）× 倉庫部門費の配賦率（30,000,000
円 ÷（10回 ＋ 5回））
= 20,000,000円

製品Bに割り振られる製造間接費

　　＝製品Bの出庫指示回数（5回）×倉庫部門費の配賦率（30,000,000円
　　÷（10回＋5回））

　　＝10,000,000円

　他方、ABCでは、活動ごとにコストドライバーに基づいて活動に集計
された製造間接費を製品Aと製品Bに割り振る。ここでは、倉庫部門の
活動として、検収活動、運搬活動、ピッキング活動、梱包活動の4つの
活動があるとする。また、それぞれの活動に製造間接費が、検収活動で
500,000円、運搬活動に700,000円、ピッキング活動で1,000,000円、梱包
活動で800,000円が割り振られたとする。さらに、それぞれの活動のコス
トドライバーが、検収活動で受入回数（製品A：3回、製品B：7回）、
運搬活動で移動距離（製品A：4,000m、製品B：10,000m）、ピッキング
活動で総作業時間（製品A：80時間、120時間）、梱包活動で梱包回数（製
品A：90回、製品B：10回）とする。この場合、製品Aと製品Bに割り
振られる製造間接費は次のとおりとなる。

製品Aに割り振られる製造間接費

　　＝製品Aの検収活動分＋製品Aの運搬活動分＋製品Aのピッキング
　　活動分＋製品Aの梱包活動分

　　＝3回×500,000円÷（3回＋7回）＋4,000m×700,000円÷（4,000m
　　樽＋10,000m）

　　　＋80時間×1,000,000円÷（80時間＋120時間）＋90回×800,000円
　　÷（90回＋10回）

　　＝1,470,000円

製品Bに割り振られる製造間接費

　　＝製品Bの検収活動分＋製品Bの運搬活動分＋製品Bのピッキング
　　活動分＋製品Bの梱包活動分

　　＝7回×500,000円÷（3回＋7回）＋10,000m×700,000円÷（4,000

$m + 10,000\,m$）
+ 120時間 × 1,000,000円 ÷（80時間 + 120時間）+ 10回 × 800,000
円 ÷（90回 + 10回）
= 1,530,000円

　また、完成品数が、製品Aで100個、製品Bで10個とする。完成品1個当たりに割り振られる製造間接費は、部門別原価計算とABCで算出すると次のとおりとなる。

伝統的な部門別計算
　製品A：2,000,000円 ÷ 100個 = 20,000円
　製品B：1,000,000円 ÷　10個 = 10,000円
ABC
　製品A：1,470,000円 ÷ 100個 = 14,700円
　製品B：1,530,000円 ÷　10個 = 153,000円

　前述のとおり、伝統的な原価計算とABCでは割り振られる製造間接費が異なる。ABCは、部門よりもより詳細な活動に製造間接費を集計して原価を算出することから、より精緻な原価計算を実現できる。しかし、精緻な原価計算ができる反面、計算には企業内にある多数の活動を把握したり、コストドライバーの特定および測定などを行わなければならず、部門別計算より原価計算のコストがかかる。原価に占める製造間接費の割合が比較的低い場合には、計算方法の違いによる製造間接費の違いによる原価への影響が小さくなるため、ABC利用による便益よりもコストが上回ってしまう可能性がある。しかし、今日では、顧客ニーズの多様化に伴う多品種化や工場の自動化に伴い製造間接費の割合が増加しており、ABCを利用したより精緻な原価計算の必要性が高まっている。また、情報システムの利用により複雑計算も瞬時にできるようになり、ABCの利用が容易になりつつあることも、ABC導入の後押しとなっている。

Ⅱ　ABM

　ABCに関連するコストドライバーなどのデータをもとにして業務改善を行うのがABM（Activity Based Management＝活動基準管理）である。ABMは、活動（間接業務）の意義や原価を発生させる要因を分析して、原価低減を試みることである。ABCの例で明らかなように、伝統的な原価計算では部門別に集計された製造間接費を配賦基準で配賦計算していたが、この配賦基準の多くは生産活動に関連した時間など量的項目であった。したがって、大規模化し複雑化が際立つ近年の間接活動を把握して実態をとらえるには十分とはいえなくなってきた。

　より具体的な活動（アクティビティ）をどう区分するか、コストドライバーを何にするか、会計システムとの整合性をどうするかなど解決すべき問題点もあるが、新たな視点から間接業務の業務改善を図り、原価低減に結びつけることがABMの最大のねらいである。ABMでは、(1) 活動分析、(2) コストドライバー分析、(3) 業績分析、を実施する。

　活動分析は、活動分類を改善し、活動原価を引き下げるために、どの活動に着眼するかを分析する。付加価値活動・非付加価値活動を認識し、優先的に改善すべき活動を特定する。また、活動間の結びつきを分析したり、たとえば工場ごとにベンチマーキングを行いベストプラクティスと比較したりする。

　コストドライバー分析は、活動ごとの活動原価の上昇に影響を与えている要因、あるいは間接業務に従事する間接工がどのコストドライバーに注意を払えば、活動原価が下がるようになるかを分析する。この分析を通じて、非付加価値活動のコストドライバーを減少させる対策を行う。

　業績分析は、活動分析やコストドライバー分析を活用した改善によって、製造間接費の低減がどの程度実現できたかという成果を評価することである。たとえば、間接業務におけるムダな時間と努力を削減したり、不必要な活動を削減したり、未利用資源の有効利用を図った結果、製造間接費がどのくらい低減できたかを評価する。

第10節 物流コスト

学習のポイント

◆物流コストの構成を、①領域別物流コスト、②機能別物流コストに分けて理解する。
◆物流コストの算定および予算管理の基本的な内容を把握する。
◆物流ABC、物流投資について理解する。

　物流機能は、生産過程が終わり、顧客あるいは市場に製品を提供するという働きをする。基本的に、物流機能は製造活動とは異なり、求められるのはロケーション（場所）の移動とタイミングである。従来、工場では最終製品まで完成させて物流機能によって市場に提供していたが、近年では市場の要求に迅速に応えるために、比較的市場の近くに拠点を設けて流通加工が行われるなど、物流の重要性が高くなった。

　物流費の原価低減には、物流のボトルネック平準化、輸送サイクルタイムの短縮が基本となる。

1 物流コストの構成

（1）領域別物流コスト

　領域別物流コストには、調達物流費、社内物流費、販売物流費、返品物流費、回収物流費、廃棄物流費がある。領域別物流コストとモノの流れとの関連性を図表2-10-1に示す。

1）調達物流費

　生産に必要な原材料や部品を、協力会社や問屋から運び込むために発

図表２-10-1 ●領域別物流コストとモノの流れの関連性

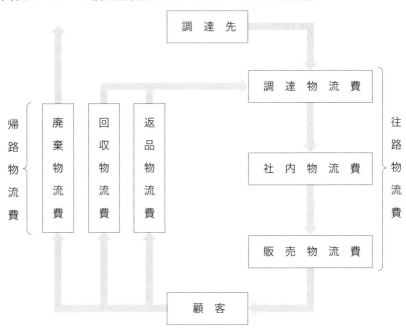

生する物流費である。調達物流費は、会計処理上材料費に算入され、物流費として計上されない。調達物流と生産物流の間には一般に在庫を生じる。

２）社内物流費

　社内物流費は、社内で発生する物流費の総称であり、社内運送費、社内輸送費、社内保管費、社内梱包費およびその他社内物流費から構成される。社内輸送費は、変動人件費、変動資材費および固定輸送費で構成される。社内保管費は、変動人件費、変動荷役費および固定保管費で構成される。社内梱包費は、変動人件費、変動資材費および固定梱包費で構成される。

　社内物流費は、会計処理上物流費に計上されず、物流費として把握されないことが多い。

３）販売物流費

　販売物流費は、販売活動において製品を出荷し、受け渡しをする際に発生する物流費である。通常の売上げ、返品、値引き、貸出売上げなど多様な取引形態がある。また、取引先の多様な要望に応えるために実態はきわめて複雑である。

4）返品物流費

　一度納入された製品が、何らかの理由により返品される場合に発生する物流費である。これにより輸送費の追加発生、環境負荷の上昇を生じる。

5）回収物流費

　不適合品あるいは廃棄物、リサイクル物資など、納入先からの回収にかかわる物流費である。

6）廃棄物流費

　主に産業廃棄物や使用済み製品などの輸送にかかわる物流費である。法令や規則などによって厳しい条件が付けられている。人体の血流になぞらえて静脈物流ともいわれる。

（2）機能別物流コスト

　機能別物流コストには、輸送費、保管費、包装費、流通加工費、情報処理費、物流管理費がある。

1）輸送費

　社内物流の場合は、物品の輸送にかかわる物流費である。車両の減価償却費、人件費、倉庫内のフォークリフトなどにかかわる費用も含まれる。支払物流（→本節 **2** (2)）の場合は、物流費として支払った金額である。

2）保管費

　原材料や部品、製品などを保管する費用である。保管棚の減価償却費のほか、棚卸やピッキングにかかわる人件費などが含まれる。

3）包装費

　包装資材、梱包費、取引先の要求に応じて行う値札付けやシール貼りなどにかかわる費用である。

4）流通加工費

　本来は、流通過程における検品、ピッキング、梱包、保管、発送など
を意味していた。しかし、現在は業務の見直しの風潮が高まり、流通加
工の範囲を超えてアウトソーシングが進み、3 PL（サードパーティロジ
スティック）が急速に普及しつつある。すなわち、製造工程の最終工程
である組立工程を分離して、流通加工に移行させる。市場の需要変動に
応じて組立加工を流通加工業者に任せることにより、きめ細かい対応が
可能になる。

5）情報処理費

　物流を行うための情報にかかわる費用であり、物流情報機器費、消耗
品費、通信費などがある。

6）物流管理費

　生産管理と同様に、物流活動にも計画・統制・評価が必要になってき
ており、物流作業員比、物流車両比、物流面積比、平均在庫高などの評
価項目の分析がなされるようになってきた。これら管理業務にかかわる
費用が物流管理費である。

（3）物流コスト表

　中小企業庁は、物流コスト把握のひな型を『物流コスト算定マニュア
ル』として示した。

　図表2-10-2は、『物流コスト算定マニュアル』に示された例であり、
詳細は以下に掲げる内容である。

1）人件費

　物流に携わる社員の月額人件費を職種別（管理者、一般作業者など）
に推定する。賃金（時間外含む）、諸手当、福利厚生費など、およそ1人
にかかる月額費用が該当する。

　ア　管理者
　イ　一般作業者
　ウ　パートタイマー・アルバイト

図表2-10-2 ●物流コスト算定の例

項目	費目	支払 自家別	計算 方法	計算基礎	数量	金額 (千円)	物流コスト 構成比
人件費	①管理者	自家	推定	450千円/月	1.5人	675	
	②一般作業者	〃	〃	350千円/月	24人	8,400	
	③パートタイマー・アルバイト	〃	実績		5人	370	
	小　計					9,445	50%
配送費	⑤支払運賃	支払	実績		6台	3,926	
	⑥センターフィー	〃	〃			0	
	⑦車両費	自家	推定	100千円/月	10台	1,000	
	⑧車両維持費	〃	実績			620	
	小　計					5,546	30%
保管費（流通加工費含む）	⑨支払保管料	支払	実績	1.5千円/月	333m²	500	
	⑩支払作業料	〃	〃			720	
	⑪梱包材料費	自家	〃			75	
	⑫自家倉庫費	〃	推定	1.5千円/月	666m²	999	
	⑬倉庫内機器費	〃	〃	30千円/月	3台	90	
	⑭在庫金利	〃	〃			935	
	小　計					3,319	18%
情報処理費	⑮情報機器費	自家	推定			40	
	⑯消耗品費	〃	〃			50	
	⑰通信費	〃	〃			55	
	小　計					145	1%
その他	⑱事務所費	自家	推定	3千円/月	100m²	300	2%
合計（トータル物流コスト）						18,755	100%
管理指標	⑲ 売上高		実績			268,500	
	出荷金利					214,800	
	粗利金額					40,275	
	⑳物流コスト比率		対 売 上 比 率			7.0%	
			対出荷金額比率			8.7%	
			対粗利金額比率			46.6%	

出所：中小企業庁・中小企業総合事業団『物流コスト算定マニュアル（平成12年度版）』を参考に一部修正

２）配送費

　ア　支払運賃——チャーター車、宅配便、緊急便、元払運賃などの支
　　払金額（月額）が該当する。

　イ　センターフィー——量販店などの納入先の施設利用にかかわる流
　　通費、物流費、一括納品手数料などの名目の費用が該当する。

　ウ　車両費——リースの場合は月額支払金額が該当する。

　エ　車両維持費——自社購入配送車についての修理・整備費、燃料費、
　　高速料、駐車料金などの支払実績が該当する。

３）保管費

　ア　支払保管料——保管を外部へ委託している場合の月額支払保管料
　　が該当する。

　イ　支払作業料——外部へ委託している作業の固定および時間外、あ
　　るいは出来高払い（単価制）のすべての月額支払金額が該当する。

　ウ　梱包材料費——商品の梱包材料のほか、ラベルやシール、値札な
　　どが該当する。

　エ　自家倉庫費——近隣の実勢相場から推定する。

　オ　倉庫内機器費——リースの場合は月額支払金額が該当する。自社
　　購入の場合は月額リース料から推定する。

　カ　在庫金利——月末在庫金額に年利から推定した月額金利（年利の
　　1/12で換算）を掛けた金額が該当する。

４）情報処理費

　ア　情報機器費——リースの場合は月額支払金額が該当する。買い取
　　りの場合は月額リース料から推定する。

　イ　消耗品費——プリンター用の伝票、用紙、インクなどの費用の合
　　計金額（月額）が該当する。

　ウ　通信費——電話代などが該当する。

５）その他

　　事務所費——賃貸の場合は月額支払金額が該当する。自社所有の場
　　合は近隣の賃貸料から推定する。

6）管理指標

物流コスト比率はトータル物流コストを売上高、出荷金額、粗利金額で割って計算する。

2　物流コストの算定

（1）自家物流費

自家物流費は、自社内で発生する物流コストの総称で、社内物流費ともいう。社内輸送費、社内保管費、社内梱包費およびその他社内物流費から構成される。この場合の社内輸送費、社内保管費、社内梱包費は前述（→本節**1**（1））の内容から構成される。その他社内物流費は、社内流通加工費、社内情報処理費および社内物流管理費で構成される。自家物流費は、会計処理上物流費に計上されず、他の費目に混じって物流費として把握されないことがある。

（2）支払物流費

支払物流費は、外部企業に支払っている倉庫保管料、輸送運賃などすべての物流費のことである。物流コストの引き下げは、支払物流費の引き下げにほかならない。物流業務は多くの場合、時間当たり、件数当たりあるいは重量当たりのように物理単位で測定できる。さらには、3PLに業務委託する形態も考えられる。何から何まで自社で問題を解決するのではなく、外部の企業の力を借りるのも有効な手立てであることを検討すべきである。物流専門業者と連携して物流活動を通じてWin-Winの関係を築くことが必要となる。

3　物流コストの予算管理

（1）物流予算作成（部門・拠点別予算、顧客別予算）

物流費は、先に示した物流コスト表によって集計・把握できる。業種

や企業規模、取引先などにより物流コストは異なるが、何年間かの実績
から売上高に占める物流コストが推定できるので、この数値を利用して
予算を作成すべきである。

（2）物流コスト実績把握と予算差異比較・分析

　現在は情報処理機器の普及が進み、ソフトウェアやハードウェアの機
能向上も目覚ましく、物流費の実績把握や分析もきわめて容易になって
きた。月ごとに製品別・顧客別・物流拠点別のデータ収集・分析・評価
ができるので、予算と実績の比較・分析が容易にできて管理水準の向上
に役立つ。

4　物流ABC

（1）物流活動における経営資源とABC

　物流活動は、製造活動とは異なった面を有している。生産設備を用い
て形状や人きさや性質を変えることはないが、顧客の求めるところにタ
イミングよく移動させるという使命がある。そのために、運搬車両、フ
ォークリフト、棚や保管場所など、製品製造とは別の経営資源（リソー
ス）を必要とする。生産活動の場合、直接費と間接費という区分をして、
直接費はそのまま製品に直課し、間接費は消費時間や製品数、作業者数、
重量などを配賦基準として製品に割り振る。ところが、物流活動は、対
象製品により頻繁に荷姿やユニットロードが変わる。したがって、製品
の原価計算のように配賦基準を決めることが難しく、実態を反映し、詳
細な原価を求めることが困難である。そこで活動（アクティビティ）と
いう概念を導入して体系化したのがABC（Activity Based Costing）で
ある（→本章第9節6）。コストを活動別に算定すると、コスト発生のメ
カニズムをつかむことができる。「パレット1枚当たり○○円」「出荷1
箱当たり○○円」といった具合である。業務改善を行った場合にその効
果が金額表示できるので、効果測定が容易になる。たとえばピッキング

作業でも、ケース、パレット、箱の大・中・小の違い、準備作業、端末入力作業と多岐に及んでいる。情報処理機器の高性能化とソフトウェアの進歩により、多面的な分析が可能になってきている。

（2）顧客別・業務別・商品別の物流コスト集計・分析

物流ABC算定が進めば、物流作業の顧客別・業務別・商品別に分類が可能であり、それまでできなかった分析や評価が可能になる。

（3）採算性の検討、物流の作業改善、物流戦略の基準データとしての活用

物流ABC算定の結果は、採算性の検討や作業改善、物流戦略の立案に大いに役立つ。

5 物流投資

物流投資に限らず、ビジネスにおける投資では"投資対効果"の分析が必要である（→本章第8節**2**）。ここでは物流投資の考え方を事例により示す。

（1）建屋投資

〈例題〉

保管倉庫の賃借料に年間120万円支払っている。自社倉庫を建設するとしたら投資金額はいくらまで認められるか。ただし、資金は自己資金で計画期間は7年、利子率は5％とする。

〈解答〉

年間賃借料120万円を年価Mとみなし、これを7年間積み立てるときの現在価値Pを求める。

$$P = 120万円 \times [M \rightarrow P]_7^5 = 120万円 \times 5.78637 \fallingdotseq 694万円$$

賃借料120万円を７年間積み立てると、現在価値では約694万円になる。計画期間を７年とすれば、投資予算が694万円までなら承認される。

（２）物流機器投資

〈例題〉

フォークリフトのリースの更新時期が迫っていて検討中である。自己資金200万円で購入するのと、年間60万円でリースするのとどちらが有利か。ただし、計画期間は４年、資本コストは５％とする。

〈解答〉

自己資金200万円を現在価値 P とみなし、４年間の年価 M を求めると、

$$M = 200万円 \times [P \to M]_4^5 \fallingdotseq 200万円 \times 0.28201 \fallingdotseq 56万円$$

M すなわち年間負担額は約56万円であり、年間リース料金60万円よりも安いので購入すべきである。

（３）情報システム投資

〈例題〉

情報処理システムの更新に1,000万円が見込まれている。情報システム投資による改善効果がいくら以上ならこの投資は採算に乗るか。ただし、計画期間は５年、資本コストは３％とする。

〈解答〉

システム更新料1,000万円を現在価値 P とみなし、５年間の年価 M を求めると、

$$M = 1,000万円 \times [P \to M]_5^3 \fallingdotseq 1,000万円 \times 0.21835 \fallingdotseq 218万円$$

1,000万円の情報システム投資は、５年間にわたり年間約218万円以上の改善効果があれば採算が合う。

第2章 理解度チェック

次の設問に、〇×で解答しなさい（解答・解説は後段参照）。

1 | 原価企画における目標原価の設定は、成行原価を算出して補完することが実務的である。

2 | 原価見積もりの基本的な基準は実際原価計算と同じで、直接費は各製品に賦課（直課）し、間接費は各部門に集約した後に各製品に配賦するのが原則である。

3 | ABC（Activity Based Costing）では、間接部門費に関しては従来の実際原価計算と同様に、配賦基準に基づいて割付計算を行う。

4 | コストテーブルを作成する際は、基本的には対象範囲が広く、正確性と明確性が重要で、さらに各事項の適用範囲が適正であることが重要であり、これらを留意すると継続性のある最も効果的な内容になる。

5 | 原価低減の最も効果的な手段は、製造段階でのVEやIEなどによる合理化・改善活動であり、これらによって変動費が大幅に削減する。

6 | 実際原価計算は、〔費目別計算→部門別計算→製品別計算〕の手順に従って進められる。間接部門費は配賦計算によって製品と関連づけられる。

7 | 標準原価計算は、標準を定めてそれを実現するための原価計算手法であり、一度標準を決めたら改定はしない。

8 | 原価低減に最も効果の高いのは、生産現場における改善活動である。

9 | 損益分岐点売上高は、損失も利益も出ない売上高を意味する。

10 | 経済性の評価は、設備投資や研究開発などの意思決定において重要な働きをする。

11 | 全部原価計算の結果は、そのまま有利な製品選択の意思決定に用いることができる。

12 | 物流コストは、領域別物流コストと機能別物流コストに大別され、このうち領域別物流コストには、返品や回収、廃棄の物流コストも含まれる。

第2章　理解度チェック

解答・解説

1 ○
成行原価は現状の技術や実力値による現実的な原価であるが、目標原価は目標利益から算出した理想的な原価である。そのため目標原価は実現が不可能な場合もあり、成行原価で補完するのが現実的である。

2 ○
各種の原価計算は、実際原価計算の基礎である〔費目別計算→部門別計算→製品別計算〕に基づいている。

3 ×
ABCは活動（アクティビティ）という概念で体系化したものであり、コストドライバー（間接費の配賦基準）を測定尺度として原価を算出する。

4 ×
コストテーブルは、単に各事項の正確性や適用範囲などの問題だけではなく、メンテナンスやセキュリティ、拡張性などを広くとらえることが重要である。

5 ×
原価低減は、生産の機能である〔設計→調達→作業（製造）〕のうちの上位段階ほど大きく影響する。つまり設計段階が最も重要であり、さらに調達段階によって大幅にコストが変わる。

6 ○
実際原価計算は原価計算技法の基礎であるので、十分な理解が必要である。ただし、全部原価計算であるので得られた結果の使い方にも注意すること。

7 ×
標準原価計算において標準と実績を比較して差異分析を行い、差異を生じた理由が根拠のあるものであれば標準を設定し直す場合もあり、一度決めたら改定しないというものではない。

8 ×
原価低減に最も効果があるのは設計段階である。使用する原材料の指定，原材料の消費量や加工方法はすべて設計図に示される。ただし、生産現場における改善活動が原価低減の効果がないわけではなく、ムダの排除や、VE活動などの改善効果を無視すべきではない。

9 ○
損益分岐点分析は、経営状態を示すだけでなく経営改善のポイントを示すことができる。直接原価計算とともに原価管理において重要な概念である。

10 ○
資本コストの概念を用いた経済性の評価は、未来の経済価値を現在の経済価値で表現するので、意思決定において重要な役割を果たすものである。

11 ×
全部原価計算は配賦計算を行うため、期間原価が含まれる場合が
ある。全部原価計算の結果を有利な製品選択の意思決定に用いる
場合は注意を要する。

12 ○
領域別物流コストには、調達・社内・販売物流コスト以外に返
品・回収・廃棄物流コストが含まれる。機能別物流コストは、輸
送・保管・包装・流通加工・情報処理・物流管理の各コストから
構成されている。

━━━━━━━━━━━━━━━━━━━━━━━━━━━┨ **参考文献** ┠━━━━━━━━━━━━━━━━━━━━━━━━━━━

上野一郎監修『VEハンドブック 普及版』日本バリュー・エンジニアリング協会、2011年

大西清『JISにもとづく標準製図法〔第15全訂版〕』理工学社、2019年

岡本清『原価計算〔六訂版〕』国元書房、2000年

小沢浩『詳解 コストマネジメント』同文舘出版、2011年

櫻井通晴『管理会計〔第七版〕』同文舘出版、2019年

櫻井通晴・伊藤和憲編『ケース管理会計』中央経済社、2017年

(社)日本機械工業連合会編、佐藤進・木島淑孝『四要素原価計算システム』日刊工業新聞社、1998年

千住鎮雄編『経済性分析』日本規格協会、1994年

田中雅康『原価企画の理論と実践』中央経済社、1995年

中小企業庁・中小企業総合事業団『物流コスト算定マニュアル(平成12年度版)』

橋本賢一『よくわかる原価のしくみ』日本能率協会マネジメントセンター、1994年

第 **3** 章

納期管理

この章のねらい

　第3章では、納期管理の重要性と進め方について総合的に取り上げ、基本的な考え方や手法を学ぶ。

　第1節では納期管理の重要性、納期遅れの原因とその対策を取り上げる。第2節では生産期間の短縮と対策に関して学ぶ。第3節では仕掛品の削減に関して、仕掛品の重要性、発生原因、増加防止策について取り上げる。第4節では初期管理の重要性、対策について学ぶ。第5節では作業ミスの予防、作業結果の確認とデータ収集、作業結果の報告と活用について取り上げ、作業指示と統制に関して学ぶ。第6節では生産手配と進捗管理について学ぶ。

第 1 節 納期管理の活動

学習のポイント

◆納期遅延にならないようにするには、よいしくみをつくって
よい管理をすることである。

◆よい管理とは、納期遅れを発生させた原因を調べ、同じよう
な過ちを繰り返さないようにすることである。

◆納期遅延の回復策は２つある。生産能力の増加と、顧客の注
文の生産順序を変えることである。

◆資材・物流管理における納期管理の意義について学ぶ。

◆納期遅延に対する対策として、遅延回復の方策を学ぶ。

◆納期遅延に対する根本的な対策として、遅延防止の方策を学ぶ。

◆設計における納期管理の重要性と、設計納期遅延の影響につ
いて把握する。

◆開発・設計期間短縮の基本的な対策であるコンカレントエン
ジニアリングと、設計日程管理の概要を学ぶ。

◆調達期間および製造期間の短縮の重要性と、基本的な対策、
初期流動管理の進め方について学ぶ。

1 納期管理の重要性

　生産管理の基本的な目標は、QCD（Quality ＝品質、Cost ＝コスト、De-livery ＝納期）であり、顧客の満足を得るための「需要の３要素」といわれている。このうちＤの管理は、基本的には時間の管理であり、その基礎となっているのが納期である。

　決められた納期を守るのは価格や品質を守るのと同様、取引を行ううえでは絶対的な条件である。この納期の確保は、社外的には顧客の信用が得られ、長期的な需要の拡大につながる。また、社内的には計画に基づいた安定した生産活動が実施され、その結果、人やモノのムダの排除や能率の向上が図られ、原価低減につながる。

　つまり、納期管理は社外を中心に、社内的にも重要で、営業や生産活動の最も基本的な管理活動である。

　生産の目標を達成するための直接的な行為のすべてが生産活動であり、このうち基本となる機能が〔設計−調達−作業（製造）〕である。これを納期管理から見ると、上位レベルである設計から調達、作業（製造）の順に大きく影響する。このうち最上位である設計段階は、次のように納期管理や生産活動を左右することになる。

1）設計の日程的遅れ

　設計出図の遅れは、下位のレベルである調達や製造段階、つまり生産活動全体を混乱させる。特に最終段階である製造に対しては最も大きく影響し、時間外勤務や外注などで対応するが、結果的に納期遅れとなる場合が多くなる。

2）設計の時間的影響

　生産期間から見ると、一般に製造に比べて設計および調達期間が長く、その遅れは長時間になりやすい。特に最上位の設計段階の長時間遅れは、下位レベルでの回復が困難であり、納期遅れにつながりやすい。

3）設計の不備

　設計ミスや試作検討の不徹底、設計図ミスなど設計上の不備は、資材の再調達や治工具の再製作、不適合品や手直しの発生、再製造などが生じ、多大なムダの発生と納期遅れの原因になる。特に資材の再調達は、対象物によって致命的な納期遅れになる。

　納期の確保より、さらに進めて短納期化、つまり生産期間の短縮は営業活動に大きく貢献することになる。なお、この場合の生産期間とは、

生産命令（または受注決定）が出てから製品が完成（または納入）するまでの期間のことで、この生産期間が短いほど短納期の契約が可能になり、設計を伴う営業活動では有利になる。また、長い納期で受注している場合は生産に余裕ができ、計画生産による人やモノの有効活用や、資材の停滞期間の短縮による運転資金の縮小など社内的にも有利になる。

　この生産期間の短縮は、後述のように全部門が関連した総合的な課題であるが、特に設計段階で、各期間の基本が決まることになる。

① 設計期間——設計期間は長く、不安定であり、前述のように生産活動に最も影響の大きい期間であるが、設計に関する組織の適正化、審査体制、外注利用、類似設計など、後述の各種の方策によって設計期間の適正化・安定化・確実化を図ることができる。

② 調達期間——設計結果によって使用する資材やその加工度などが設定される。この場合、調達量や価格設定などによって異なるが、基本的な調達先や調達方法、在庫体制、調達期間などが決まることになる。

③ 製造期間——設計結果によって基本的な各部品の加工方法、使用する機械や治工具、製品の組立方法、工程の編成方法、作業者の必要な技能や作業方法などが設定され、それによって基本的な製造のあり方や製造期間などが決まることになる。

　また、資材管理・物流管理の管理精度を高めることは、納期遵守や生産活動に対する影響が非常に大きい。

　資材管理とは、「所定の品質の資材を必要とするときに必要量だけ適正な価格で調達し、適正な状態で保管し、（要求に対して）タイムリーに供給するための管理活動。注釈1　資材管理を効果的に実施するためには、資材計画（材料計画）、購買管理、外注管理、在庫管理、倉庫管理、包装管理及び物流管理を的確に推進する必要がある」（JIS Z 8141：2022-7101）と定義される。この定義から、必要なモノを必要なときに必要な量だけ顧客へ供給することは、扱う物品の1つひとつに納期管理をしていかなければならないことを意味する。

　計画段階では、生産に必要とする資材が決められた時刻までに納入されなければ、計画された生産ができなくなる。一方、予定より早く資材が到着してしまうとそのためのスペースを用意しなければならず、在庫費用の増大や余分な作業が発生し、製造コストの増大につながってしまう。また、その資材が使用されなければ死蔵在庫となり、資材そのもののムダとともにコストの増大を招くことになる。

　購買管理や外注管理では、日々の発注業務や受入業務を行い、外部企業に対する納期管理を行うとともに、受け入れた資材を必要に応じて決められたときに決められた部署へ払い出しするための内部に対する納期管理を行う必要がある。在庫管理や倉庫管理は保管に関する活動であり、必要なモノを必要なときに必要な量だけ払い出せるように準備しておかなければならない。

　資材や製品の移動に関する活動が物流管理であり、工場内物流では工場内の保管、荷役、運搬、包装に関して、工場外物流では工場間の移動、資材の発注先からの移動、顧客への移動にかかわる保管、荷役、輸送、包装に関する活動を行う。これらの活動にはすべて必要なときがあるため、納期管理により資材の流れをコントロールすることになる。

　生産方式は大きく分けて見込生産と受注生産がある。見込生産は受注が確定していない段階で需要予測をベースに生産計画を立案し生産する方式であり、受注生産は受注があった時点で生産計画を立案し生産する方式である。顧客からの受注に対し、見込生産品は製品在庫から出荷し、受注生産品は新たに生産し出荷する。

　製造段階の納期管理は先に説明した設計段階、調達段階の後を受けて、顧客に対して直接的な納期遵守にかかわるので製造計画に対して確実に進捗管理を行う必要がある。特に受注生産の工場は顧客から注文を受けてから仕事が始まるので、納期遵守に関してはそれなりのしくみをつくる必要がある。

　では、どのようなしくみをつくっていけばいいだろうか。それは大き

く分けると、生産計画におけるしくみと、生産統制におけるしくみである。生産計画におけるしくみについては次の**2**で述べる。また、生産統制におけるしくみについては本章第2節で述べる。

2 生産計画と実績の差異の原因

（1）計画と納期

　製造業で使用する納期という言葉は、顧客に完成品を納入する期日のことをいう。しかし、社内の部門間の取引でも納期という言葉を使用することがある。たとえば、「この設計図に基づいた試作品を作ってくれ。納期は2日後だ」と、試作部に注文する。また、設計部に対しても、「この顧客の仕様に基づいた製品の設計をしてくれ。納期は1週間後だ」といったりもする。

　このように、納期という言葉は顧客に対してだけでなく、社内の部門間でも使用することがある。

　社内で使用する納期は、計画の意味に近い。たとえば、こう言い直してみよう。「この設計図に基づいた試作品を作ってくれ。製作期間は2日間の計画だ」「この顧客の仕様に基づいた製品の設計をしてくれ。設計期間は1週間の予定だ」。このように表現すると、納期と計画が似た意味で使われていることを再認識できる。このことを逆にいうと、計画した期日が納期になるともいえる。このように、計画した期日が納期になることが多いので、計画を立てる場合も納期の見積もりを考慮することになる。また、そうすべきである。

　したがって、生産計画と実績の差異は、見積納期と実績の差異といってもよい。以下ではこの差異について述べる。

（2）見込生産・連続生産の場合

　1品種を大量に生産する工場では、計画を立てることはそれほど難しくはない。20日間で2,000個を製造する必要がある場合は、毎日100個ず

つ作る計画を立てればよい。このとき、生産計画と実績の差異は、たとえば製造三角図を描くことによって、理解することができる。

　品種が1品種だけではなく、数品種を製造する工場では、計画はやや複雑になる。しかし、なんとか計画を立てたら、あとは実績を記録していけば、計画と実績の差異を見ることができる。実績をたとえば毎日生産日報のような形式でノートなどに記録し、発生した事故などを摘要欄に書いていけば、差異だけではなく、原因も見つけやすくなる。

（3）受注生産・個別生産の場合

　受注生産や個別生産の場合は、計画を立てることがより難しくなる。このことは、納期見積もりもまた複雑になることを意味する。そのため、計画と実績との差異の原因を把握することもより難しくなる。

　受注・個別生産では、計画を立てることが難しいとは、次のような意味である。

　まず受注・個別生産では、計画を立てること自体が難しい。なぜなら、製造すべき品種が多いからである。極端な場合、顧客の注文ごとに品種が異なることがある。すると、顧客ごとに特有の計画を作成しなければならない。これは繁雑である。

　次に計画ができたとしても、計画どおりに実行できない可能性が、見込・連続生産に比べると高い。すると、細かな計画を立てることに多くの時間をかけるよりも、計画はおおまかにして、統制で納期を守る活動をしたほうがいいのではないかという考え方が出てくる。ただし、この考え方でも、納期遵守はやはり必須である。そこで、守ることができるような納期見積もりをしておかなければならない。このようなことから、受注・個別生産の場合は、生産計画と実績の差異は、見積納期と実績との差異を分析して、差異があれば、その原因を究明することになる。

3 納期遅延対策

　納期遅延に対する方策として、現在、納期遅延が発生しているという場合においてどのような対策をとったらよいかという状況と、納期遅延が起きないようにするにはどのような対策をとればよいかという状況の2つの観点がある。本項では、初めに納期遅延が起きる原因について考察し、上記の2つの面から納期遅延の対策を考えることにする。

（1）納期遅延の原因
　納期遅延の発生には多くの要因がある。一般的な要因を以下に列挙する。
① 販売計画の不備
　・受注契約に際して、無理な短納期を設定する。
　・生産計画の決定後に追加や変更が発生する。
　・急な飛び込みや試作などの特急の仕事が入る。
　・需要予測や確定時期があいまいである。
② 生産計画の不備
　・生産能力に比べ、過大な負荷を設定する。
　・設定された基準日程が短すぎる。
　・スケジュール（日程計画）が適切に立てられていない。
　・トラブルの予測やバッファの確保が適正に行われていない。
　・事務処理が遅れ、手配が生産に間に合わない。
③ 設計業務の不備
　・出図日程が遅れ、それ以降の業務が順次遅れてしまう。
　・技術的な検討不足や仕様の変更などにより、設計変更が発生する。
　・試作・加工方法の検討が適切に行われていない。
④ 調達業務の不備
　・外注先や納入先に対して、短納期の設定や負荷能力を超えた発注をする。
　・発注や原材料支給の遅れなど、発注手配が遅れてしまう。

・発注先自身の負荷能力の評価が未熟で、発注先が無理に仕事を引き受けてしまう。
・発注先の納期意識が薄く、納期を守ることを重視していない。
⑤ 現場管理の不備
・進捗管理の能力が低く、統制業務をうまく行えない。
・不適合品の発生、欠勤、機械故障などトラブルが頻発する。
・作業準備、管理ルール、情報伝達が整っていない。

（2）遅延回復の対策

　生産計画に対して作業に遅れが出始めた場合、納期遅れが発生する可能性が高まってくる。工程、職場、工場、消費者など次の顧客に対して設定した納期に遅れが生じることは、できるだけ回避する必要がある。その対策として、生産能力を増加させないで対処する場合と生産能力を増加させて対処する場合が考えられる。

Ⅰ　生産能力を増加させないで納期遅れを回復する

　ここでいう生産能力とは、技術的能力、つまり加工速度や組立技術という能力ではなく、工数やマンアワーのような時間を中心とした能力を指す。このような能力を増やさないで納期遅れに対処する方法として、仕事の処理順序の変更がある。一般に、納期遅れが起きそうな仕事を優先して行い、納期までに余裕のある仕事は後から行うほうが納期遅れの発生を避けることができる。たとえば、先着順に処理している工程では、納期の順序とは異なる順序で処理が行われているだろう。納期までに余裕があればそれでよいが、納期が迫っている仕事があることがわかったら、その仕事を優先して行うようにする。いわゆる特急便で処理を行うことである。

　どの時点で順序を変更し、どのような順序にすればよいかという点に関して、以下の2つの方法が考えられる。

1）受注時点で順序を変更する

　この方法は、生産の計画を決めるときに順序を変更していくという点

で、計画作業の範囲に含まれる。変更する場合には、対象としている仕事以外にそのほかの仕事がないと意味がない。こうした対処を可能にするためには、受注残をある程度もっていることが必要である。

次に、作業の順序であるが、よく行われる順序付けとして、「納期の早い順（最早納期順）」が一般的である。しかし、納期に関する順序付けはこの方法だけではない。たとえば、納期までの余裕をみて、その期間が短い仕事を優先する方法も効果がある。このような順序付けを「最小スラック（最小余裕時間）の順」という。

2）納期遅れが発生した時点で順序を変更する

この方法は大きく分けて2つある。1つは注文そのものに対して順番を変更する方法、もう1つは工程ごとにその工程にある仕掛品に対して順序付けする方法である。前者の方法は、ある注文に対して工場内での納期遅れが発生したとき、あるいは発生しそうになったとき、その時点でその注文に対して順序を優先させるという考え方である。この方法は、納期遅れを挽回するための方法としては有効であるが、手間もかかる。たとえば、どの工程でもその仕事を優先して処理することを知らしめる必要がある。生産管理担当者がその仕事について回り、各工程へ指示することもある。また、特急便であることを札を立てて指示したり、コンピュータで指示を与えることもある。このような特別な指示を出すだけではなく、他の仕事の予定に影響を及ぼすということも大きな手間となる。

こうしたことが多々ある場合には、そのつど手間をかけるより、工程ごとにその時点で工程がもっている仕掛品の中で処理の順序を決めていく後者の方法がよいことになる。順序を決定するのは通常、その工程の処理を担当している主任や作業者である。作業内容や必要な部品についての情報を伝票に記入し、工場に流す。あとは、各工程で伝票の内容から判断してその工程の担当者に作業の優先順序を決めてもらう。このような方法は、ディスパッチング法ともいわれる。

Ⅱ 生産能力を増加することで納期遅れを回復する

生産能力を増加する場合、次の2つに分類して考えるとよい。1つは、

生産能力を臨時的に増加する場合、もう1つは恒久的に増加する場合である。

　生産能力を恒久的に増加する場合については、生産期間の短縮化の項で述べる（→本章第2節）。ここでは、納期管理の趣旨からして、臨時的に増加する場合を考える。

1）生産能力の臨時的な増加手段

　生産能力を臨時的に増加する手段は、一般に、残業、休日稼働などによるオーバータイムの対応が簡単な方法である。そのほか、他工程からの応援、外注という手段も考えられる。

　しかし他工程からの応援の場合、応援者がその作業をこなすことができる、という前提が必要である。

　一方、外注によって臨時的に生産能力を増加する手段は利用しにくい。なぜなら、契約をしたり、技術指導をするなど、準備が必要となるからである。臨時的にタイミングよく外注を頼むことは通常は難しい。すると、結局、残業、休日出勤などの方法が中心になる。

2）どの工程の生産能力を増加するか

　どの工程について生産能力を増加すればよいか。それは、工程に仕掛品が大量に発生している工程である。仕掛品が大量に発生するということは、それだけ待ち時間が多く発生しているということでもある。これを放置していると、後続の注文についてもさらに納期遅れが発生する可能性が高くなる。そうした状況で、まず考えるべきことは、仕掛品が多量に存在している工程について生産能力の増加を優先的に考えていくべきである。

3）どのようなタイミングで生産能力の増加を行うか

　その工程にたまってきた仕掛品の量がある一定量を超えたら、生産能力の増加を行う、というような基準をあらかじめ決めておくとよい。その量を個数で表現するか時間で表現するかは、各工場に適したものを使えばよいが、一般的には次のようにいえる。個数で表すと、簡単に数えられるのでタイミングの判断を行いやすい。しかし時間で表したほうが、

その量は正確になる。タイミングを決める一定量は、経験や過去のデータから決めざるを得ない。

4）どのくらい生産能力の増加を行えばよいか

短期的にではあっても、大幅に残業や休日出勤をしすぎると、あとで工程に遊休が発生してしまうことも起こりかねない。ここが受注生産の難しいところであり、見込生産でも同様な問題を考えておく必要がある。1つの方法は、ある一定の仕掛量に減るまで、生産能力の増加によって、たまっている仕掛品を処理することである。この考え方は在庫管理論と似ている。

在庫管理では、常にある適切な在庫量になるように在庫量をコントロールする。混雑している工程の仕掛品も、できるだけある適切な仕掛量になるように生産能力の増加を行ってコントロールする。こうすると、仕掛品が多くなりすぎず、一方、遊休の発生も避けやすくなる。では、その"適切な仕掛量"とはどのような量か。これも過去の経験から、あるいは過去のデータから、適切な仕掛量とはどのくらいかを決めておくべきである。遊休が発生しないように、かつ仕掛品が多量に発生しないように、適切な仕掛量になるようにコントロールする必要がある。

ところで、生産能力の増加のために、作業者を長期間残業や休日出勤させるのは、種々の面から見て必ずしも好ましいことではない。その場合は、作業者の交代制や他部署からの応援を依頼することを考える。そのためには、日ごろから交代要員や応援者の教育訓練をしておく必要がある。特に多能工化を図っておくとよい。多能工化は、このような場合に大いに威力を発揮する。

また、残業や休日出勤の場合は、そのスケジュールをできるだけ前もって作成しておけるとよい。作業者にはそれなりのプライベートのスケジュールがあるためである。

5）タイミングや生産能力の増加量の意思決定はだれが行うか

残業すべきかどうかの判断やタイミングおよび残業量などは、工程の作業者自身で決められるようにしておくとよい。そのほうが作業者の士

気が上がる。また何より、工程の事情は、作業者自身が一番よくわかっていると思われるからである。

　このような考え方で、各工程の残業などを各工程の作業者自身で決めていく方法を自律分散型制御という。

　ところで、いわゆる特急仕事を指定すると、それ以外の注文の予定に影響が出るという欠点がある。そこで、特急仕事の処理は、生産能力の増加分で行うようにすると、そのような影響をなくすかまたは軽減できる。残業や休日出勤による生産能力の増加は、特急仕事など計画外の処理に利用するのが本来の方法である。

　しかし、工場によっては、常時残業や休日出勤を行っているところがある。また、計画を立てるときに、初めから残業や休日出勤を当て込んでいる工場も見られる。だが、このような方法をとると、臨時的に生産能力を増加する意味が失われる。初めから残業や休日出勤を当て込んで計画を立てると、実際に納期遅れが発生した場合、とりうる手段がなくなってしまう。

　残業や休日出勤はあくまでも、納期遅れを挽回するための臨時的な方法として位置づけておくべきである。

（3）遅延予防の対策

　納期遅延の回復について述べてきたが、ここでは納期遅延が発生しないようにする対策を考える。個別の対策としては、（1）で示した納期遅延の原因を除去することがそれに当たるが、基本的な対策について以下に示す。

Ⅰ　遅延を起こさせないための余裕を計画に組み込んでおく

　遅延が生じる原因は、作業を予定どおりに行えないために発生する。そこで、計画段階であらかじめ余裕をもっておき、遅延が生じそうになったらその余裕を利用する以下のような方法がある。

1）時間的な余裕

　この方法には、たとえば日程計画を立てるときに、ゆとりをもった計

画にしておくことがある。しかし、日程計画の中に余裕をとりすぎると、生産リードタイムが長くなり、在庫が増えるなど、効率的な処理ができなくなる。

２）量的な余裕

　量的な余裕の意味は、在庫をもつことである。製品在庫や仕掛品在庫をもっていれば、納期が短い場合も対応がしやすくなる。少種多量生産の場合は、見込みで生産量を確保できるためこのような対処はしやすい。しかし、多種少量生産では、在庫をもつことは在庫スペースが増え、在庫金利の支払い等によるコストの増加につながるため、できるだけ避ける必要がある。このような状況に対処するには、多種の中でも仕掛品の共通化を図り、そこまでの生産段階では見込生産的に生産を行い、仕掛品在庫で保管しておく。製品ごとに異なる部分の生産については、在庫をもたずに処理を行う方法がとられている。

３）能力的な余裕

　能力として、まず初めに機械・設備や人的資源の数を増やす方法がある。代替的な機械・設備を保有したり、リリーフ要員を置く方法がこれに当たる。次に、工程の余力を十分に確保しておく方法がある。機械・設備の性能いっぱいまでに作業を割り付けないようにする、作業者の作業負荷を少なめに設定する、予定稼働率や生産水準を低めに設定するなどである。

Ⅱ　遅延の原因を除去する

　この方法は、生産統制や生産実施の段階での対策が中心となり、以下のような方法がある。

１）改善による工数低減

　作業方法や治工具などの改善により作業工数を低減しておく方法である。準備段取作業の短縮により工程の負荷に余裕をもたせることもある。

２）加工不適合品の減少

　工程を安定化し、加工不適合品をなくすことで間接的に工程能力を高める方法である。

3）機械・設備や作業者の能力の維持・向上

　機械・設備が計画どおりの能力を発揮できるように保守点検を行う、作業者の能力が発揮できるように作業環境を整える等の対策をとり、能力の維持管理に務める方法がある。また、能力の向上が図れるような機械・設備の改善を行う、作業者の能力が高まるような教育研修を行うなどの方法もある。

<table>
<tr><td>第 2 節</td><td></td></tr>
</table>

第 2 節　生産期間の短縮と対策

学習のポイント

◆生産活動における生産期間の短縮についての基本的な考え方
を学ぶ。

◆調達期間の短縮について、発注企業側だけではなく、受注企
業側での対策の必要性および在庫との結びつきについて学ぶ。

◆製造期間の短縮の重要性と、基本的な対策を生産技術的な側
面と生産計画の側面、製造の側面に整理して学ぶ。

◆物流期間の短縮について、物流業務、配送システム、物流情
報に区分して学ぶ。

◆初期流動期間の短縮の基本的な対策について学ぶ。

1　生産期間の短縮の重要性

　競合する他社に負けないようにするためには、あるいは勝つためには、
納入に要する期間を短縮化することが重要な手段の１つとなる。従来の
納期を10％でも、５％でも縮めることができると、受注をいままで以上
に増やせる可能性がある。

　納期を短縮するには、完成に要する期間を短縮することである。それ
は、生産期間を短縮することでもある。

　ここで、本項で使用する生産期間は、顧客から注文を受けてから、そ
れを完成させるために必要な期間である。すなわち、受注から完成まで
のリードタイムと同義になる。

2　開発・設計期間の短縮

　製品の開発および設計期間を短縮する基本的な対策として広く実施されているものに次の施策がある。なお、これらは単独で行うのではなく、複合して総合的に進めることによって大きな効果を期待することできる。

　現在は、製品のライフサイクルや受注生産などの生産期間が短縮され、それに伴って開発・設計期間が短くなっている。また、営業面では顧客のQCDに対する要求はますます厳しくなっており、これらの主要な内容を決めるのが開発・設計段階である。つまり、短期間に競争力のある製品の開発が要求されている。これは、具体的には企画から構想（基本）設計、詳細設計までの期間を短縮し、さらに顧客の要求に適応した高品質・低価格のものを短時間で製造できる設計で、しかも設計ミスなどがないものを提供することが必要になる。→詳細については『生産管理プランニング2級』第3章参照

Ⅰ　類似設計の推進

　各製品の開発・設計を、そのつど新規に行うのではなく、極力過去の実績を中心に利用し、製品の類似設計を行い、設計精度の向上や安定化、設計期間の短縮を図ろうとするものである。

　この場合の類似設計は、部品の設計に際して機能の計算から決められた寸法等は守り、そのほかの寸法と形状等は原型として選んだ過去の実績部品の設計図から極力転記する類似形の設計のやり方である。これによって、局部の形状等は原型図と同一になるが、全体の大きさや各部位の関係位置などは変わる。

　CAD（Computer Aided Design）は、過去実績に基づく類似設計を精度よく、短時間で行うことができ、大幅な開発・設計期間の短縮を図ることができる有効な手段である。ただし、その前提になるのが、過去の実績資料の整備と標準化であり、それによって類似設計の精度と時間が変わることになる。

Ⅱ　コンカレントエンジニアリング

　コンカレントエンジニアリング（Concurrent Engineering）とは、「製品設計、製造、販売などの統合化、同時進行化を行うための方法」（JIS Z 8141：2022-3113）と定義される。

　図表３-２-１のように、従来のビジネスプロセスでは製品の開発から生産、販売に至る各プロセスのうち、前のプロセス（開発など）が終了すると、次のプロセス（生産など）が進められる直列的なステップであった。これをコンカレントエンジニアリングによって各プロセスを並列的に進めることで、次の効果が生じる。

図表３-２-１ ● コンカレントエンジニアリング

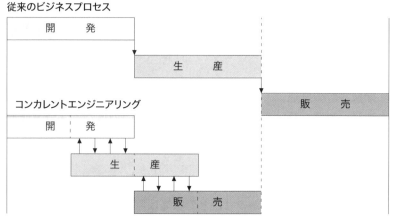

出所：日本能率協会編『リエンジニアリングがわかる本』日本能率協会マネジメントセンター

１）製品開発期間の短縮と高品質・低コスト設計

　開発から生産、販売を同時並列的に進行させることによってオーバーラップが増加し、製品開発リードタイムが短縮する。それと同時に、上流ステップの完了前に、下流ステップからのフィードバック情報に対応することができるため顧客ニーズに対応した高品質化・低コスト化を進めることができる。

2）製造容易性設計

　製品の開発段階で製造時の作りやすさを各ステップの総合力によって追求することができる。つまり、部品点数の削減や加工および組立構造の簡素化・容易化、下から順次組み立てる積層型組立の確立などが行われ、その結果、製造リードタイムの短縮や製造コストの低減、品質の向上などが図られる。

　ただし、前記の効果を上げるには、開発者間の情報伝達および情報の共有化と相互理解・協力体制の確立が前提となる。特に、各人の進行状況、技術的課題、保有技術、技術動向、調査・試験・解析結果、不具合対策などを共有化し、各作業のリスクをいかに最小化するかが重要である。

Ⅲ　設計日程管理の適正化

　設計活動の主な目的は、前述のように所定の品質で、最小のライフサイクルコストになるように開発・設計することと、所定の納期の確保および設計期間の短縮を図ることである。このうち後者は、設計の日程管理の適正化が基本になり、そのためには次の事項の適正化・効率化が基礎となる。なお、設計日程管理は、設計工数管理および設計進捗管理と同時並列に進められる。

1）実績および調査・分析資料の蓄積

　設計の実績資料を中心に他の資料を調査・収集し、解析・分類して設計難易度別や設計者別の設計工数の基礎資料を作成・利用することが、次の設計の見積もりおよび日程管理の適正化の基礎となる。これを効果的に実行するには、極力独立して計画的・組織的に活動できるシステムの確立が必要である。

2）設計工数の適正化

　設計部門の年度計画や日程計画の立案の基礎になるものが、設計実績を中心に次の事項を考慮し、分類した設計工数である。

　　ア　設計難易度——各種設計の設計作業の困難度をランク付けし、それに基づいて設計時間の見積もりを行う。

　イ　設計能力——設計者各個人の設計難易度に対する設計工数を分
　　類・ランク付けをして計画・運営の基礎とする。なお、逐次または
　　定期的に修正を行う。

3）設計基準日程計画の適正化

　対象製品の設計難易度とその設計を担当者の設計能力、製品の要求さ
れている納期に基づいて、設計の各段階を対象とした総合的な設計マス
タースケジュールを作成し、設計期間の基本となる設計納期を設定する。
各段階のスケジューリングは、基本設計と詳細設計に大別されて設計マ
スタースケジュールに基づいて行われる。

4）設計進捗管理

　設計日程計画を維持するために設計進捗管理が行われる。これは設計
の進行状況を常に把握し、日々の設計の進み具合を調整する活動で、遅
延に対しては設計者の追加や移動、外注の利用、日程の再調整などを行
い計画の維持を図る。この活動には情報の共有化が重要となる。

Ⅳ　設計の不具合防止

　設計は生産活動の最も上位であり、基本となるため、設計の不具合は
再設計や原材料の再手配、製品の再製造、顧客からのクレームの発生な
どにつながり、納期遅れやコスト高、信用の失墜、顧客離れなどを引き
起こす。設計不具合の防止策としては、基本的に次の対策が挙げられる。

1）単純ミスの防止

　設計寸法の記入ミスや寸法もれ、計算ミスなどの単純なミスを防止す
ることで、設計マニュアルの充実や検図の強化などを図る。検図では設
計者自身によるものと検図担当者、他部門によるものなど複数チェック
が重要である。

2）不経済設計の防止

　設計の不具合には単に設計ミスのみではなく、不経済な構造や原材料
の使用、製造の不経済など設計内容の不備がある。これに対する基本的
な対策としてデザインインやデザインレビュー（DR）、設計情報・資料
の充実、設計者のレベルの向上などが挙げられる。

3　調達期間の短縮

　調達期間は、生産計画から部品展開し、発注、納入、検査されて出庫の要求に対応できるまでの所要期間である。調達の対象は、資材、作業者、設備など幅広くとらえる場合もあるが、ここでは資材管理のうち、特に外注管理を中心に検討する。

　生産期間における調達期間の割合は一般に大きく、しかも調達のミスはその回復に長時間かかる場合も多い。特に在庫管理および外注管理は、調達期間や製造期間に直接大きく影響することになる。

（1）発注企業側の対策

　外注における各種トラブルは、発注企業側の不適切な発注や各種管理による場合が多く、そのために調達期間の長期化が生じる。そこで次の対策が必要である。

1）適正発注体制の確立

　外注工場の保有技術や現在の生産状況、生産能力などを的確に把握し、QCDに対して適正な発注を継続的に行うことが最も重要である。そのためには外注工場と対等な立場で、パートナーとしての情報交換を計画的・組織的に行うことが必要であり、発注企業側の体制確立が要求される。さらに、一貫外注化など外注品の調達経路の単純化や発注手続の簡素化も重要である。

2）外注工場への指示・指導体制の確立

　対象企業の規模が小さいほど外注工場に対する指示・指導は、基本的には資材部門などにより、窓口を一本化し、集中して明確に行うのが効果的である。この場合、指導内容は固有技術や管理技術に関する内容を中心に行われるが、場合によっては設備の貸与や発注企業内での研修なども含まれる。

3）相互信頼関係の確立

　外注工場を適正な基準で厳格に選定し、外注工場における発注企業側

の占有率を適正な状態にして相互に安定した取引を継続することが、信頼関係の基本である。1）で挙げたQCDの適正化を相互の合議で行い、それを継続することによって契約した納期を遵守することができ、さらに、外注工場における生産期間の短縮への協力体制の確立も可能となる。

4）納期管理体制の確立

外注品の納期遅延の予防と発注企業側の組立などとの同期化が重要である。つまり、必要なときに必要な品種や量を確実に納入できる体制の確立が必要であり、そのためにはカムアップシステムなどを応用して外注の事前情報を常に把握し、状況に応じて社内外の関連部門へ迅速に情報を伝達し、的確な対応ができる体制を確立しておく必要がある。また、対象外注の実績などに基づいてボーナスペナルティー制度の導入も効果的である。

5）受入検査業務の合理化

発注企業と外注工場との間で検査基準と検査方法を確認することが基本である。発注企業における受入検査では、業務の簡素化や検査の緩急順位を明確にし、さらに、検査作業の標準化と機械化・自動化など検査の確実化・迅速化を図る必要がある。また、不適合品の確実な処理と外注工場別の納入成績の把握、さらに、検査成績の外注工場への迅速なフィードバックが重要であり、外注工場の品質保証体制を確立して無検査納入方式に移行することが調達期間の短縮につながる。

（2）受注企業側の対策

外注日程が長期化する要因としては、外注工場における発注企業側の占有率が高くない場合に、他社の種々の受注や仕事があり、自社の仕事が優先されないケースがある。また、製品や部品を完成させるために複数の外注工場を経由する場合に、運搬や受入検査などの多くの工程が発生するケースがある。これらに対する最も効果的な対策として次のことが挙げられるが、これは対象となる外注工場の規模や管理能力、生産能力が大きく影響する。

１）一貫外注

　個々の工程を別々の外注工場に発注している場合は、発注業務や受入検査、運搬などが工程ごと、つまり外注工場ごとに発生し、発注企業間を往復することになり、結果として調達期間の長期化が生じる。そのための対策として１つの外注工場に全工程を発注する一貫外注ができる場合には、これによって煩雑な業務や作業を排除することができる。

２）完全外注

　まず、外注工場への原材料の支給をやめて外注工場での原材料の自給に変更する。次に一貫外注に切り替え、これを発展させて完全外注へと移行して１つの外注工場へ発注する。さらに、外注工場の品質保証体制が確立している場合は、無検査納入方式にし、外注業務の簡素化を図り、調達期間の大幅な短縮を進める。

（3）在庫による対策

　材料在庫、仕掛品在庫、製品在庫における在庫品種や量によって、調達期間や受注後の製造期間が大きく変わる。つまり、材料在庫では、在庫品種や量が適正であれば、生産計画や受注に対しての材料（部品）の調達は特殊な部品を除いて直接的な調達は不必要になり、使用材料の補充が中心になる。仕掛品在庫では、品種や量が多い場合は製造期間が長くなるが、品種切り替えやトラブル対応のバッファ機能用の在庫のみに設定すると製造期間は短縮する。また、製品在庫では、製品を加工する正味の製造期間は変わらないが、受注後の納期に対する期間が短縮する。

　以上のように、工程系列のうちのどの位置に在庫ポイント（ストックポイント）およびデカップリングポイントを設定するかによって、図表３‐２‐２のように生産形態や生産方式が異なり、調達期間や製造期間の長さに差異を生じる。デカップリングポイント（Decoupling Point：DP）は、図表における見込生産と受注生産の分岐点のことで、一般に在庫ポイントとなり、その在庫を中心に管理・運営が行われる。DPの位置として、DP以降の納入までの期間が、受注から納入までの期間より短くなる

図表3-2-2 ●さまざまな生産方式に対応したデカップリングポイント

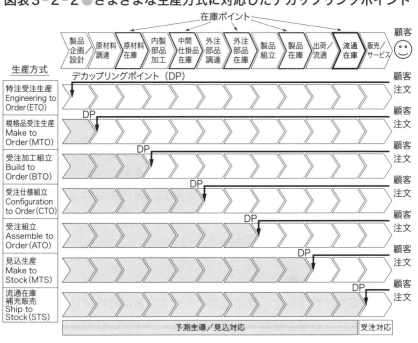

ように設定する必要がある。

　ただし、いずれの在庫も適正な品種や量を設定するときに、需要や購買・外注の動向、社内の製造状況など総合的にとらえて検討することになる。

4　製造期間の短縮

　製造期間は、原材料が各工程を経て製品になる過程の期間のことで、基本的には生産に関する各種トラブルも含めた加工・検査・運搬・停滞工程の所要時間の合計である。この期間を短縮する基本的な対策として、本節**3**(3)「在庫による対策」で述べたストックポイントおよびデカップリングポイントの設定の仕方が挙げられる。さらに、加工および移動

ロットのサイズによって図表３-２-３のように製造期間を短縮すること
ができる。つまり、ロットサイズが小さくなるほど、たとえば10個ずつ
加工して次工程へ送るよりも、５個ずつ加工して送るほうが、さらに１

図表３-２-３ ● 移動ロットと製造期間の関係

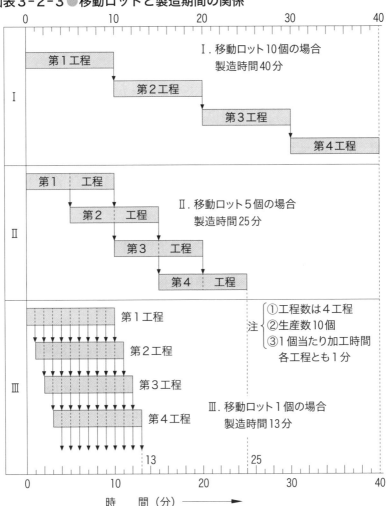

出所：倉持茂編著『多品種少量生産の工程管理』筑波書房

　個ずつのほうが工程間の時間的な重なりが多くなり、製造期間を大きく短縮できる。このようにストックポイントと加工や移動ロットサイズは、製造期間に大きく影響することがわかる。

　また、製造の各段階における具体的な短縮対策は、受注・個別生産や見込・連続生産など生産形態によって異なるが、一般的には以下に示す3つの視点が挙げられる。

（1）生産技術面の対策

　生産の製造システムの合理化と、その維持によって製造期間の短縮を図ることができる。具体的な対策としては次のことが挙げられる。

① 各工程の作業改善および治工具類の整備・標準化
② 各工程の専用化・機械化・自動化の推進
③ 生産の同期化・ライン化、原則として1個送り生産の確立
④ 小ロット生産、1人または小グループ生産、並列生産の推進
⑤ 品種切り替えおよび段取の単純化・マニュアル化
⑥ 工程系列におけるネック工程の合理化・解消
⑦ 検査工程の合理化・機械化・自動化
⑧ 現場の協力体制に基づく設備保全体制の確立

（2）生産計画面の対策

　生産情報の基本となる生産計画面の適正化によって、製造期間の短縮を図ることができる。具体的な対策としては次のことが挙げられる。

① 営業・設計・生産管理・製造・外注間の情報伝達の円滑化
② 受注残および製品・仕掛品在庫の適正化
③ 生産能力に対する残業・応援体制・外注などの弾力性対策の確立
④ 長期・短期の生産計画および日程計画システムの適正化
⑤ 計画サイクルの短期間化
⑥ 生産情報および資料の継続的・計画的な蓄積と標準化
⑦ 生産計画および日程計画のコンピュータなどを活用した迅速化

⑧　生産情報の関連部門への迅速なフィードバック体制の確立

（3）製造面の対策

生産に直接かかわる製造活動および生産統制の適正化によって、製造期間の短縮を図ることができる。具体的な対策としては次のことが挙げられる。

①　作業の標準化と作業者への教育の徹底
②　工程間の仕掛品の低減と、加工および移動ロットの最小化
③　第一線管理者による事前準備および外段取化への徹底
④　職場間および工程間でのジョブローテーション、応援体制の確立
⑤　各工程の自主検査体制および品質管理システムの確立
⑥　生産立ち上がりの初期流動管理の標準化・集中化
⑦　生産統制（進捗管理、余力管理、現品管理など）の強化
⑧　作業者および第一線管理者への技術的・管理的な継続的教育体制の確立

5 物流期間の短縮

ある生産工場を想定したときに、物流期間には前工程である納入業者が部品や原材料を完成させてからその工場へ納入するまでの期間と、その工場にとっての次工程である顧客へ完成した製品を納入するまでの期間がある。

また、1つの物流センターを想定したときには、納入先からセンターへの輸送をはじめとして、センター内での入荷、入荷検品、保管、仕分け、ピッキング、流通加工、包装、荷役、積込み、出荷検品、出荷、顧客への配送までの作業の期間が対象になる。この項では、物流業務、配送システム、物流情報のそれぞれについてのリードタイムの短縮について取り上げる。

（1）物流業務の対策

　物流業務は、JIS Z 0111：2006-1001における物流の機能から「輸送」「保管」「荷役」「流通加工」「包装」および「それに関連する情報」に大別される。以下では、「輸送」から「包装」までの5つについて期間短縮の対策を考えることとする。

Ⅰ　輸送の対策

　輸送とは、「貨物をトラック、船舶、鉄道車両、航空機、その他の輸送機関によって、ある地点から他の地点へ移動させること」（JIS Z 0111：2006-3001）と定義される。この期間を短縮するためには、輸送機関に貨物を載せたら止まることなく他の地点へ移動させること、および輸送速度を高めることが挙げられる。

　前者については、以下に示す対策が考えられる。

　○輸送機関に貨物を載せたらすぐに出発させる

　○途中での輸送機関や物流拠点での載せ替えやとりまとめの変更をなくして一貫して輸送する

　○輸送機関上での貨物の停滞をなくす

　○他の地点に到着したらすぐに貨物を降ろせるようにする

　しかし現実には、

　○積載効率を高めるために、他の貨物の到着を待って混載する必要がある

　○荷役をまとめて行うために待ちが発生する

　○物流拠点を通すことで複数種類の貨物のまとめができ、輸送経路が集約される

　○モーダルシフトにより環境への配慮をする必要があるため、トラックと船舶や鉄道との載せ替えを行う必要がある

　○輸送機関の運行時刻が限られていて出発まで待たなければならない

　○出発可能時刻から到着可能時刻までの時間より輸送時間が短い場合には、停滞を余儀なくされる

など、輸送期間の短縮以外の評価尺度のほうが重要な場合があり、評価

のバランスをとりながら対策を実施しなければならない。

後者については、以下の対策が挙げられる。

○天候や事故による遅れが出ない輸送機関を選択する

○輸送速度が速い輸送機関を選択する

○時間がかからない経路を選択する

しかし、以下のような理由により必ずしも所期の効果が得られない場合があり、総合的な判断をする必要がある。

○代替的な輸送機関がない

○拠点間の速度は向上するが、載せ替えに時間がかかる

○載せ替えてからも決められたダイヤで運行しているために、出発までの待ちが発生する

○経路の選択のための情報が得られない、または得られても正しくない情報である

Ⅱ　荷役の対策

荷役（にやく）とは、「物流過程における物資の積卸し、運搬、積付け、ピッキング、仕分け、荷ぞろえなどの作業及びこれに付随する作業」、運搬とは、「物品を比較的短い距離に移動させる作業」、積卸しとは、「輸送機器などに対して物品を積み込む作業及び取り卸す作業」、積付けとは、「物品を規則正しく積み上げる一連の作業」、ピッキングとは、「保管場所から必要な物品を取り出す作業」、仕分けとは、「物品を品種別、送り先方面別、顧客別などに分ける作業」、荷ぞろえとは、「出荷する物品を輸送機器にすぐに積み込めるようにそろえる作業」とそれぞれ定義される（以上の定義は、それぞれJIS Z 0111：2006-5001、5002、5003、5004、5007、5009、5010による）。

荷役への対策として、上記の作業を効率化し、できるだけ短時間でできるように改善することが挙げられる。このためには、荷役作業の工程分析を行い、ECRSの原則を適用しながら作業改善を行う方法がある。工程分析は、作業者や物品を対象に、それらの変化を○（加工、作業）、⇨（移動）、□（検査）、▽（停滞、手待ち）により表したもので、素材

から製品への変化を分析する場合には製品工程分析、作業者の動きを分析する場合には作業者工程分析と呼ばれる。

　工程分析により、モノの流れや人の動きが記号化されたら、個々の変化（記号）に対して、まず「その変化をなくせないか？」という問いかけをする。これはE（Eliminate＝排除）の問いかけであり、この結果として必要な変化だけが残ることになる。次に、C（Combine＝結合）として「一緒にできないか？」、R（Rearrange＝並べ替え）として「順序の変更ができないか？」という問いかけをする。最後に、S（Simplify＝単純化）として「もっと単純化・簡素化できないか？」という問いかけをする。これらの問いかけにより問題点を把握し、改善の方向性を探求し、アイデアをできるだけたくさん出し、実現できるようにアイデアを具体化する。こうした一連の改善のアプローチ（ここで示した方法は分析的アプローチである）により作業時間の短縮が図られることになる。また、実行した結果、所期の目標を達成できたら、その方法のもとでだれでも同じ方法で作業ができるように、標準化・手順化し定着させることが重要である。

Ⅲ　保管の対策

　保管とは、「物資を一定の場所において、品質、数量の保持など適正な管理の下で、ある期間蔵置すること」（JIS Z 0111：2006-4001）と定義される。物流期間の短縮のためには、この保管期間を短縮することが最も効果的である。保管期間をゼロにすることがその究極になるが、実際には適切な段階で、適切な期間の保管をする必要がある。保管の期間を短縮することと、在庫を減らすことは連動しているため、適切な期間の保管をすることは、適切な量の在庫をもつことに対応している。したがって、保管期間の対策は在庫の対策でもある。

　生産全体の流れで在庫を考える場合には、本節 **3** **(3)** で示したように、在庫ポイントやデカップリングポイントを考慮して在庫を置くべき段階を決め、需要量やその変動などを考慮して適正在庫量を決めることが重要である。また、保管期間や保管量の管理を行うときには、本章第6節

3、**4**に示す、流動数曲線やガントチャート、進度グラフなどを用いることで、目で見ながらそれらの管理を行うことができる。

　保管期間が長くなると、物品の劣化の可能性が出てくる。これを避けるためには保管期間の短縮や先入先出を行うことが望ましい。特に、安全在庫を多めに設定し、その分だけ別に保管して、通常の流れの中で使用しないでおくと劣化が進む。急に必要量が増え、必要になったときに安全在庫品を見てみると使用できない状態になっていることも考えられる。このようなことが発生しないように、常に入ってきた順に取り出せるようなシステムをつくることは重要である。

　保管場所については、保管してあるものが常にすべて見えるような配置にしておくことが必要である。たとえば、パレットで段積みを行い、壁際に2パレット以上奥行き方向に並べてしまうと、奥の特に下の段のパレットが見えなくなってしまう。きちんとロケーション管理をしていなければ、探すのに時間がかかったり、置いたことに気がつかずにそのままになってしまったりする。また、そのパレットを取り出そうとするときには手前や上のパレットを一度どこかへ置いて取り出し、残ったパレットを元に戻す作業が発生する。このような手間を省くために、後から入った手前や上にあるパレットを先に出してしまい、奥のパレットの物品はそのまま残っていく可能性もある。よって、奥行き方向には1つのパレットだけにして、ラックなどを用いてパレットを段積みせずにどれでも取り出しやすくしておく必要がある。

　この考え方は、パレットだけでなく棚に箱で保管するときにも同様に成り立つ。また、特に荷動きの多い、流通型保管（物品を流通に備えて一時的に保管すること）の場合には重要である。貯蔵型保管の場合には、保管スペースの効率を上げるためにラックは用いず、パレットの複数段積み（通常は3段が限界）が行われていることが多い。この場合には、パレット上の物品の重さで最下段の箱が壊れたり、傷ついたりすることがありよい置き方とはいえない。

Ⅳ　流通加工の対策

　流通加工とは、「流通過程の倉庫、物流センター、店舗などで商品に加工すること。生鮮食品又は繊維品の二次加工、小分け商品化包装、値札付け、鉄鋼・ガラスなど生産財の裁断、注文に対応する機器の組立て・組替え及び塗装替えなどをいう」(JIS Z 0111：2006-6001) と定義される。たとえば、食品分野での乾燥、燻製、塩漬け、缶詰、冷凍などの保管のための加工や、包装、梱包などの流通効率化のための加工がある。ダイレクトメールのラッピング作業や通信販売のピッキング・詰め合わせ作業、部品を集積して簡単な組立作業を行い箱詰めする作業など倉庫内で流通型保管の一部として行われる流通加工もあり、次第にモノづくりと流通加工との境がなくなってきている。

　このように、流通加工はモノの流れや人の動きを分析し、改善することで作業の短縮につながることから、Ⅱに示した分析手法が適用できる。また、モノの流れの観点から、流動数曲線による管理も適用できる。

Ⅴ　包装の対策

　包装とは、「物品の輸送、保管、取引、使用などに当たって、その価値及び状態を維持するために、適切な材料、容器などに物品を収納すること及びそれらを施す技術、又は施した状態。これを個装、内装及び外装の 3 種に大別する。パッケージングともいう」(JIS Z 0111：2006-2001) と定義される。また、個装とは、「物品個々の包装で、物品の商品価値を高めるため若しくは物品個々を保護するための適切な材料、容器、それらを物品に施す技術又は施した状態。商品として表示などの情報伝達の媒体にすることもできる」(JIS Z 0108：2012-1003)、内装とは、「包装貨物の内部の包装で、物品に対する水、湿気、光、熱、衝撃などを考慮した適切な材料、容器、それらを物品に施す技術又は施した状態」(JIS Z 0108：2012-1004)、外装とは、「包装貨物の外部の包装で、物品若しくは包装物品を箱、袋、たる、缶などの容器に入れ又は無容器のまま結束し、記号、荷印などを施した材料、容器、又は施した状態。二次包装ともいう」(JIS Z 0108：2012-1005) と定義される。このように包装について用語が細かく規定されている。さらに、使用場面に応じて、工業包装、

商業包装、輸送包装、消費者包装、業務用包装などがある。

　こうした包装に関する時間短縮の1つに、過剰包装の排除がある。過剰包装に対する適正包装とは、「省資源、省エネルギー及び廃棄物処理性を考慮し、合理的で、かつ、公正な包装。輸送包装では、流通過程での振動、衝撃、圧縮、水、温度、湿度などによって物品の価値、状態の低下を来さないような流通の実態に対応した包装をいい、消費者包装では、過剰包装・過大包装、ごまかし包装などを是正し、同時に欠陥包装を排除するため、保護性、安全性、単位、表示、容積、包装費などについても適切である包装をいう」（JIS Z 0108：2012-1023）と定義される。過剰包装は過剰になった分だけ余計に包装が必要となり、コスト面でも作業時間面でもマイナスである。

　包装作業を検討するときには、図表3-2-4に示す組立分解図を用いると便利である。組立分解図は立体分解図とも呼ばれ、機械、装置、組立製品の構成要素を組立順序とは逆に分解して組み立てるときの軸の方向を一致させて表現した図である。部品どうしの相互関係、取り付け位置などが明確に判断できることをそのねらいとしている。以前はパーツカタログに使用され、たとえばセールスエンジニアが対象製品を分解し、保守・修理作業を行った後に組み立てるプロセスの中で用いられていた。現在では、組立性評価、作業手順や組立方法の説明、取扱説明書などに幅広く用いられている。この図をインダストリアルエンジニアリング（IE）の観点から見ると以下のことがわかる。

① 　製品を組み立てるための部品の種類と数
② 　最小限必要な組立の種類と数（単純な挿入、ネジ締め、はめ込み、カシメ、接着等がある）
③ 　個別に見た部品間の組立の種類
④ 　組立時の部品の方向
⑤ 　組立時の軸の方向と数
⑥ 　組み立てるために最小限必要な部品の移動距離

これらのことから、次の問いかけにより改善の方向性が検討できる。

図表３-２-４ ● 組立分解図の例

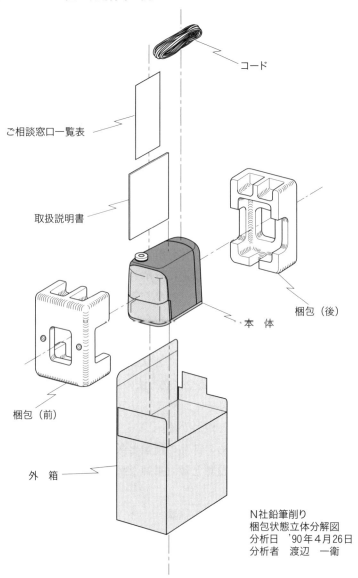

コード

ご相談窓口一覧表

取扱説明書

梱包（後）

本　体

梱包（前）

外　箱

N社鉛筆削り
梱包状態立体分解図
分析日　'90年4月26日
分析者　渡辺　一衛

出所：渡邉一衛編『IE入門コーステキスト』日本インダストリアル・エンジニアリング協会

① 製品を構成する部品の数を減らせないか？

モジュール化できないか？

取扱説明書とお客様窓口一覧表を一緒にできないか？

コードと本体を一緒にできないか？

梱包材を減らせないか？

② 組立が単純な挿入に近づけられないか？

重ねていくだけの組立にならないか？

③ 部品ごとの組立方法がもっと簡素化できないか？

梱包材に入れた製品を箱に入れるときにもっと楽に入れられないか？

④ 組立時の部品の供給方向は、組み立てる方向と一致しているか？

個々の部品について置き方、置く方向は組立の方向と一致しているか？

組み立てるときに、手の中で部品のもち直しをしていないか？

⑤ 組立の軸の方向は減らす、あるいは1つの方向にできないか？

梱包材を製品の上下から包むような形式にできないか？

⑥ 部品の供給は、組立位置の近くにされているか？

部品の移動距離をもっと短くできないか？

以上の観点から梱包の設計、組立方法、供給方法の検討を行い、作業時間の短縮を実現する。

（2）配送システムの対策

配送とは、「貨物を物流拠点から荷受人へ送り届けること」（JIS Z 0111：2006-3006）と定義され、具体的には「流通倉庫、配送センターなどに一時保管された商品を、卸売問屋または小売業者などからの発注に応じて輸送する形態、あるいは百貨店・スーパーなどの集中荷受けセンターから末端販売所への輸送」（日通総合研究所編『物流ハンドブック』白桃書房）のことである。したがって、配送は輸送の一部として位置づけられていることがわかる。

　配送の代表的な方式として一定量がまとまるごとに配送する定量配送方式と、1 日のうち時間を決めて 1 回～数回、あるいは 1 週間のうちで曜日を決めて配送する定時定ルート方式がある。保管場所の確保がしにくいことや一定量のまとまりがいつできるかわからないことによる納期遅れが発生する、といった問題に対応するために、定時定ルート方式が一般的に採用されている。

　配送はトラックによる輸送が中心となるため、配送システムの管理対象の 1 つとしてトラックが大きな位置を占めることになる。配送する物品に関する情報（大きさ、重さ、荷姿、数量、単価、取り扱いについての注意事項など）、配送拠点における物品の管理に関する情報（発送元、送り先、検品方法、荷積みや荷卸しの方法、保管方法、保管エリア、梱包方法、入荷日、出荷予定日など）のほか、配送手段であるトラックについての配送ルートや配送時刻の管理が重要である。一般に、輸配送計画は、適正な輸送手段の選択と効率的な配送ルートに関する計画であり、TMS（Transport Management System ＝輸配送管理システム）も、配送ルート計画と位置情報システムを利用したトラック動態管理が中心的な構成内容になっている。

　トラック動態管理は、配送計画を立てても計画どおりに配送ができなければ物流期間の短縮に結びつかないことから、対象とする物品を運んでいるトラックについての時々刻々の位置追跡を行う必要から生まれたシステムである。単に位置情報を受け取るだけでなく、渋滞情報や経路変更情報を運転者に伝え、適切な経路を指示するなどの双方向の情報システムが望ましい。すなわち、トラック動態管理は配送段階の進捗管理を行うシステムとして位置づけられることがわかる。たとえば、保冷材を用いたチルド食品の配送では、保冷材の期限があるため、配送計画時間が大幅に過ぎてしまうと商品に対して大きな損失を与えることになる。したがって、このような状況では、トラックの動態管理は重要な管理項目となる。

　たとえば、貨物が複数の拠点を経由して配送される場合には、貨物そ

のものが現在どこにあるのかを知ることで適切な対策がとれるようになる。このようなシステムを貨物追跡システム（Cargo Tracing System）と呼ぶ。貨物そのものの動態を把握することが理想であるが、実際には決められた通過点で「何が」「いつ」その地点を通過したかというデータをとり、対象貨物がどの通過点の間にあるのかを把握するシステムである。これにトラックの動態管理システムを結びつければ、対象貨物の位置がより正確に把握できるようになる。物流拠点では到着時と出発時に通過情報をとるので、到着していて出発していなければその拠点内にあることがわかる。さらに、対象貨物にICタグを埋め込んでおき拠点内にそのアンテナを設けておけば、拠点内のどこにあるのかも知ることができるようになる。このように、貨物そのものの動態情報を直接とらなくても、代替となる情報を組み合わせることで貨物の位置がわかり、迅速に対策がとれるようになる。

（３）物流情報の対策

　物流に関する情報システムは、たとえば受発注に関連するシステム、ピッキングに関連するシステム、梱包・包装に関連するシステム、輸配送に関連するシステムというように、これまでは個別に構築され、用いられてきた。だが、現在は、モノを管理しながら運ぶ「物流」という概念から「ロジスティクス」に変化してきている。ロジスティクスとは、「物流の諸機能を高度化し、調達、生産、販売、回収などの分野を統合して、需要と供給との適正化を図るとともに顧客満足を向上させ、併せて環境保全、安全対策などをはじめとした社会的課題への対応を目指す戦略的な経営管理」（JIS Z 0111：2006-1002）と定義され、「物流」と一線を画す用語として用いられている。この背景には、対象物の多種化・少量化・短命化などとともに、情報を扱う機器やシステムの高機能化・低価格化・高速化・高容量化・広域化・高汎用化・大衆化などが大きく影響している。

　ロジスティクスにおける情報システムの基盤になるのはERP（Enterprise Resource Planning ＝企業資源管理）などの基幹システムである。ERPシステムとは、「販売・在庫管理・物流の業務、生産管理又は購買管理の業務、管理会計又は財務会計、人事管理などの基幹業務プロセスに必要なそれぞれの機能及びデータを、あらかじめ備えたソフトウェア群及びデータベースによって構成される統合業務パッケージを利用して、相互に関係付けながら実行を支援する総合情報システム」（JIS Z 8141：2022-2114）と定義され、企業全体にある個々のシステムを統合化する役割をもつシステムである。

　基幹システムの上にサプライチェーンである、顧客、小売業、卸売業、製造業、部品・資材供給者などの供給活動にかかわりのあるシステムがつながる。サプライチェーンを統合化して管理する概念としてSCM（Supply Chain Management）がある。SCMとは、「資材供給から生産、流通、販売に至る物又はサービスの供給プロセスにおいて、需要が連鎖的に発生する特徴を利用して、取引を行う複数の企業が情報共有、協調意思決定などの手法を用いて、必要なときに、必要な場所に、必要な物を、必要な量だけ供給できるようにすることで、サプライチェーンに介在するムダを排除し、経営効率を向上させる方法論」（JIS Z 8141：2022-2309）と定義される。SCMにおいて物流にかかわるシステムとしてSCP（Supply Chain Planning）とSCE（Supply Chain Execution）があり、計画部分と実行部分にそれぞれかかわっている。SCPは、生産を中心とした中期的な計画策定にかかわるシステムであり、SCEは輸送・在庫管理を中心に、実行計画を策定し、業務を支援するシステムである。

　SCEのシステムとして、受発注システム（EDI：Electronic Data Interchange）、倉庫管理システム（WMS：Warehouse Management System）、輸配送管理システム（TMS）などがある。物流EDIとは、「物流業務にかかわる企業間のメッセージ交換及びデータ交換を情報ネットワークを介して、標準化された規約の基に、コンピュータ間で行う電子データ交換」（JIS Z 0111：2006-7002）と定義される。この定義の中に受発注という言葉は含まれていないが、実質的には物流EDIにより受発注情

報が標準化され、企業間での情報のやり取りを高速化することができる
ようになった。この要因としてはインターネットの普及があり、それま
でシステム投資がしにくく敬遠されていた中小事業者にも使用しやすい
システムとなったことが挙げられる。

　倉庫管理システムは、倉庫あるいは物流センターの業務フローである、
入荷、入荷検品、保管、仕分け、ピッキング、流通加工、包装、荷役、
積込み、出荷検品、出荷などの業務を統合的に管理するシステムである。
このシステムの導入による利点は、①モノと情報の管理が一元化できる、
②出荷状況に応じてモノがうまく流れるようになる、③受注情報から作
業指示情報を構築できる、④現場でのモノの動きがモニタリングできる、
などが挙げられる。

　(2) で述べた輸配送管理システム（TMS）も含め、受発注システム、
倉庫管理システムを相互に関連づけることにより、個々のデータが他の
システムで利用できるようになり、情報伝達速度の飛躍的向上が期待で
きる。

6 初期流動管理の短縮

　初期流動管理は、新製品の生産移行段階において計画どおりに生産を
立ち上げる活動である。この立ち上がり段階は計画どおりに進まないこ
とが多いが、その原因を早期に発見し、迅速に的確な処置を行い、早期
に生産を軌道に乗せることが必要で、そのためには関連部門の総合的な
取り組みが重要である。

（1）初期流動管理の基本的な対策

　現在は、製品のライフサイクルが短くなり、新製品の開発やモデルチ
ェンジが多くなっており、これらの製品を短期間で立ち上げて、早期に
安定生産させることが重要な課題となっている。初期流動管理の基本的
な方向（対策）として次のことが挙げられる。

1）立ち上がり準備の徹底

新製品の製造に適応した物的面（工程、設備、工程編成など）や、立ち上がりに支障をきたさない管理面（生産計画、資材計画など）、さらに、それに伴う人的面の確保を徹底し、円滑な立ち上がりを可能にする。また、制度・手続など運用方法を簡素化し、迅速な対応が図れる体制を確立する。

2）初期トラブルの防止と早期対処

初期トラブルを防止するための各種対策（正確な設計図や手順計画など）や、各種トラブルの予測とその事前対策、発生したトラブルに対しての関連部門による集中的な解決および再発防止体制、さらに、それを可能にする初期情報の関連部門への迅速な伝達体制の確立を図る。

3）初期情報の蓄積

過去の初期流動管理を解析し、その経験や資料を整備すると同時に、そこで発生した各種の問題点に対する解決策を十分に検討して、次の新製品の立ち上がりに有効に活用し、円滑で、短期間の立ち上がりを図る。この場合、資料などの集中管理体制が必要である。

4）組織の明確化

初期流動管理の管理者の責任と権限を明確にし、初期流動管理の発動から完了まで定常時より幅広い権限を与えて集中的に管理する必要がある。また、製品開発などは継続的に行われているため、初期流動管理での発動および完了時点があいまいになりがちで、その明確化が重要である。さらに、関連の各部門からなるプロジェクトチームなどを構成し、総合的に迅速な対応を可能にすることが必要である。

5）目標・評価の明確化

立ち上がりを評価する項目およびその目標値を明確にし、さらに、その評価方法を明らかにすることが重要である。評価する基本的な項目としてQCDである設計品質と製造品質、日程計画と達成度、標準原価と実際原価などが挙げられ、これらを関連各部門へ徹底させる必要がある。

（2）主な関連部門の対策

主な関連部門の生産移行に関する直接的な対策のうち、主要なものに次のものが挙げられる。なお、各部門とも立ち上がり実績および問題点を分析し、資料として整備する。

1）設計

設計図や使用する原材料・部品などの正確化・確実化を進めて、再設計や調達、製造における各種トラブルの防止を図る。設計および試作段階から製造方法などに関する各種改善を進めると同時に、立ち上がりおよびそれ以降に使用する管理資料や部品表などを生産管理および生産技術部門と共同で整備する。

2）調達

円滑な立ち上がりを可能にするために生産管理部門と共同で、資材の調達計画を正確・綿密に作成し、それに基づいて適正な品質、価格、納期を設定し、外注工場の選定および価格や技術的な検討・指導などを行う。購買品および外注品に対して先行手配も含めて確実な手配を行い、カムアップシステム（→本章第6節**4**（2））などにより確実な納品を実施する。

3）製造

生産技術部門と共同で、第一線管理者を教育する。また、対象作業に合わせて作業者を質的・量的に確保し、作業に適合した有効な作業マニュアルなどを作成して、事前に十分な教育・指導を行う。さらに、予測されるトラブルを過去の立ち上がり情報から検討し、事前にその予防と発生時の対策を作成して教育することが重要である。

4）生産技術

設計・製造・生産管理部門などと共同で、製造のための治工具や機械・設備などの確実な整備や、新製品に適応した工程編成や職場レイアウトの再編成など物的システムの確立と、対象製品に最も適合した手順計画を作成して各部門への徹底を図る。特に製造・生産管理部門では、前記の内容を中心にして教育や計画が実施される。

5）生産管理

　円滑な立ち上がりのための生産計画を正確・綿密に作成し、各業務の同期化を図ると同時に、調達部門を中心に部門間の調整を行う。さらに、日程的な進度やトラブルを関連部門に迅速にフィードバックして計画の確保を図る。また、試作情報などを有効に利用して各種の管理資料を作成する。

6）品質管理

　設計部門と共同で、新製品に適合した品質規格、検査規格などを作成し、さらに、各加工工程や検査工程での検査方法などを確立する。また、外注工場も含めて関連部門への検査情報のフィードバック体制を確立し、短期間での品質の安定化を図る。

7）プロジェクトチーム

　立ち上がり活動および完了、責任や権限、組織などを明確にして集中管理体制を確立し、基本的な情報の一元化を図る。特にトラブルに対しては、関連部門が総合的に、迅速に対応できる体制を確立し、トラブルの解決や再発防止、予測と対策などを行う。また、各部門で解析した実績資料や問題点などに対しても最終的に集中的に管理し、資料化して次の立ち上がりの基礎資料とする。

第 3 節 ｜ 仕掛品の削減

学習のポイント

◆仕掛品が存在するということは、仕掛りの期間分だけ生産期間が延びるということである。

◆ムダな仕掛品を削減すれば、一般に、削減した分だけ生産期間は短縮される。

◆適切な仕掛品量がないと、作業者や工程の手空きが増加する可能性も出てくる。

1 仕掛品削減の重要性

仕掛品（WIP：work-in-process, in-process inventory）とは、「原材料が払い出されてから、完成品として入庫（又は出荷）の手続が済むまでの全ての段階にあたる品物」（JIS Z 8141：2022-1235）と定義される。

仕掛品は、生産現場や生産工程の中の各段階で、加工または組立の最中で停滞している場合や、あるいは半製品として保管されているものを指す（中間在庫ということもある）。前者は、生産現場で加工・組立の段階で停滞している状態には、工程待ち（工程間で作業待ち、移動待ちの一時待ちの状態）と、ロット生産方式の場合にはロット待ち（当該ロットの工程がすべて終了するまで停滞した状態）がある。したがって、仕掛品を減らすためには、工程待ちの対策としては停滞工程（それをボトルネック工程という）の改善、一方、ロット待ちの対策としては適正なロットサイズ（1つのロットに含まれる数量）を決める必要がある。

なお、ボトルネックとは、「能力所要量が利用可能能力を上回っている

工程、設備、機能又は部門。注釈1　あい路ともいう」（JIS Z 8141：2022 -4109）と定義される。

　製造期間は、加工期間、組立期間、検査期間、運搬期間、および停滞期間によって構成されるが、なかでも仕掛品として停滞している期間が著しく長いといわれている。したがって、製造期間を短縮するためには、ムダな仕掛品を低減することが効果的であり、逆に、適切な仕掛品量にコントロールすることにより製造期間が短縮できる。さらに、ムダな仕掛品を保有することは、下記に示す仕掛品回転率が下がり、在庫費用も増大することになる。

　しかし、仕掛品をゼロにすると、今度は作業者や機械・設備などが手空きとなる可能性が高くなる。すると、それらの稼働率は低下してムダが発生することとなり、作業者や機械・設備などの手空きが生じない程度の適切な仕掛品量にするのがよい。適切な仕掛品量を計る尺度として、仕掛品回転率がある。

　　　仕掛品回転率＝平均生産量÷平均仕掛量

　たとえば、仕掛品回転率が1の場合、投入した資材は、1日のうちに製品が製造できる仕掛品量であることを意味している。

2　緩衝機能としての仕掛品在庫の活用

　生産計画や工程編成の際に、実績に差異が生じた場合には、その差異を吸収するために、あらかじめ余裕となる緩衝（バッファ）を組み込むことがある。緩衝には次のような3つの方策がある。
　①　モノによる緩衝：原材料、部品、仕掛品、製品在庫など
　②　能力による緩衝：予備要員、予備の設備・機械、残業、外注など
　③　時間による緩衝：余裕のある納期、日程計画など
　このうち、特にモノによる緩衝の中で、仕掛品在庫が緩衝機能を果たす役割について述べる。仕掛品在庫は、各工程間で緩衝としての役割を

果たすことから、各工程が独立性をもち、前後の工程の制約なしに効率的な生産ができることがある。仕掛品在庫の活用として次のものがある。

①　各工程間で生産能力のバランスを考えるとき、主要工程がしばしばボトルネック工程であることがあり、この工程の前に仕掛品の中間在庫を置き、この工程の生産能力の向上を図ることによって全工程の生産能力を上げることが期待できる。

②　生産設備の故障、品質不適合などの予測困難な要因による生産時間ロスを工程内で防止できる。

③　製品の生産期間が長い場合に、標準品を中間的な仕掛品在庫とし

Column **知ってて便利**

《制約条件の理論 (TOC：Theory Of Constraints) とDBRスケジューリング》
　TOCは、生産性を全体最適化の観点から、その向上を制約しているボトルネックを発見し、それを最適化のきっかけとして活用する生産性改善のステップを、イスラエルの物理学者であったゴールドラットが提唱した。
　DBRスケジューリングは、そのTOCの中での主要概念であり、制約条件（制約工程）に焦点を当てて、生産のスムーズな流れをつくるためのスケジューリングの方法および生産設備の運営・管理の方法論を指す。DBRは、だれもが知っているモノの名前として、ドラム、バッファ、ロープの頭文字をとった表現であり、管理上の3つのポイントを示している。

①　ドラム：全体のスループットを決めるボトルネック工程（一般的には制約条件）を発見

②　バッファ：生産ラインやショップ内で発生しうるさまざまな不具合によってもたらされるスループットの減少や納期の遅延を抑えるための保護的な緩衝（前述した余裕のモノ、能力、時間）の準備

③　ロープ：非制約工程（非制約条件）を、制約工程（制約条件）と同期化することを目的として、資材の投入を計画（一般的にはスケジューリング）

　DBRスケジューリングは、ボトルネックスケジューリングの一種であり、生産ラインやショップの不確実性を前提とした実践的なスケジューリング手法として理解されている。

て見込みによる先行生産をしておけば、受注があってから製品を完成するまでの生産期間を短縮できる。

3 仕掛品の発生原因

（1）仕掛品の発生原因

　仕掛品が発生する原因は種々あるが、最も多いのが工程待ち（作業待ちと移動待ち）である。工程が混んでいて、なかなか作業の順番が回って来ず、作業を受けるのを待つ状態にある場合が作業待ちである。移動待ちも同じような原因で発生する。移動に必要な作業者や機械・設備が混んでいて、移動作業の順番が回って来ないときに仕掛品となる。

　しかし、作業者や機械・設備が空いていても、仕掛品が発生する場合がある。その作業に必要な部品や原材料が届けられていない場合も作業はできない。このときも仕掛品になってしまう。その作業に必要な治工具が準備されていない場合なども、作業ができなくなって仕掛品になってしまう。

　さらに、製造途中に設計変更が生じ、作業をストップせざるを得ない場合も仕掛品になってしまう。ほかに、不適合品と判断され、その後の処理をどのようにすべきかわからないまま放置してある場合も、仕掛品として扱われることがある。これらの仕掛品の発生原因について、以下でさらに考えてみる。

（2）生産能力の不均衡による原因

　たとえば、作業者が懸命に作業をしても追いつかないほど、仕事が後から後から来る場合がある。やがて、その工程は仕掛品で山のようになってしまうことがある。これは生産能力に対して、負荷が大きすぎた結果によるものである。受注量が多すぎるとこのような状態を招きやすい。

　しかし、受注量がそれほど多くなくても、仕掛品が過度にたまる場合がある。それは、工程間で生産能力が不均衡になっている場合である。

ボトルネック工程がそれで、ボトルネック工程では仕掛品がたくさん停滞している。仕掛品が最も多く存在している工程をボトルネック工程と定義してもよい。一般に、多くの工場にはこのようなボトルネック工程が存在する。

Ⅰ　過大負荷の原因

負荷が大きくなってしまう理由は種々ある。最も根本的な理由は、受注が多すぎるためである。病院でいうと、患者が多く来院しすぎてしまったことに相当する。

Ⅱ　過小生産能力の原因

負荷の量は変化しなくても、生産能力が小さくなると、能力に比べて負荷が大きいという現象が発生する。その結果、仕掛品は増加する。機械や設備が故障したときや、作業者が欠勤したとき、退職したときなどに、能力は通常よりも減少する。さらに、不適合品が発生してその対策に作業者や機械がかかわると、やはり能力が小さくなった場合と同じ現象になる。

（3）稼働率向上による原因

工程に仕掛品がまったくなくなると、その工程の作業者や機械・設備は手空きの状態になる。すると、稼働率が下がる。特に作業者が手空きになると、周りの目からはサボっているように見える。

そこで、作業者は手空きにならないように、常に仕掛品がそこにあるようにしたいと考える。作業速度を落とせば仕掛品をある程度ためることができる。その結果、作業者は手空きになることがなく作業を続けることができる。すると、外部の者からは稼働率が上がっているように見える。しかし、この操作が度を超すと、今度は仕掛品が過度にたまることが起こりうる。

（4）トラブルによる原因

トラブルが発生したために、仕掛品がたまることもある。たとえば、

作業者の欠勤や、機械・設備の故障、必要な原材料や部品の調達が遅れているなどのトラブルが発生した場合である。

4 仕掛品の増加防止策

（1）原因が過大負荷の場合の対策

　負荷が多すぎて作業待ちが発生し、仕掛品が多くなりすぎたとき、これをどのように解消していけばいいか。あるいは、負荷増大による仕掛品が増加しないようにするにはどうすればいいか。その対策は大きく分けると2つある。

Ⅰ　生産能力の増大

　もし、注文が今後も恒常的に多くなると予想されるなら、工場全体の能力を増加することを検討するとよい。しかし、恒常的に受注が増加すると予想されなければ、ボトルネック工程などの生産能力を臨時的に増加することを考える。

　生産能力を臨時的に増加させる対策は重要である。というのは、臨時的に増加することは、仕掛品量がある程度減少したら、生産能力を元の量に戻すことがあるからだ。もし、生産能力を増加したままにしておくと、仕掛品は減少し、その結果、ゼロにすることもできるかもしれない。仕掛品がゼロになると、今度は逆に、作業者や機械・設備が手待ちの状態になる。つまり、稼働率が低下することになる。したがって、生産能力を臨時的にある期間のみ増加するという対策は重要である。このことはまた、生産能力を増加するタイミングや量にも気を配らなければならないことを意味している。

Ⅱ　長めの納期

　受注生産型の工場の場合はもう1つ対策がある。それは納期である。顧客と交渉が可能な場合には納期を長くしてもらうことである。

　もし、まだ納期契約をしていない状態にあって、手持ちの受注が通常よりも多くなっている場合は、通常の納期よりも長めの納期を契約する

ように交渉する。そうすれば、負荷は平準化され、仕掛品の増大を防止することができる。

（2）原因が過小能力による場合の対策

　機械や設備が故障したときや、作業者が欠勤したとき、退職したときなど、生産能力が通常よりも減少した場合に仕掛品が増大してしまう。この場合は、できるだけ早く元どおりの生産能力に復帰するように努力することである。

　ただし、生産能力を元どおりに復帰したとはいえ、いったん遅れた進捗をそのままにしておくと、納期遅れが発生する。この場合も臨時的に生産能力を通常より増大して、進捗の挽回を図る必要がある。

（3）稼働率向上による原因の場合の防止策

　仕掛品の発生原因が、稼働率向上による場合は、稼働率向上のために仕掛品を保有しようとする考えをなくすようにすることだ。稼働率を向上させるためには、仕掛品をある程度保有しておいたほうがいいことは前述のとおりである。しかし、そのために作業速度を落として仕掛品をため込む、という行動をすることになると、納期遅れになっていくおそれが出てくる。これでは本末転倒である。

　したがって、このような行動を起こさないようにする対策をとる必要がある。そのためには、作業者を指導したり、教育したりすることが重要な対策の1つとなる。

（4）部品待ちによる仕掛品の増大とその対策

　生産現場に行くと、部品待ちのために加工作業や組立作業ができないままに、放置してある仕掛品を見かけることがある。これも、"処理を待っている仕掛品"になるが、いままで述べてきた、"待ち行列で順番を待つ仕掛品"とは異なるものである。

　この場合は、その部品がないとそこでの処理ができないために部品が

到着するのを待っており、その結果仕掛品になっているということだ。その原因は、過大負荷でも過小能力でもなく、部品の納期遅れを出したことによる。

　その場合は納期遅れ対策を部品について適用すればよい。つまり、部品を内製しているのであれば、納期遅れ対策をそのまま、部品を内製している部門に当てはめて対策をとる。もし、部品を外注または購入しているのであれば、サプライチェーンを再構築するなどの対策をとる必要がある。

第 4 節 初期流動管理

学習のポイント

◆新製品やモデルチェンジ品の生産を開始するときは、種々の不適合品が発生する危険性が高い。

◆生産初期に備えて、治工具や機械・設備を周到に準備する必要がある。

◆生産初期に備えて、作業標準をできるだけ準備し、更改すべき点が出てきたら、速やかに更改できるような体制を整える。

1 初期流動管理の重要性

　初期流動管理とは、「生産立上げ期間中における不具合及び問題の早期発見と解決とを図るための管理活動。注釈1　新製品又は新材料の投入、設備の追加など、生産立上げ期間中には、諸般の不具合が発生しやすく、目標の生産性を達成できない場合がある。それらの状態から安定した生産ができるまでの期間を初期流動期間と呼ぶ。注釈2　初期流動期間中には工程を重点的に管理する必要がある」（JIS Z 8141：2022-4310）と定義される。

　新製品を頻繁に出さなければならなくなった今日、生産の初期流動管理も重要になっている。業種によっては、常に新製品を出しているところもあるが、このような工場では、初期流動管理がうまくないと常に不適合品を発生させることになりかねない。また、企業として初めて製造を行うとき、勝手がわからず、さまざまな製造上の失敗を犯してしまう。

　たとえば、作業の順番を間違えた、誤った加工をした、異なる部品を

組み付けた、その結果、不適合品を作ってしまう、といった失敗を犯してしまう。このような失敗は、従来から生産活動に慣れている工場でも、従来製品のモデルチェンジ程度の製品生産開始時期や、さらに新製品を初めて作る場合にありうることである。このように、新しい生産作業を始めるか追加するとき、できるだけ失敗しないように管理することが初期流動管理である。

　初期には、不適合品を作ってしまうだけではなく、納期上にも種々の問題を発生させる。それらの問題を以下にリストアップする。
　①　金型や治工具について
　　金型や治工具の設計が不十分であると作業がしづらい。そのために不具合品が発生してしまう。また、金型や治工具を修理しながら使用することが起こりうる。そのために作業が遅れてしまう。手配した金型や治工具の入荷が遅れると作業に影響してくる。
　②　部品調達の手配、進捗管理について
　　慣れていないために外注先への生産指示が遅れる。また、手配漏れも発生しやすい。その結果、生産ラインがストップして納期遅れが発生してしまう。生産計画や進捗管理のしくみが不十分なためにうまく部品手配ができない。通常部品は手配されたが、緊急部品は手配遅れになるという事態が起こり、納期遅延が発生する。
　③　作業方法について
　　作業方法の変更や改善が矢継ぎ早に行われる。そのためになかなか作業に慣れない。また、作業標準や標準時間も決まらない。その結果、生産計画も修正の連続となり、これが納期遅延の原因ともなる。
　④　作業者の作業について
　　生産初期の不慣れ、不安定な作業活動をできるだけ短時間で安定的な作業ができるようにしなければならない。そのためには作業の事前訓練が重要であり、その時間があるならば、実際に作業訓練をするのが一番である。しかし、こうした取り組みは試作品を製造する段階で

すでに行っている場合も多い。

　製造作業は、多くの場合腕や指などの肉体を動かす作業が中心であり、治工具を使用している場合も腕や指などの肉体作業が重要な部分を占める。こうした肉体作業は実際に実行してみることが重要であり、機械を使用して加工する場合でも事前訓練をしていくつか試しに作ってみるべきである。

　人間が含まれる作業システムでは、ベテランの人材を指導と現場管理に回すことが重要である。このことによって、問題が発生してもベテランによって問題を早期解決できるようにするとともに、最適な作業方法をすぐに見いだすことができるようになる。

2 初期流動管理の部門別対策

(1) 製品開発・製品設計部門の対策

　厳しくなる経営環境の中で、製品の多様化・短命化が進んでいる。これらに対応するために、製品開発から量産立ち上げまでの期間を短縮し、垂直立ち上げをねらって効果的な製品開発、製品設計、そして生産準備をすることが重要課題である。このために製品開発および製品設計部門の初期流動管理活動が重要である。

　製品開発や製品設計にあたり、初期流動管理活動により不具合を事前に洗い出し、試作・評価以降の設計変更をできる限り少なくする必要がある。そのためには、製品開発・製品設計・生産準備プロセスの各段階において、技術検討と、デザインレビュー（DR）、コストレビュー（CR）などを確実に実施していく。つまり、製品の量産以降に不具合の発生やそのための製品設計変更のゼロ化を目指して、上流プロセスでできる限り問題を前倒しして顕在化させて、関連部門が連携して問題解決していくことが望ましい。

　なお、デザインレビュー（DR：Design Review）とは、「当該アイテムのライフサイクル全体にわたる既存又は新規に要求される設計活動に

対する、文書化された計画的な審査」（JIS Z 8115：2019-192J-12-101）
と定義される。新製品のできばえを評価・確認する方法の1つで、設計
の適切な段階において、設計結果の公式な文書に基づく審査を計画し、
実施すること、おのおののデザインレビューも参加するメンバーには、
審査される設計段階に関係するすべての部門の代表者だけでなく、必要
に応じて他の部門の専門家も含めること、これらの審査の記録を維持す
る活動である。デザインレビューは、新製品開発の段階に沿って、次の
ような設計作業の節目に行う。

① 構想（または概念）設計段階〔システム構想、機器構想を含む〕
② 基本設計段階〔機構設計、電気設計を含む〕
③ 詳細設計（または製品設計）段階〔試作・評価を含む〕
④ 生産準備段階〔工程設計、設備計画、作業設計を含む〕

なお、製品設計部門では、試作段階での設計変更の迅速な処理を行い、
設計の標準化、設計図・仕様書などの迅速な整備を行う。

（2）設備管理部門の対策

設備計画の初期流動管理活動に向けて、以下のステップで新しい機
械・設備の事前検討を行う。

① 企画
② 設計
③ 製作〔外注、または内製〕
④ 試運転立ち合い
⑤ 据え付け〔周辺機器を含む〕

いかに上流ステップの事前検討で、問題を洗い出し、問題解決するか
が重要になる。それらの事前検討により、機械・設備の据え付け後は不
具合のゼロ化を目指して、機械・設備の初期流動期間を短縮していくこ
とが望まれる。

　一方、生産・作業プロセスを自動化することも重要な対策である。この場合には、機械・設備を動かすためのプログラムや制御システムの構築に全力を注ぐとともに、何か問題が起こったときにすぐに対応できる体制にしておく必要がある。自動化機械・設備を初期から安定的に稼働させるためには、プログラムや制御システムの精度を高めて試作品を作ってみることが必要となる。もし、練習をする時間的余裕がないとか、経済的に練習はできないということであれば、事前に種々のシミュレーションをすることも有効な対策になる。

（3）生産管理（生産計画）部門の対策

　生産管理（生産計画）部門では、新しい生産システムの工程表などを準備する手順計画を立案しなければならない。生産の着手および完了時点を計画している場合はそれも作成する。そして、作成した計画を生産現場に行き渡らせるようにする。

　生産初期では、作業に慣れていないため、作業が軌道に乗った場合と比べると、どうしても作業速度は遅くなる。このことを考慮して、生産初期では着手および完了時点に少し余裕をもたせたほうがよい場合がある。どのくらいの余裕をもたせるかについては、工場や製造している製品による。過去の経験および過去のデータから推定せざるを得ない。

（4）製造部門の対策

　製造部門では、試作から量産段階へ円滑に移行させる必要がある。そのためには、量産用の機械・設備、金型、治工具や、必要書類などを十分に準備しておく必要がある。

　一方、作業者に必要な治工具の準備を完了しておかなければならない。製造部門と工務部門との連絡を緊密にし、治工具に不具合が発見されたら、すぐに改善・補修・調整ができるようにしておくべきである。

　工場では、工程を新製品製造用に編成しておく必要がある。モデルチェンジの場合は、工程の再編成をする。あるいは、機械の配置替えを行う。

　作業者に対しては、新たな標準時間を設定したり、標準作業の指導書を作成する。それには、最適な作業方法を事前に研究しておくことである。それでも、事前には考えの及ばなかった作業方法が、作業開始とともに見いだされることもある。そのとき、速やかに標準作業書を改編する。そしてそれを他の作業者にも知らせて、実行できるような体制を整えておく必要がある。

（５）検査部門の対策

　生産初期において、検査は必須である。検査を厳密に行って、不適合品が顧客に渡らないようにしなければならない。ただ、不適合品には、その場ですぐにわかる不適合と、実際に製品を何日間かあるいはさらに長期間使ってみないとわからない不適合がある。後者のような不適合を避けるには、設計の完璧化および各工程での作り込みを完全にしていくことが１つの方法である。

（６）プロジェクトチームの編成

　初期生産期間に問題が発生しないように、あるいは問題が発生したときに迅速な対応がとれるように、プロジェクトチームを編成するとよい。プロジェクトチームでは、各部門と横断的に連携し、トラブルの早期解決と再発防止の迅速化を図る。そして、できるだけ短期間に生産が軌道に乗るように努力する。

第 5 節　作業指示と統制

◆納期を守る意識は常にもっておかなければならない。
◆作業結果報告を活用して、同種の納期遅延が繰り返されない
　ように対策を施すことが重要である。

1　作業ミスの予防

　作業ミスは2つの面から納期に影響を与える。1つは作業ミスにより
作り直しの時間を余分に必要とすること、もう1つは検査のときにどこ
をミスしているかわからない場合に検査に余分な時間がかかることであ
る。ここではそのための対策として、ポカよけと作業者の管理の観点か
ら予防対策を考える。

(1) ポカよけと自動制御
I　ポカよけの方法

　ポカよけは、作業者がいくら注意して作業をしていても、作業忘れや
判断ミスにより、不適合品を作ったり、後工程にその不適合品を流して
しまうおそれがあることから、このような人間の凡ミスによる不具合の
発生を簡単なしくみや工夫によって防止することである。

　たとえば、穴あけ加工を忘れたら、穴のあいていない形状のままでは
次工程のセット治具に取り付けができない治具にしておけば、すぐにミ
スしたことを発見できる。このようなポカよけのしくみを、作業者がミ
スしやすい工程の中に組み入れることにより、作業忘れによる未加工、

部材のセットミスによる加工不良、部品の組み付け間違いや組み付け忘れなどの不具合を未然に防止することができる。

1）標準作業による指導

同じ作業でも、作業者によって作業方法が異なることがある。場合によっては、作業者の作業方法が具体的に指示されておらず、自分がよいと思った方法で行っていることもある。このような状況の現場では、作業ミスが頻発してもおかしくない。品質が保証された製品を生産するためには、それを保証する作業手順を準備し、作業者に指導する必要がある。

2）合図（予知警報、発生警報）

不適合品の発生につながるような異常事態やミスが起きたときに、光や音により合図をする場合を予知警報という。また、不適合品が発生したときに光や音により合図をする場合を発生警報という。予知警報は作業を行っている作業者に気づかせる機能であるのに対し、発生警報は周囲の人に知らせ、別の作業者や監督者が来て、その作業者の支援をするための機能をもっている。いずれの場合も、音や光で作業者や職場全体に知らせることで大きな事故につながることを避ける方法である。

3）ミス規制

標準作業とは異なった方法では作業を行うことができないような方策を、ミス規制という。対象物を置く方向が、決められた向きでないと作業ができないようにする治具はその代表的な例である。また、発生した不適合品が次工程へ流れないようにする方策を、流れ規制と呼ぶ。工程ごとに自動検査を行ったり、ネジの締め忘れがないかをセンサーで調べるなどにより、不適合品はその工程で手直しする方法がある。

4）必要量のみ供給（キット供給）

組立作業の場合には、特に部品の付け間違いが発生する可能性がある。多くの品種が流れてくる生産ラインでは、特に部品の付け間違いに注意を向ける必要がある。このような場合には、できる限り現場で必要なもののみを供給することを考えるとよい。

キット方式供給とは、「必要部品を事前にそろえてセットで供給する」

（JIS Z 8141：2022-5402 注釈1より）と定義され、マーシャリングともいう。すなわち、組立作業を対象とした生産ラインにおける工程や作業者へ、原材料あるいは部品を供給する際に、1つの組立品に必要な各種の部品を1セットとして、そのセット単位で部品をそろえて供給する方式のことをいう。このような必要な1組の部品をセットに一括して供給することをキッティングという。これに対する用語として、ある工程に同種類の部品をそろえて出庫あるいは供給するために必要な部品の種類とその部品数を取りまとめることをピッキングという。

なお、ピッキングとは、「製造又は出荷のために必要な部品若しくは製品を、在庫置場から取り出す行為」（JIS Z 8141：2022-4205）と定義される。

5）機械化、隔離、ロック

機械化・自動化をする際に、作業者が間違った操作をした場合でも、エラーを起こすことができないように工夫した機構に設計しておくことがある。

隔離の例として、機械加工をしている工程で、作業者が間違って機械の操作部分に手を出しても、接触しないように刃物の回転部分にカバーを取り付けたり、センサーを付けて機械を自動停止することがある。ロックの例として、配電盤の扉を開けると、電気回路が自然に死線となり、扉を閉めると復活するような機構にしておくことがある。また、一定期間限界の使用時間を過ぎると、警報を示した後で自動停止する機構を用意することがある。

Ⅱ 自動制御

起きてはならないことが発生した、あるいは発生しているときには、まずすぐに機械を止めて対処する。この状況には以下の2つがある。

1）作りすぎによる停止

決められた生産量より多くの処理を行おうとしたとき、処理を行えないように機械的に自動停止する場合である。

2）不具合による停止

　不適合品の発生につながるような異常が発生したときに、機械・設備の働きや機能を停止させて不適合を未然に防ぐ方法を、異常停止と呼ぶ。一方、不適合品が発生したときに機械・設備の働きや機能を停止させて不適合品が続発することを避ける方法がある。

　なお、機械・設備の安全対策としてフェイルセーフ（Fail-Safe）がある。フェールセーフは、運転中のシステムの一部に故障が起きても、システム全体にその影響を及ぼさず、ある期間システムの機能を維持できるような安全機構を組み込んでいる状態である。たとえば、航空機のエンジンシステムの冗長設計として、複数のエンジンを備えており、たと

<table><tr><td>Key Word</td></tr></table>

　ジャストインタイム（JIT）生産システムと自働化──JIT生産システムは、トヨタ生産方式との類義語として用いられることがある。JITとは、「全ての工程が、後工程の要求に合わせて、必要な物を、必要なときに、必要な量だけ生産（供給）する生産方式」（JIS Z 8141：2022-2201）と定義され、大野耐一によって、その中核をなす「かんばん方式」が創造された。かんばん方式とは、「トヨタ生産システムにおいて、後工程引取り方式を実現する際に、かんばんと呼ばれる作業指示票を利用して、生産指示又は運搬指示をする仕組み」（JIS Z 8141：2022-2203）と定義される。かんばん方式は後補充生産方式とも呼ばれ、平準化生産を生産現場に徹底していくことが、この生産方式を成立させる前提条件となっている。平準化生産とは、「需要の変動に対して、生産を適応させるために、最終組立工程の生産品種と生産量とを平準化した生産方式」（JIS Z 8141：2022-2202）と定義される。

　JITの理念には、かんばん方式と並んで、自働化がある。自働化は、単なるオートメーションの意味ではなく、生産ラインや機械に、不適合品や異常が発生した時点で、品質保証のために、それらの異常を検知して、作業者や機械がみずから生産ラインや機械の運用を止めるしくみのことである。たとえば、生産ラインのある工程で異常が発生した時点で、あんどんと呼ばれる電子掲示板を点灯させて関連部署に通知して、ただちに対策をとることがある。さらに、異常を検知した際に、自動停止付き機械を自働機械と呼ぶことがある。

え1基のエンジンが故障しても、残りのエンジンで飛行可能なように設計されている。

　また、重量物をワイヤーでつる作業で、主ワイヤー以外に、やや緩ませて副ワイヤーを準備していることがあり、これもフェイルセーフの考え方を応用したものである。

（2）作業標準と作業者の管理

　作業標準は、正しい生産をするための重要な道具である。そこに記された標準作業を行うように作業者に徹底することで、計画どおりの生産が可能になる。作業標準は新規作業者の指導書としても用いられ、現場に入る前の作業訓練に重要な書類である。ベテランの作業者にとっては、作業標準に記された標準時間で作業ができるようになることが必要とされる。

　作業標準は、班長あるいは組長と呼ばれる現場の監督者が作成することが多い。作業の改善がなされたらすぐに作業標準に反映させなければならない。作成された作業標準は、だれでもが見られるような場所に掲示し、目で見る管理を行うとよい。

　なお、目で見る管理とは、「見える化ともいい、作業者又は管理者が、進捗状況又は正常か異常かどうかといった生産の状況を一目で見て分かり、管理しやすくした工夫。注釈1　設備の管理を目的としたものとして、あんどんがあり、作業者の管理を目的としたものとして、標準作業票又は作業限界線（定位置停止線）、原材料の管理を目的としたものとして、生産管理板、在庫表示板、かんばんなどがある」（JIS Z 8141：2022-4303）と定義される。

2　作業結果の確認とデータ収集

　作業が予定の日時に開始され、予定の日時に終了したかどうかのデータを収集しておくと、次回の計画を立てるときに役に立つ。

　そのとき、予定の日時とあわせて、実績の日時も記録し、収集しておく。それだけでなく、そのときの工程の混雑度や注文量も付随情報として残しておくとよい。そうすれば、「注文の多いときは、余裕時間を○○くらいにすればよい」とか「リードタイムは××くらいにすればよい」というようなことが明確になってくる。では、工程の混雑度や注文量はどのように表現すればいいか。

　そのときの工程の混雑度や注文量は、そのときの作業待ち時間の大きさである。作業待ち時間は、待ち行列に並び始めたときの記録を取っておけば、あとででも算出することができる。作業を開始した時刻から、待ち行列に並び始めた時刻を差し引けば、作業待ち時間が計算できる。作業待ち時間のデータを、次回の余裕時間設定やリードタイム設定のときに利用する。

　なお、生産時点情報管理とは、「生産活動において発生する情報を、その発生場所（機械、作業者及びジョブ）で即時に収集し必要な指示（情報）を提供する情報システム」（JIS Z 8141：2022-4107）と定義される。

3　作業結果の報告と活用

　生産報告とは、「日々の作業実績を管理部門へ報告する行為。注釈1 通常、報告単位は作業者別又は機械別とし、生産数量、不良数量、作業時間、材料使用量、作業条件などを毎日提示に報告する」（JIS Z 8141：2022-4108）と定義される。

　また、作業日報とは、「1日の作業実績（品名、作業名、生産数、直接作業時間、間接作業時間など）を記録する伝票。注釈1　作業時間票ともいう。必要に応じて機械運転時間、材料使用量、加工条件、不良率なども記録する」（JIS Z 8141：2022-4308）と定義される。

　さらに、実績情報管理とは、「日々の生産実績に関する情報を定期的に収集し、統計処理した上で、関係部門に提供する行為。注釈1　資料管理ともいう」（JIS Z 8141：2022-4306）と定義される。

　基準日程方式では、余裕時間をどのくらいに見積もるかが納期管理に
大きく影響する。MRPでは、リードタイムをどのくらいに見積もるかが
納期管理に大きく影響する。余裕時間やリードタイムは、作業処理時間
を基本にして決める。したがって、作業処理時間の見積もりが重要であ
る。その作業処理時間の見積もりも、過去のデータを基本にして設定す
ることが中心になる。

　すなわち、余裕時間および作業処理時間ともにデータを収集しておく
ことが重要になる。このようなデータを収集しておいて、それをもとに、
より精度の高い見積もりができるようにしていくことが重要である。

第 **6** 節 | **生産統制における作業統制 (進捗管理、余力管理、現品管理)**

◆生産統制における管理業務の流れを学ぶ。

◆生産統制におけるさまざまな管理業務の中で、作業手配（作業準備、作業割当、作業指示、作業指導）と作業統制（進捗管理、余力管理、現品管理）について学ぶ。

◆進捗管理の意義と進度の基本的な概念である、過程的進度および数量的進度について学ぶ。

◆進捗管理を行うための図表や方法について学び、それらが実務で利用できるようにする。

◆生産計画の中で立案した工数計画に対して、生産現場における現状の負荷状態と現有能力を把握して、能力と負荷の均衡を目指して作業の再配分を行う、余力管理について学ぶ。

◆進捗管理に関連する現品管理について、運搬・移動および保管の観点からその考え方を学ぶ。

◆納期管理のレベルの向上に対する方策として、全社的な意識改革および納期情報のフィードバックの考え方について学ぶ。

1 生産統制における管理業務

　生産統制における管理業務の流れは、製作手配、作業手配、作業統制、事後処理の順序で行われる。→図表3-6-1

　以下に生産統制を構成するそれぞれの管理業務のポイントを示すとと

図表３-６-１ ● 生産統制の管理業務の流れ

出所：並木高矣『工程管理の実際』日刊工業新聞社を一部修正

もに、各管理業務と、生産計画に包含されている管理項目との関連性を
考察する。

（1）製作手配

　製作手配は、大日程計画に基づいて、中日程計画の段階でより詳細に
計画された内容を、関連するおのおのの生産現場に対して、製造命令
（指示書）を以下の資料を配布することで指示する。
　　○作業予定表──製品の品種別・工程別・部品別などの生産スケジュ
　　　ールの配布
　　○製造活動に必要な資料──設計図、手順表などの配布
　この製作手配は、本社などの中央生産管理部署などが行い、関連する
おのおのの生産現場に対して製造命令を指示・連絡する際に、それらに
関連する設計、購買、販売、営業などの他部署との調整作業も行われる。
　Ⅰ　総合手配
　手配の段階は、総合手配と細部手配の２つが考えられる。総合手配で
は、個々の製品に関するおおまかな日程計画や工数計画が立てられ、各
部門へ指示される。製造命令は、個々の受注品ごとに出される場合と、
一定期間の生産計画として出される場合がある。前者の場合には、設計
から納品までの生産全体の予定が決められ、各部門の業務計画のデータ
となる。総合手配では、設計手配と購買手配の２種類の手配が行われる。
　製造命令には、仕事の種類（製品、常備品、補修部品、試作、治工具、
設備、修理、間接作業など）、指示事項（注文主、製品名、生産量（ロッ
ト数）、納期、仕様など）が示される。

Ⅱ 細部手配

　総合手配に基づき設計図ができ上がると、細部の計画が決められる。細部手配については、主として作業伝票が用いられる。情報技術を利用した作業手配の方法もあり、コンピュータの発達とともに進展してきている。

　手配業務についての具体的な項目を以下に示す。

○購買――購入する原材料や部品の寸法、品質（規格）、所要量、納期など

○外注――外注すべき品名または工程、所要量、材料支給の方式、納期など

○生産技術・設備設計――特殊な治工具や機械・設備の準備・製作

○製造――社内で担当する作業の明細（品名、作業名、数量、納期など）

○検査――受入検査、中間検査、完成検査、全数検査、抜取検査、試験・検査項目など

○原価　製造命令の具体的内容（個別原価計算の基礎資料）

（2）作業手配（差立）

　作業手配（「差立（さしたて）」ともいう）とは、「ある機械・設備で、一つのジョブの処理が終わったとき、次に処理すべきジョブ（作業）を決定し指示する活動」（JIS Z 8141：2022-4203）と定義される。作業手配は、生産計画の“小日程計画”に対して、おのおのの生産現場において“作業着手時点”の統制を以下の管理業務を通して行う。

○作業準備
○作業割当
○作業指示
○作業指導

　製作手配では、この段階で作成された帳票類に基づき、作業に必要ないわゆる4M（Man、Machine、Materia、Method）の準備を行うこと、

さらに、作業を担当するおのおのの工程と作業者へ作業の割り当てを行い、作業指示および作業指導を行うことである。

（3）作業統制

作業統制は、以下に示した3つの管理業務によって構成される。

○進捗管理（進度管理）——生産計画の小日程計画に対して、作業完了日の統制を行う

○余力管理——生産計画の工数計画に対応する

○現品管理——原材料、部品、仕掛品、製品などの現品に対して、それらの保管、運搬、停滞などの管理を行う

（4）事後処理

事後処理では、作業の完了後に行われる、完成品の移動や後片づけ、多種の報告書（日報、業務報告など）の資料管理、機械・設備の故障時の対策などを行う。各報告書に基づき、必要に応じてモノの流れ、人の動きの改善や対策がとられ、次期の作業内容のレベル向上につながる。

2 作業手配（差立）の管理業務

作業手配（差立）は、特に小日程計画を実行に移すために、現場管理者（たとえば、職長）が、みずから担当する工程における作業者や機械・設備に対して、日々の仕事を遂行するために作業準備、作業割当、作業指示、作業指導をすることである。

（1）作業準備

製作手配に基づいて、作業に必要な原材料、部品、および治工具、図面、作業指導書などを、作業開始前に当該工程の作業者に、事前に準備しておく。特に、過去の経験から見て予測される問題には、事前の処理がなされていなければならない。

（2）作業割当

　個々の仕事（ジョブ）を、作業者別あるいは機械別に割り当てる。その際、どの仕事を先に行うかの作業順序を決める。作業順序の決定にあたって、作業者や機械の稼働率の向上、類似性のある品種や生産ロットをグループ化した段取作業の効率化、仕掛品が増えすぎないように前後工程の同期化などを考慮しなければならない。

　作業割当を行うときには、それぞれの仕事の納期や必要工数、現在の手持ち仕事量（まだ仕事が終わっていない受注残はどれだけあるか）、作業者別または機械別の現在の進捗状況（後述する進捗管理との関連）や、作業者の技能水準や機械の生産能力を把握しておかなければならない。

（3）作業指示

　作業者に仕事の内容、作業方法、作業条件を具体的に指示するために、後述する作業票と差立盤を組み合わせて用いることがある。そのほかの主な伝票としては、検査票、出庫票、移動票などがある。これらの伝票は、作業指示の役割を果たすだけでなく、事後処理の作業実績報告書用の資料としても用いられる。

（4）作業指導

　作業を準備し、作業を割り当てても、計画段階では予測できない要因があって、仕事が順調にいくとは限らない。工程内でトラブルがあった場合に、職長は作業者の支援をしたり、適切な対策をとらなければならない。

　また、職長は、生産現場の多能工化計画の一環として、作業者の適正配置やジョブローテーションを考えたり、必要に応じて職場内訓練（OJT）としてグループリーダーなどとともに、作業の指導を担当する。

3 進捗管理の意義

（1）進捗管理の重要性

　進捗管理とは、「仕事の進行状況を把握し、日々の仕事の進み具合を調整する活動。注釈1　進度管理又は納期管理ともいう」（JIS Z 8141：2022-4104）と定義される。

　進捗管理の第1の目的は、納期の維持である。納期を守ることは、その次にあるステップに対して遅れを出さず、日程計画を守れる状況を生み出すことを意味している。すなわち、顧客満足を生み出していることになる。しかし、納期の維持のために作業を計画よりも先行して進めると、仕掛品や在庫が増える可能性がある。したがって、生産速度の維持および調整を行うことが、進捗管理の第2の目的となる。

　作業の進度を管理するためには、作業の手配・準備から作業の完了に至るまでの、作業の流れを一貫して把握しておかなければならない。したがって、生産統制の管理業務の大部分が、進捗管理に関連しており、生産統制の中核的な役割を進捗管理が果たしている。

　前述したように、小日程計画で定めた作業の開始・完了について、作業手配（差立）の目的が作業の計画を開始する日時の達成であるのに対し、進捗管理は計画を完了する日時の達成、つまり納期の維持を目的としている。

　進捗管理の業務には、次の4つの段階がある。
① 　進度分析
② 　進度判定
③ 　進度対策
④ 　効果確認

　まず、日程計画が立てられ、その内容が作業手配（差立）や製造命令書などで生産指示される。進度分析では、生産活動が継続される中で、進度状況の計画と実績を定期的に調査する。後述する進度表や累積進度

グラフなどの視覚化表示を用いることがある。

　次に進度判定では、前述のように進度状況に対して、あらかじめ許容基準を定めておく。許容基準を超えて遅れや進みすぎがあると判定された場合には、計画に戻すような対策を講じる。

　進度対策では、緊急対策と恒久対策を明確に使い分けて、遅れ・進みすぎに対処することが重要である。たとえば、ある製品について、工数算定が甘かったネック工程において遅れが発生した場合などは、緊急対策として、応援要員を他部門へ依頼する。一方、その後の恒久対策として、工程改善や補助具の検討が必要になる。緊急対策だけでは遅れが慢性的に発生することになる。

　効果確認では、たとえば、生産調整会議または工程会議での対策効果の確認、あるいは対策によって生産計画を挽回できない場合には、計画を調整する必要も出てくる。

（2）過程的進度と数量的進度

Ⅰ　過程的進度

　生産プロセスにおける進度には、過程的進度と数量的進度がある。過程的進度は、主として個別受注生産の場合やロット生産でもロットのサイズが小さい場合に、その仕事がどこまで進んだかを管理する方法である。この管理の図表として、ガントチャート（→本節**4**(1)）や図表3-6-2に示したダイヤ式進度グラフがある。ダイヤ式進度グラフは、横軸に時間（暦日）、縦軸に工程を下から（または上から）順に記入する。作業の計画に対して実績がどうであったかを、図表では点線（計画）と実線（実績）で示している。工程の高さを標準時間でとれば、計画どおり進んだ仕事は直線で示される。図表3-6-2では、仕事②が仕事③に追い越されている様子もわかる。

Ⅱ　数量的進度

　数量的進度は、連続生産や数の多いロット生産で製品が継続して流れる場合に、生産した数量で進捗管理する方法である。多品種でも、個別

図表3-6-2 ● ダイヤ式進度グラフ

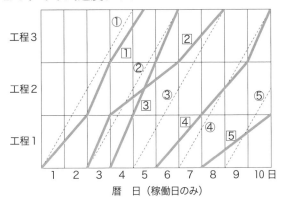

の管理よりも総生産量で管理し、売上げの評価をする場合では数量的進捗管理を行うこともある。この管理の図表として製造三角図や流動数曲線（→本節 **4** (4)）、図表3-6-3に示したガント式進度表などがある。ガント式進度表は、横軸を時間（日付）、縦軸を製品とし、日程別に製品の生産の様子とその数量を横方向に記入していく方法である。図表3-6-3では各製品の欄の上段に計画を、下段に実績をそれぞれ記入し、計

図表3-6-3 ● ガント式進度表

品　名	予定数	1日(木)	2日(金)	5日(月)	6日(火)	7日(水)	8日(木)	
平ベルト HA-445	200	50/50 100/100	50/100	50/150 100/200		50/200		
平ベルト HB-430	150	30/30	30/60 30/30	30/90	30/120 60/90	30/150 60/150		
Vベルト VA-325	300		100/100		100/100		100/200 100/200	

出所：渡邉一衛『納期管理基礎初級コース』PHP研究所

画に対して実績はどうなったかがわかりやすく表示されている。

4 進捗管理の手法

　本項では、進捗管理に用いられる代表的な手法であるガントチャート、カムアップシステム、管理盤、製造三角図、流動数曲線について述べる。

（1）ガントチャート

　ガントチャートは1917年にアメリカのガント（H. L. Gantt）により考案された。図表3-6-4に示したように、横軸に時間、縦軸に手段の資源である機械や作業者をとり、それらの資源がいつからいつまでどの仕事の処理を行うかを示した図である。■で示した部分が処理を行っている時間帯、それ以外の部分が機械や作業者の遊休時間として示される。このため、機械や作業者の稼働状況を示す場合にはこの図が向いていることになる。また、この図は生産計画を作業者に知らせる場合に都合がよい。作業者や機械のオペレータは、自分がいつからいつまでどの仕事を行えばよいかを指示され、実行できるからである。

　その後、横軸に時間をとるのは同じであるが、仕事を縦軸にとって表す図を示した（→図表3-6-5）。この図では、仕事が時間軸の中でどのように進んでいくのかが示されるため、仕事自体の進捗状況を管理する

図表3-6-4 ● 機械別のガントチャート

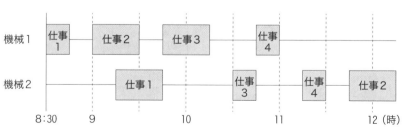

出所：渡邉一衛『納期管理基礎初級コース』PHP研究所

ことができる。また、仕事を進めるための生産工程すべてをこの図の中に示すと、生産のリードタイムを知ることができる。この図では■が仕事の処理を行っている時間帯であり、それ以外は何もされていない状況が示される。図表3-6-4と図表3-6-5は、いずれも同じスケジュールが2種類のガントチャートで示されている。同じ情報でも表現の仕方により見えてくる内容が異なることがわかる。この例では、作業者や機械などの管理を行うためには図表3-6-4、仕事の進捗状況の管理を行うためには図表3-6-5を用いるのが便利であることがわかる。

図表3-6-5●仕事別のガントチャート

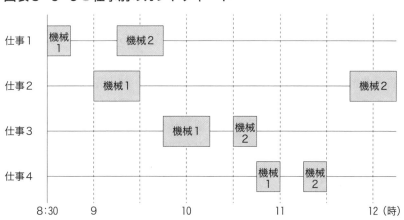

出所：渡邉一衛『納期管理基礎初級コース』PHP研究所

（2）カムアップシステム

　カムアップシステムとは、「あらかじめ一品ごとに作業開始を命令する帳票を日程順に整理し、棚、ケースなどの容器に保管しておき、所定の時期に自動的に命令、督促するとともに、完了の報告を受けて納期をフィードバックするシステム。注釈1　ティクラーシステム又はフォローアップシステムともいう」（JIS Z 8141：2022-4304）と定義される。つまり、「発注した製品（発注品）について決められた期日に納期を確認し、

納期どおり納入されるように管理するための方式」（日本経営工学会編
『生産管理用語辞典』日本規格協会）である。

　図表3-6-6はカムアップシステムの1つの例である。1つの箱に、
日付を見やすくしたフォルダーを日付順に1日から31日分用意する。そ
れとは別に、遅れたときの対応として、さらに納入先別にその会社数分
のフォルダーを用意しておく。まず、納入予定期日のフォルダーへ納入
予定の品目のカードを入れる。納入日の数日前に、納入確認の連絡をす
る日を決めておき、該当する日程の注文（納入）カードに対して確認の
連絡をする。

　遅れが出たときには、相手先にすぐ連絡をとり、遅れた原因究明と緊
急の対策を依頼し、納入先別フォルダーに入れる。カードには、遅れの
原因や、緊急の対策および恒久的な対策を記入する。このようにして、
納期遅れに関する実績データを集め、記録しておく。この情報について
報告と集計を行い、対策をとるきっかけとする。納入先の管理が整って
きたらその期間を短く設定し直す。逆に、遅れが頻繁に起きている場合
には、確認までの日数を延ばして納期遅れを防ぐ。納期どおりに納入さ
れた注文も含め、納入されたらカードを回収する。

図表3-6-6 ● カムアップシステムの例

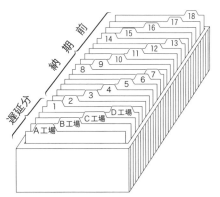

出所：並木高矢『工程管理の実際』日刊工業新聞社

（3）管理盤（差立盤）

　管理盤は、作業指示と進捗管理の2つの機能をもっている。管理盤とは、「作業者別又は機械別の作業予定を提示し、作業進度及び作業余力の統制状況について、作業伝票などを用いてそれを表示し、管理を行う盤」（JIS Z 8141：2022-4301）と定義される。管理盤は、差立を行うために用いられることから、差立盤とも呼ばれている。

　図表3-6-7は管理盤の例である。この例では、横方向に作業者をとり、縦方向に作業中、次作業、準備中の仕事の状態をとっている。それぞれの欄に作業伝票を入れるポケットがあり、各作業の状態が一目でわかるように示すことができる。初めに、準備中のポケットに伝票が入れられ、準備が終わると中段の次作業に移される。作業者が前の作業を終えると、次作業から作業中に伝票を移動し、作業が終わると現品に添えて検査に出す。この応用として、縦方向に本日、前日、前々日のように日程をとると、日別の進捗管理を行うことができる。

（4）製造三角図、流動数管理のための流動数曲線

　製造三角図は、単一品種で連続生産を行っている場合に用いられるこ

図表3-6-7 ● 管理盤（差立盤）の例

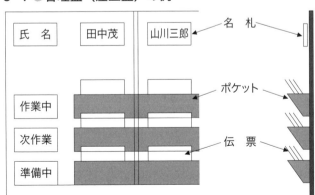

出所：並木高矣『工程管理の実際』日刊工業新聞社

とが多い。図表3-6-8に示したように、横軸に時間（この例では日付）、縦軸に累計生産数をとり、実績生産数を累積して示していく。通常は、あらかじめ生産予定の線を記入しておき、計画に対する進捗を管理するために用いられる。線の傾きが生産速度を表し、傾きが大きいほど時間当たりの生産数量が多く、傾きがなくなり水平な線になると生産は行われていないことを示す。実績記録線が生産予定線よりも上側にあるときには生産が計画より進んでいるときであり、下側にあるときは遅れているときである。また、乖離の縦方向（図中の y）が数量での遅れ、横方向（図中の x）が時間での遅れを表しており、時間と数量の両面から検討ができる。生産計画と生産実績の乖離が大きいほど十分な対策をとる必要があり、目で見てその重要度がわかる。

　流動数管理とは、「流動数曲線を利用して、システムの問題点を把握し

図表3-6-8 ● 製造三角図

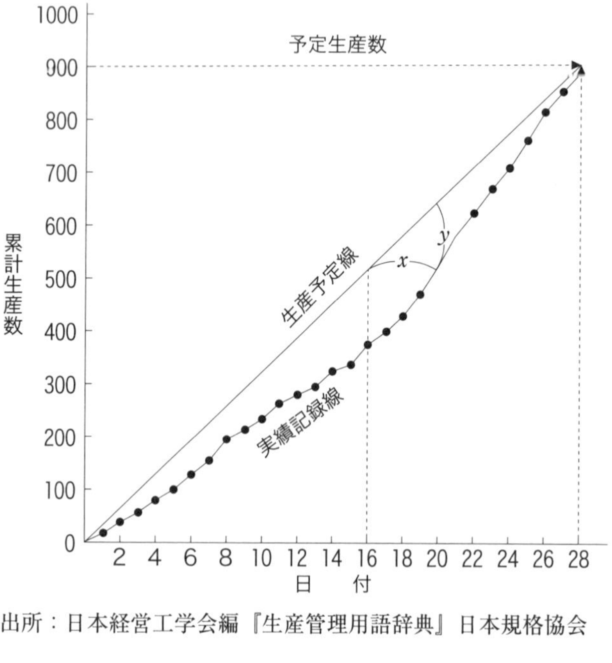

出所：日本経営工学会編『生産管理用語辞典』日本規格協会

たり、改善の方法を検討する分析手法。注釈1　流動数曲線は、流動数グラフ、又は累積グラフともいい、時間経過の中で、物財の流れの状況を把握するために、流入量と流出量との対応関係を視覚的に表す方法である」（JIS Z 8141：2022-4302）と定義される。

　また、インプット／アウトプットコントロールとは、「期間ごとの各工程に対する計画投入量と実績投入量とを、又は計画産出量と実績産出量とを監視し、生産の進捗を管理する活動。注釈1　I/Oコントロールともいう」（JIS Z 8141：2022-4106）と定義される。

　流動数曲線は、流れの量を把握するために、横軸に時間、縦軸に累積数量をとって表した図であり、累積線が1本の場合には製造三角図と同じように用いられる。流動数曲線の価値は、複数本の累積線が示される場合に発揮される。図表3-6-9では倉庫等のようにインプット（入庫）とアウトプット（出庫）の日時と量をそれぞれデータとしてとり、累積数量をグラフにしたものである。このデータだけでは線の形しか決まら

図表3-6-9 ● 流動数曲線

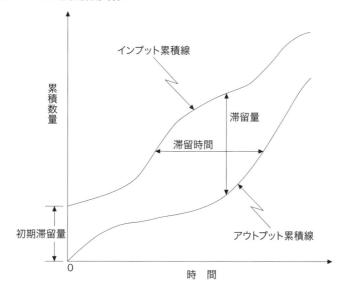

ないため、インプット線とアウトプット線の離れ方を決めるデータとして、たとえば観測の初めに、倉庫に存在している量（初期滞留量）を測定しておく必要がある。この存在量の観測時点はいつでもかまわないが、その時刻と存在量を記録しておく。このようにして2本のグラフについて、縦方向の離れ方がわかると、2本のグラフを正しい位置に記入することができる。この2本の線の離れ方を縦方向で見ると、倉庫での滞留量（在庫量）となり、横方向で見ると倉庫での滞留時間となる。

　在庫を問題にするときには、在庫に直接手を下すのではなく、インプットを少なくするか、アウトプットを多くするかしかない。このような方策は流動数曲線の個々の累積線の傾きを変えることを意味しているので、累積線こそアクションの対象である。したがって、アクションが直接見て描ける流動数曲線により在庫管理をしたほうが、在庫量の線で管理するよりもよい判断ができる可能性がある。しかしながら、これまでの研究や実務での流れから積極的に用いられることが少なかったため、

図表3-6-10 ● 多段階の流動数曲線（職場間の場合）

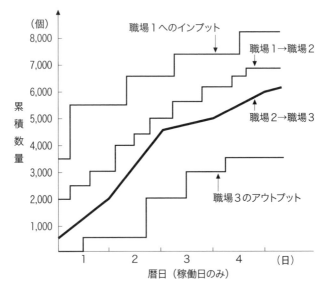

在庫管理のグラフはほとんど在庫量だけを示したものとなっている。

　2本の累積線からさらに拡張すると、図表3-6-10で示したような工程グループやライン、職場間の流れを把握することが可能となる。この例では職場が1〜3まであり、職場1へのインプット、職場間の移動、職場3のアウトプットの流量をそれぞれ4本の累積線に示している。職場2から3へは連続的に移動しているのに対して、ほかはロットで流れていることがわかる。このことにより初職場への原材料の投入、職場間仕掛り、最終職場からの製品搬出までの流れを総合的に把握でき、どこにどのような問題があるのかがわかりやすくなる。

5　余力管理

　余力管理とは、「各工程又は個々の作業者について、現在の負荷状態と現有能力とを把握し、現在どれだけの余力又は不足があるかを検討し、作業の再配分を行って能力と負荷を均衡される活動。注釈1　余力とは能力と負荷の差である。工数管理ともいう」（JIS Z 8141：2022-4103）と定義される。つまり、余力は、人や機械・設備の生産能力（量）から、そこに負荷した仕事量（負荷量）を差し引いた値である。

　余力がプラスの値をとる場合は、生産設備や作業者などに遊休が発生する可能性があり、逆に、余力がマイナスの値になる場合は、仕掛品がたまる可能性がある。

　余力管理は、作業者や機械・設備の能力と負荷を調整して、手待ち時間をなくすこと、進度の適正化を図る業務である。進捗管理と並行して進められるが、進捗管理は作業を予定に対する進み遅れの調整という面から見るのに対して、余力管理は、作業と負荷の能力のバランスという面から見ていくのである。

　生産計画の時点では能力と負荷のバランスがとれていても、生産を実施した段階では、原材料・部品の供給の遅れ、前工程からの作業の遅れ、機械・設備の故障、緊急の注文などによって相対的に能力が不足すると、

生産計画どおりに負荷を処理できなくなり、逆に計画変更によって生産
予定量の減少や、注文の取り消しがあると作業者や機械・設備にあそび
が生じることによってコストが増大することがある。

　理想的には余力がゼロになるのがよい。余力がゼロになれば、遊休も
発生せず、仕掛品もたまらない。そこで、余力がゼロになるように管理
することが望まれる。しかしながら、余力が大幅にマイナスになるよう
であれば、納期遅れが発生する確率が高くなる。

　したがって、余力管理では、生産能力に対して適切な余力を残しなが
ら、小日程計画（あるいは、中日程計画も含めて）の目標を達成するた
めに、生産計画における工数計画に対する修正として、余力調整を行う。
つまり、生産統制段階における余力管理では、工数計画での予測を検証
しつつ、予測を超えた部分については仕事の再配分を行うなど、余力を
バランスさせて、納期の維持を図らなくてはならない。

　余力管理は、進捗管理と密接な関係にあるので、両者は並行的に進め
られる。生産能力が不足する場合の余力調整の対策として、残業、職場
間の応援、多能工を主とした応援グループの協力、最後に小日程計画の
変更などがある。

　一方、仕事量や負荷が不足する場合には、見込生産品や常備品などの
生産を繰り上げ、他部門への応援、外注作業の内作化、改善活動の実施、
社員教育訓練の実施、有給休暇の取得促進などが考えられる。

　なお、余力管理には次のような5つの手順がある。

① 手持ち仕事量（負荷）の調査——現在ならびに今後やらなければ
　ならない仕事がどれだけあるかを把握
② 現有能力（保有能力）の把握
③ 進遅作業の把握による余力の算出——製品別・工程別の進度表か
　ら、予定に対して進みすぎと、遅れすぎの仕事を整理し、進遅の生
　産数量を明らかにする。
④ 余力の調整（作業の再配分）
⑤ その結果として、小日程計画の再計画

6　現品管理

（1）現品管理の目的と機能

　現品とは、「最終製品、部品、資材など物理的に管理される生産対象物であり、単に管理情報又は仮想製品として与えられる物ではなく、物理的に存在する有形物。注釈1　現物ともいい、ソフトウェア、デジタル情報なども、有形物である電子記録媒体の中に物理的に存在する現品として管理する」（JIS Z 8141：2022-1221）と定義される。このように現品には幅広い意味が含まれている。

　現品管理とは、「資材、仕掛品、製品などの物について運搬・移動又は停滞・保管の状況を管理する活動。注釈1　現品の経済的な処理並びに数量及び所在の確実な把握を目的とする。現物管理ともいう」（JIS Z 8141：2022-4102）と定義される。このことから、現品を管理することは、在庫管理、進捗管理、品質管理などと密接に関連していることがわかる。

　つまり現品管理では、現品の所在と数量を常に把握し（何が、どこに、何個あるか）、倉庫での保管、工場内での運搬、生産現場内での停滞（すなわち、仕掛品が生じる）などの生産状況の動的な変化を管理することによって、工場内における現品の流れを円滑化することをねらっている。その現品の流れに付随して派生する情報の流れを把握することも重要である。

　そこで現品管理の目的を整理すると以下の5つの項目になる。

　①　進捗管理の確実化

　　進捗管理は日程のほかに、生産収量が基礎になるので、現品管理の強化は、進捗管理の確実化につながる。

　②　計数や保管の容易化

　　現品の数量チェック（計数管理）を容易にするために、標準容器の使用、標準荷姿の設定、現品の置き方の統一を進める。

　③　運搬や保管の容易化

　　現品の搬送・保管・仕分けなどの物流作業の簡易化・情報化（バー

コード管理システム)・自動化(自動マテリアルハンドリング)を図る。

④　過剰仕掛品の防止

　取り扱っている現品自体を低減する。

⑤　現品の品質保証

　現品の取り扱いや保管中に起こる現品の損傷防止に努める。

現品管理の機能には、現品の運搬や移動に関する機能、現品の保管に

図表3-6-11 ● 現品管理の機能とそこでの問題点

区分	場所、区間	問題点
保管・停滞	倉　　庫(正規の貯蔵)	払い出しに応じやすい態勢か / 準備機能の拡大の要否
	現場倉庫(準備期間)	安全、確実に保管されているか / 責任、管理方法の再検討
	作業場所(作業中)	過大量でないか、責任は明確か / 場所、容器、管理方法の検討
	検 収 場(外注、購入品)	一時的にたまることはないか / 納入の数量、時期の規制の要否
運搬・移動	仕入先→検収場 〔原材料／外注品〕	納入の数量、時期は適当か / 運搬方法、荷姿、容器の検討
	倉庫→外注先(支給品)	迅速、円滑に行われているか / 計数、材料取りは適当か / 支給方法(一括支給、直送、有償)の検討
	倉庫→現場(素材)	適時適量を払い出しているか / だれが運んでいるか(主体性) / 出庫票の作成者と払い出しの方法
	倉庫→組立場(部品)	数量、時期のバラツキはないか / 送り先(ラインサイド、現場倉庫)
	現場→現場(仕掛品) 現場→倉庫(完成品)	責任の明確性、計数の有無 / 運搬者(直接工か、運搬工か) / 送り先に間違いはないか、時期は適当か
	検査→現場(または倉庫)	不適合品の処理(現品の取り扱い) / 適合品と不適合品の区分は明確か
計数	検 収 場	員数不足はないか(不足状況の採点制度) / 定量容器、定量包装の採用
	現　　場	員数未確認のままで受け渡しをしていないか / 計数の確実化と容易化、責任制度
	倉　　庫	保管品の数量が一目でわかるか / 容器の定量化、計量秤の採用

出所:並木高矣『工程管理の実際』日刊工業新聞社を一部修正

関する機能が主要なものであり、それに付随して、前述した数量の確認
と容器・荷姿に関する機能がある。これらの機能に関連した問題点を図
表3-6-11に示す。

（2）現品管理の対策

I　現品の運搬や移動に関して

　現品の運搬や移動時に発生する問題をなくす基本的な項目の1つとし
て、現品の確実な受け渡しがある。図表3-6-11に示したように、受け
渡しを行う場所は大変に多く存在する。この管理を行うには、たとえば
移動表により移動の記録を確実に取っておくことである。また、現品の
受け渡し表を現品ごとに作成し、移動するごとにその欄を埋める方法も
ある。

　現品管理で用いられる作業伝票とは、「工程管理の伝票制度で使用され
る伝票の総称。注釈1　作業伝票の基本的な様式として、作業票（作業
内容の指示）、出庫票（材料の払出用）、移動票（工程間の移動用）及び
検査票（検査の依頼、記録及び判定）がある」（JIS Z 8141：2022-4307）
と定義される。さらに現品票とは、「職場内を流動する仕掛品に添付され
て、その現品の製造番号、品名、品番、数量、次工程名及び納付を示す
伝票」（JIS Z 8141：2022-4305）と定義される。

　部品供給も受け渡しに関連した活動である。部品供給とは、「職場、ラ
イン、機械、工程又は作業者へ原料、材料及び部品を供給する行為。注
釈1　部品の供給方法には、機械又は作業者の生産速度に同期化させて
1個ずつ供給する同期化供給、所定のロット単位で供給するロット供給
及び必要部品を事前にそろえてセットで供給するマーシャリング（キッ
ト供給）がある」（JIS Z 8141：2022-5402）と定義される。作業現場で
は必要以上の供給があると余分なスペースが必要となり、余分な在庫を
置くことになる。

　一方、必要な原材料や部品が供給遅れになると作業が滞り、ライン全

体が止まって大きな損失につながる。必要なときに、必要なモノが必要な量だけ、必要な方向で供給されることが重要になる。

部品供給の方式として、供給のタイミングで分類すると同期化供給とロット供給がある。前者はラインのサイクルタイムなどの作業進捗に合わせて供給する方式であり、後者は各部品を決められたロット単位で供給する方式である。

また、供給部品のそろえ方で分類すると、部品ごとに分けて供給する方式と、製品１個分あるいは１ロット分についての部品セットを作成し、そのセットを製品ごとあるいはロットごとに供給する方式がある。特に後者は、セット方式（流れ生産の場合には１工程ごとにセットすることが多い）、マーシャリング方式（１製品ごとに原材料や部品を集めておき、対象物とともに流しながら取り付けていく方式である、キット方式とも呼ぶ）などと呼ばれる。また、このほかにメインラインの横にサブラインを置き、そこでサブ組立品を作成して同期化させながら供給する方法もある。

Ⅱ　現品の保管に関して

保管について重要な項目は、何が、どこに、どれだけ、どのような状態であるかという情報である。この項目を確実にとらえ、記録・報告する必要がある。

「何が」に関しては、保管されているモノが何であるかが一目でわかることが望ましい。したがって、梱包されていたり、袋などの容器に入っていたりするときには、容器や箱にその情報を付けるべきである。バーコードなどのデータキャリアの発達により、このような内容の情報はとりやすくなっている。

「どこに」に関しては、決められた置き場に置くべきである。それ以外の場所に置いてしまうと、置いた人だけにしか場所の情報がわからず、また、その人も時間が経つと忘れてしまうことがある。さらに、置き場所についての管理責任部署を明確にしておくことも重要である。

「どのような状態で」に関しては、梱包されているかいないか、梱包さ

れている場合にはどのような梱包の仕方なのか、内容量がどれだけか、管理すべき温度や湿度がある場合は適正になっているか、置く方向は正しいかなどの諸項目に留意しなければならない。

Ⅲ　現品の数量の確認と容器・荷姿に関して

　現品の数量を確認するねらいは、欠品や過数量の予防である。すなわち、必要な数量だけあり、それ以上はないことを確認することである。そのためには、以下に示す方法がある。

①　全数計量法──すべての個数を数え上げる方法である。多くなると間違えが起こりやすい。

②　指定ロット法──梱包単位またはロット単位で1ないし2つの数量を数える。あとは秤量法を適用して全体の数量を確認する。

③　定量容器法──決められた量だけ現品が入る容器を用意しておき、その容器の個数を数えれば全体の数量が把握できる。

④　秤量法──全数を数えた1個分の重さを測定しておき、全体がその重さの何倍あるかにより全体の個数を知る方法である。天秤の感度がよいと精密な計量が可能である。

　容器・荷姿は現品を把握するうえで重要な要因となる。容器や梱包状態により、内容物や数量がわからないのではその把握に時間がかかってしまう。したがって、容器や荷姿の外装において、いかにして情報を載せるかがポイントになる。

　バーコードやICタグなどの情報手段を利用することにより、計数作業の効率が大きく高まる。また、決められた容量だけ入る容器や決められた数量がわかる治具の利用も必要である。さらに、容器の大きさや重さに関しては、取り扱いのしやすい状態にすることが必要となる。特に重筋労働とならないような重さにして、作業者の負荷の軽減を図る努力をすることが大切である。

（3）棚　卸

　棚卸とは、「品物の在庫高及びその流動状態を知るための、在庫品の

所在及び数量の調査。注釈1　棚卸の実施方法には、一斉棚卸法、循環棚卸法、定時棚卸法、常時棚卸法などがある」（JIS Z 8141：2022-7405）と定義される。図表3‐6‐12に一斉棚卸（定期棚卸）と循環棚卸について比較して示す。

　棚卸のデータは、コスト計算、商品管理、在庫管理などに用いられる。一般には、ある部品がゼロの状態から始め、部品の出入りを正しく把握していれば、部品の有り高は正しく計算でき、実際とも合うはずである。しかしながら、紛失や計数の間違え、不適合品の処理などで部品の動きが正しく把握できないため、実際の有り高と計算上の有り高とに差異が発生してしまうことがある。こうした差異の把握のために行うのが棚卸である。棚卸により正しい情報が得られたとき、もし差異があれば、いつ、なぜその差異が出たのかという時点と原因の追求を行い、対策を打つ必要がある。

図表3‐6‐12 ● 一斉棚卸（定期棚卸）と循環棚卸

項目	一斉棚卸（定期棚卸）	循環棚卸
サイクル	・通常、半期、または年度末	・Aランク品は、月1回 ・Bランク品は、3ヵ月に1回 ・Cランク品は、年1〜2回
目的	・期末在庫の把握により、正しい損益を算出	・日常管理化し、在管精度を向上
生産作業	・通常棚卸当日は、生産作業、受入作業は中止	・生産作業は中止しない
在庫管理との関係	・全品目の棚卸サイクルが同じであるため、受け入れ、保管、払い出しの頻度が高い品目の在庫精度は悪くなりやすい	・ABCのランク別、受け払いの頻度別に、許容誤差率を決め管理するため、在庫精度が向上し、欠品・過剰在庫が発生しにくい
棚卸工数	・大勢の人手で、手分けして行う	・数名で1〜2時間/日を決めて行う

出所：澤田善次郎『目で見て進める「工場管理」』

7 納期管理レベルの向上

（1）全社的意識改革

　QCDの管理指標の中で、一般にD（Delivery＝納期）に対する意識が最も低い。たとえば、営業が客先と取り交わす納期に対して、製造部門に出す納期に大きな余裕をもたせていると、製造側ではそれを見込んで納期遅れでも問題ないと解釈して、納期遅れが日常化することがある。

　また、購買の場面でも発注時に製造での必要な納期より余裕をもちすぎて納期を指定していることが推測されたときには、受注側ではそれを見込んで納期を遅らせてほしいという要求が頻発することになる。それが許されると、受注側からその工場は納期に間に合わなくても大丈夫であると決めつけられてしまい、厳しい納期に変更しても納入の納期遅れが発生し、生産に間に合わないという事態が発生する。このような現象は企業内の部門間でも発生しており、納期の設定に大きな影響を及ぼすことになる。

　次に、完成予定時刻に対して余裕がある、と思い込むことにより発生する納期遅れがある。たとえば、製造現場において日程計画が示されたとき、その計画には余裕が見込まれているので多少遅れても後で挽回ができると思い込んでしまう状況である。さらに、営業活動において無理な納期の設定が多発すると、製造側がその処理に追われ納期遅れが常態化することもある。

　このような状況にならないようにするためには、全社的に納期意識をもつように心がける必要がある。意識改革だけでなく、以下の3つの点が必要になる。

① 守れる納期の設定方法の確立

② 納期を守れるしくみづくり

③ 納期遅れが発生しそうになったときのために、それを挽回できるしくみづくり

（2）納期情報のフィードバック

　本節**1**において、生産統制における管理業務の流れを紹介した。その中で、手配に関する情報の流れを図表3‐6‐13に示している。手配業務は計画と統制の中間にあり、生産を実施するための項目を時間軸上で管理する役割をもつ。

図表3‐6‐13 ● 手配情報関連図の例

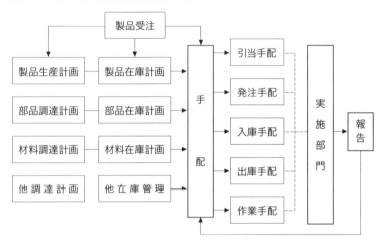

出所：工程管理ハンドブック編集委員会編『工程管理ハンドブック』日刊工業新聞社

　生産計画に基づき部品調達計画が作成され、部品在庫計画を反映させて必要な部品の手配が担当部署へ出される。同様にして、原材料やその他の治工具、金型などについてもそれぞれの担当部署へ手配が行われる。
　各実施部門では、これらの手配に基づき処理を実行し、その結果を報告する。次の手配はそれらの情報に基づいて行われるため、情報のフィードバックがうまくいっていなければ次の手配に支障をきたすことになる。
　作業の指示に関する情報としては以下のような項目がある。
　①　手配情報──その工程で処理する仕事の内容に関する工程名・仕

事名・機械名・数量・時間・部品および原材料名などの情報
② 現品情報──現品に添付される仕事名・現品名・数量・前工程・後工程などの情報
③ 機械などの稼働情報──機械の運転状況、作業者の勤務状況、作業の進行状況などの情報
④ 作業指示情報──作業者や機械が処理する作業内容や時間などの情報

　これらの作業の指示に関する情報に対して、作業報告情報はほぼ同じ内容で処理の実績を示した情報が現場で作成され、報告される。納期管理・進捗管理を行ううえで、実務的には実施の結果ではなく現在の実施状況の情報があるほうがよい。情報機器の発達によりこのような現在の情報をリアルタイムに見て、ただちに統制活動ができるようになってきている。そのため、納期管理、進捗管理に必要な情報は何かという判断と、それらの情報をいかに正確に得るにはどうしたらよいかという方法を見いだすことが重要である。
　納期遅れの管理指標の１つとして、納期遅れ発生率が考えられる。
　納期遅れ発生率は、計画の対象になっている客の注文（これをNとする）のうち、どれだけの注文について納期遅れが生じたか（これをN_dとする）を示す割合であり、次式により求められる。

$$納期遅れ発生率 = \frac{N_d}{N}$$

　これは、件数について数値化したものである。しかしこれには、どのくらいの時間（または期間）遅れたかという情報は含まれていない。そこで、納期遅れ時間（または期間）の分布図を作成して見せると、さらに説得力が増す。納期遅れ時間分布図とは、横軸に遅れた時間（または期間）をとり、縦軸にその頻度をとった図である。
　一方、企業によっては遅れだけではなく進みすぎが問題になる場合も

ある。その場合は、納期進みすぎ率というような数値情報をとるとよい。

　そして、このような統計数値は、測定して図にして見せるだけではなく、遅れた原因の分析をしておくことも重要である。そのとき、原因別の遅れ頻度分布が図示化できるとよい。この図を見ると、納期遵守意識の高揚が図れるだけではなく、納期遅れの対策も浮かんでくるであろう。

　このように、納期に関する情報を統計数値などにより、関連部門の人達に示すことは、きわめて重要かつ効果のあることである。

第3章　理解度チェック

次の設問に、○×で解答しなさい（解答・解説は後段参照）。

1　生産期間の短縮には、一般に製造期間の短縮が最も効果がある。

2　理論や原則どおりの、合理的でムリのない計画を立てれば、納期遅れは発生しない。

3　仕掛品がない状態のとき、工程に到着した注文の予想完成日時は、〔その注文の予想処理時間＋現時点〕に等しいと考えてよい。

4　納期管理のために行う能力増加は、工場全体の工程についてバランスよく増加することが大切である。

5　納期とは受注時点から、納入時点までの期間のことである。

6　進捗管理をきちょうめんに行っていれば、納期遅延対策を考慮しておく必要はない。

7　見込生産では納期を決めることはないから、納期を気にする必要はない。

8　仕掛品は、「○○時間分」といういい方ではなく、「××個」といういい方をする必要がある。

9　納期管理の立場から、顧客の受注に対しては先着順で作業をしていくことを守らなければならない。

10　余裕をもった納期を設定する方法は納期回復の対策の1つである。

11 デカップリングポイントとは、見込生産と受注生産の分岐点のことで、それ以降の製造期間よりも納期までの期間のほうが短くなるように設定する。

12 進捗管理の業務には進度調査、進遅判定、進度訂正、遅延調査、遅延対策、回復確認の６つの段階がある。

13 過程的進度を把握する図表としてガント式進度表、数量的進度を把握する図表としてダイヤ式進度表が用いられる。

14 現品管理の機能には現品の運搬や移動に関する機能と、現品の製造に関する機能がある。

第3章　理解度チェック

解答・解説

1　×
一般に製造期間よりも開発・設計期間、調達期間のほうが長いので、製造期間の短縮では十分な効果は得られない。

2　×
（台風や地震などの）自然災害や（火災や爆発などの）不慮の事故などで、予想外の納期遅れが発生することがある。

3　○

4　×
生産期間短縮化のための能力増加は、工場全体の工程についてバランスよく増加することに注意する必要はある。しかし納期管理のために、能力を増加する場合は、ネック工程や混雑している工程を中心に能力増加を行うほうがよい。

5　×
納期とは時点のことであって、期間のことではない。期間を表現したときは、納入リードタイムといえばよい。

6　×
進捗管理をきちょうめんに行っていても、納期遅延が発生することがある。たとえば、「顧客の要求する品質をなかなか実現できなかったため、その対応に時間がかかってしまった」「外部から購入している部品や原材料が手に入らず、その調達に長期を要してしまった」ということなどがある。このときのために、納期遅延対策は考慮しておかなければならない。

7 ×
見込生産でも各工程の納期や工場内納期、社内納期があり、それらの納期を遵守しなければいけない。

8 ×
仕掛品は「個」で表現することが多い。しかし「個」で表現しなくてはいけないということはない。むしろ納期管理では、「○○時間分」と表現したほうが役に立つ場合が多い。

9 ×
社会生活で発生する多くの待ち行列では、先着順サービスであったほうがいいが、工場の納期管理では、必ずしもこの通念にとらわれる必要はない。

10 ×
納期回復の方法には、生産能力を増加させないで納期遅れを挽回する方法として、作業の順序を変える方法がある。一方、生産能力を増加させて納期遅れを挽回する方法として、残業、休日出勤、他工程からの応援、外注、機械・設備のレンタル、派遣などがある。余裕をもった納期を設定する方法は、遅延防止の対策である。

11 ×
デカップリングポイント以降の製造期間よりも納期までの時間のほうが短いと、受注してから納期に間に合うように納入できない場合が発生し、デカップリングポイントの趣旨が生かせないことになる。したがって、設問の記述は誤りである。

12 ○

13 ×
過程的進度を把握する図表としてダイヤ式進度表、数量的進度を把握する図表としてガント式進度表が用いられる。

14 ×
現品管理の機能には、現品の運搬や移動に関する機能と、現品の保管に関する機能がある。したがって、設問の記述は誤りである。

| 参考文献 |

五十嵐瞭編『新まるごと工場コストダウン事典』日刊工業新聞社、2008年

圓川隆夫・黒田充・福田好朗編『生産管理の事典』朝倉書店、1999年

大西清『設計管理入門』理工学社、1995年

岸本行雄『設計の方法』日科技連出版社、1987年

倉持茂編著『多品種少量生産の工程管理』筑波書房、1988年

工程管理ハンドブック編集委員会編『工程管理ハンドブック』日刊工業新聞社、1992年

佐藤知一『革新的生産スケジューリング入門』日本能率協会マネジメントセンター、2000年

澤田善次郎『工程管理』日刊協業新聞社、1995年

岡田貞夫『目で見て進める「工場管理」PartⅣ』日刊協業新聞社、2007年

菅又忠美・田中一成編著『生産管理がわかる事典』日本実業出版社、1986年

生産管理便覧編集委員会編『新版 生産管理便覧』丸善、1991年

田中一成・黒須誠治編著『生産管理ができる事典』日本実業出版社、2004年

玉木欽也「工程管理と在庫管理」藤本隆宏編『生産・技術システム』、八千代出版、2003年

玉木欽也『戦略的生産システム』白桃書房、1996年

長岡一三『設計の技術－製造業における源流管理』森北出版、1997年

中村和夫『設計管理の知識』日刊工業新聞社、1982年

並木高矣『工程管理の実際〔第4版〕』日刊工業新聞社、1982年

日通総合研究所編『最新 物流ハンドブック』白桃書房、1991年

日本規格協会編『JIS Z 0111　物流用語』日本規格協会、2006年

日本経営工学会編『生産管理用語辞典』日本規格協会、2002年

JMA・日本能率協会編『リエンジニアリングがわかる本』日本能率協会マネジメントセンター、1993年

日本マンパワー編『中小企業診断士受験講座 生産管理』日本マンパワー

日本ロジスティクスシステム協会監修『基本 ロジスティクス用語辞典〔第3版〕』白桃書房、2009年

日比宗平『生産管理論〔第14版〕』同文舘出版、1992年

平野裕之『ポカヨケ導入の実際』日刊工業新聞社、1990年

藤田速雄編著『実践 設計管理』日本規格協会、1986年

ベリングポイント『図解 ロジスティクスマネジメント』東洋経済新報社、2003年

宮田武『製品の開発・設計管理』日刊工業新聞社、1985年

村松林太郎『新版生産管理の基礎』国元書房、1979年

山崎栄・武岡一成『中小企業診断士テキスト運営管理―生産管理』評言社、2001年

渡邉一衛『納期管理基礎初級コース』PHP研究所

安全衛生管理

この章のねらい

　企業の生産活動においては、いわゆるQ（品質）、C（コスト）、D（納期）が重要であることはいうまでもない。しかし、労働災害を防止し労働者の健康を確保することは、事業者に課せられた基本的責務であり、労働安全衛生法でも事業者責任が明確に定められている。

　また、安全で健康的な職場生活を送ることは、すべての人々の願いでもあり、法的責任や社会的責任とあわせ人道的責任からも、職場生活における安全と健康を確保することは企業活動において重要な課題となる。

　第4章では、生産管理スタッフとして修得してほしい労働災害防止や健康の保持増進にかかわる安全衛生管理活動の必要知識などについて、労働安全衛生法を中心に学ぶ。

　なお、以下では「労働安全衛生法」を「安衛法」、「労働安全衛生法施行令」を「安衛令」、「労働安全衛生規則」を「安衛則」と略記する。また、これらを合わせて「労働安全衛生法令」と記す。

第1節 労働安全衛生法の概要

学習のポイント

◆労働安全衛生法は、職場における労働者の安全と健康を確保
し、快適な作業環境の形成を促進することを目的として制定
された法律であり、本法を守ることは悲惨な労働災害撲滅の
第一歩でもあり、しっかり理解し、安全衛生管理に役立てて
いくことが必要である。ここではその概要について理解する。

1 労働安全衛生法令の体系

(1) 一般的な法体系

一般的な法体系は図表4-1-1に示す階層構造で構成されている。

図表4-1-1 ●一般的な法体系

| 法律 | ― | 政令 | ― | 省令 | ― | 告示 | ― | 通達 |

① 法律——国会両院の議決により制定。(例)労働基準法、安衛法、
作業環境測定法等

② 政令——法律を実施するため内閣が制定。(例)安衛令、作業環境
測定法施行令等

③ 省令——法律もしくは政令を施行するため、または法律もしくは
政令の特別の委任に基づいて大臣が発する法令。(例)安衛則、クレ
ーン等安全規則、有機溶剤中毒予防規則等

④ 告示——公示(官報記載)を必要とする場合に大臣が発する。(例)

安全衛生特別教育規定等

⑤　通達——大臣等が所管の諸機関および職員に対して発する。（例）
労働安全衛生法の施行について（昭和47年9月18日基発第602号）等

（2）労働安全衛生法令の体系

労働安全衛生法令の体系を図表4-1-2に示す。

図表4-1-2 ● 労働安全衛生法令の体系

労働安全衛生法	労働安全衛生法施行令
有機溶剤中毒予防規則	労働安全衛生規則
鉛中毒予防規則	ボイラー及び圧力容器安全規則
四アルキル鉛中毒予防規則	クレーン等安全規則
特定化学物質障害予防規則	ゴンドラ安全規則
高気圧作業安全衛生規則	電離放射線障害防止規則
酸素欠乏症等防止規則	事務所衛生基準規則
粉じん障害防止規則	石綿障害予防規則

2　安衛法の概要1（第1章～第4章）

生産管理業務に関連があると考えられる項目を選択し以下に記す。

（1）第1章（総則）

① 　目的（第1条）

　安衛法は、労働基準法と相まって、労働災害防止のための危害防止
基準の確立、責任体制の明確化および自主的活動の促進の処置を講ず
る等、その防止に関する総合的計画的な対策を推進することにより、
職場における労働者の安全と健康を確保するとともに、快適な職場環
境の形成を促進することを目的とする。

　本法は、賃金、労働時間、休日などの一般労働条件が労働災害と密
接な関係にあることにより、労働基準法と一体的に運用される旨が明

文化されている。

② 定義（第2条）

　ア　労働災害とは、労働者が業務上負傷し、疾病にかかり、または死亡することをいう。

　イ　労働者とは、職業の種類を問わず、事業または事務所に使用される者で、賃金を支払われているものをいう。したがって、アルバイトやパート社員も労働者に該当する。

　ウ　事業者とは、事業経営の義務主体者としてとらえ、法人企業であれば法人そのものをいう。すなわち、社長〜担当役員〜部長〜課長等各階層の管理監督者がその有する権限の範囲内で事業者と解される。個人企業であれば個人企業主をいう。

③ 事業者等の責務（第3条）

　ア　事業者は、次の事項の遵守義務と努力義務を負う。

　　・安衛法の定める最低基準を遵守するとともに、快適な作業環境実現への努力義務を負う。

　　・労働時間や賃金等労働条件の改善への努力義務を負う。

　　・国が実施する労働災害防止に関する施策に協力する義務を負う。

　イ　機械、器具、原材料、建設物の設計者、製造者、建設者、輸入者は、これらの機械、器具、原材料、建設物が使用される前から、それぞれの立場において労働災害防止上の必要措置をとる努力義務を負う。

　ウ　注文者等仕事を他人に請け負わせる者は、施工方法、工期等の契約内容が、安全衛生を損なわないよう配慮する義務を負う。

　エ　労働者は、労働災害防止のための必要事項を遵守する義務を負う。あわせて事業者が実施する労働災害防止措置への協力義務を負う。

（2）第2章（労働災害防止計画）

厚生労働大臣が定める5ヵ年単位の労働災害防止計画に関し、その策

定、計画の変更、公表、勧告等に関する規定。

（3）第3章（安全衛生管理体制）
本章第2節「安全衛生管理体制の構築等」に詳細記載。

（4）第4章（危険または健康障害防止のための措置）
① 事業者の講ずべき措置（安衛法第20条〜第25条）
　事業者は、次の危険の防止、健康障害の防止、および健康、風紀等を保持するため必要な措置を講じなければならない。

ア　機械、器具その他の設備による危険

イ　爆発性の物、発火性の物、引火性の物等による危険

ウ　電気・熱・その他のエネルギーによる危険

エ　原材料、ガス、蒸気、粉じん、酸素欠乏空気、病原体等による健康障害

オ　放射線、超音波、騒音等、および赤外線、レーザー等の有害光線による健康障害

カ　計器監視、精密工作等の作業による健康障害

キ　排気、排液または残さい物による健康障害

ク　作業場の通路、床面等の保全ならびに換気、照明、休養等および清潔に必要な措置、その他健康、風紀や生命の保持に必要な措置

ケ　労働者の作業行動から生ずる労働災害防止措置（重量物運搬時の腰痛症等）

コ　労働災害発生の急迫危険がある場合の作業中止や作業者退避等の必要措置

② 労働者の遵守義務
　労働者は、事業者が講ずる安衛法に基づく措置に応じて、必要事項を守らなければならない。安衛法の規定による事業者の講ずべき措置および労働者の遵守事項は安衛則および有機溶剤中毒予防規則等の特別則で定められているが、安全装置等については、安衛則にて次のよ

うに定められている。

　　ア　安全装置等を取り外し、またはその機能を失わせないこと（臨時に取り外し、またはその機能を失わせるときは、事業者の事前許可が必要）

　　イ　上記許可を受けて安全装置の取り外しやその機能を失わせたときは、その必要がなくなった場合、ただちにこれを原状に復しておくこと

　　ウ　安全装置等が取り外され、またはその機能を失ったことを発見したときは、速やかにその旨を事業者に申し出ること。事業者は、労働者から申出があったときは、速やかに適当な措置を講じること

③　**事業者が行うべき調査等**

　　ア　安全管理者の選任義務がある業種と規模の事業場では、建設物の設置・移転・変更・解体のとき、および設備、原材料等の新規採用・変更のとき、または作業方法や手順の新規採用・変更時等に、事業者はリスクアセスメントを行い、その結果に基づいて労働者の危険または健康障害を防止する必要措置を講ずる義務を有する。

　　イ　全業種で、危険または健康障害を生ずるおそれのある化学物質を取り扱う事業場では、化学物質等を新規に採用するまたは変更するとき等は、リスクアセスメントの実施が義務づけられている。さらに、その結果に基づく必要措置を講ずる努力義務を有する。

④　**元方事業者の講ずべき措置等**（安衛法第29条〜第35条）

　　ア　全業種の元方事業者（一の場所で行う事業の一部を請負人に請け負わせている事業者）は、関係請負人およびその労働者が法違反をしないよう指導し、違反を見つけたときは是正のため必要な指示をする義務を有する。

　　イ　製造業に属する事業の元方事業者は、その労働者および関係請負人の労働者の作業が同一の場所で行われることによる労働災害を防止するために、作業間の連絡や調整、合図や標識・警報の統

一等の必要措置を講じなければならない。

ウ　１つの貨物で、重量が１トン以上の物を発送（事業場構内での荷の移動は含まない）する場合は、見やすくかつ容易に消滅しない方法で、当該荷物にその重量を表示しなければならない（包装されていない貨物で、丸太、石材、鉄骨材のごとく外観でその重量が一見できるものはこの限りでない）。

3　安衛法の概要２（第5章〜第12章）

(1) 第5章（機械並びに危険物及び有害物に関する規制）

　第１節（機械等に関する規制）は、本章第３節「設備等物的安全化」に詳細記載。第２節（危険物及び有害物に関する規制）は、本章第５節「労働衛生管理」に詳細記載。

(2) 第6章（労働者の就業に当たっての措置）

　本章第４節「安全教育等人的安全化」に詳細記載。

(3) 第7章（健康の保持増進のための措置）

　本章第５節「労働衛生管理」に詳細記載。

(4) 第8章（免許等）

　安全衛生管理に係る免許や技能講習に関する必要事項を規定。

(5) 第9章（安全衛生改善計画等）

　① 安全衛生改善計画の作成指示

　　ア　都道府県労働局長は、事業場の施設その他の事項について、労働災害の防止を図るため総合的な改善措置を講ずる必要があると認めるときは、事業者に安全または衛生に関する改善計画を作成すべきことを指示できる。

・事業者は安全（または衛生）改善計画を作成する場合には、労働者の過半数で組織する労働組合（ない場合は、労働者の過半数を代表とする者）の意見を聴かなければならない。

② 改善計画の遵守

　事業者およびその労働者は、安全（または衛生）改善計画を守らなければならない。

③ 安全衛生診断

　都道府県労働局長は、安全衛生改善計画の作成を指示した場合において、専門的な助言を必要とすると認めるときは、事業場に対し、労働安全コンサルタントまたは労働衛生コンサルタントによる安全または衛生に係る診断を受け、かつ、安全衛生改善計画の作成について、これらの者の意見を聴くべきことを勧奨できる。

（6）第10章 （監督等）

① 計画の届出等

　ア　安衛令で定める業種および規模に該当する事業場の事業者は、建設物・機械等（仮設の建設物または機械等で安衛令に定める物を除く）を設置・移転・変更しようとするときは、その計画を工事開始の30日前までに労働基準監督署長に届け出なければならない。

　　　ただし、安衛則の定めにより労働基準家督署長が認定した事業場を除く。

　イ　前項の規定は、前項の安衛令で定める業種および規模に該当しない場合であっても、動力プレス機械等危険な機械や有害な業務の設備等安衛則で定めるものおよびボイラーやクレーン等特定機械等に関する規則で定めるものを設置し、移転や改造をしようとする事業者に準用する。

② 労働基準監督官等の権限等

　ア　労働基準監督官は、法施行のため必要な限度において、事業場に立ち入り、関係者に質問し、帳簿、書類その他の物件を検査し、

もしくは作業環境測定を行い、または検査に必要な限度において
製品、原材料、器具を収去することができる。

イ　労働基準監督官は、この法律の規定に違反する罪について刑事
訴訟法の規定による司法警察員の職務を行う。

③　労働者の申告

ア　労働者は、事業場にこの法律またはこれに基づく命令の規定に
違反事実があるときは、その事実を都道府県労働局長、労働基準
監督署長または労働基準監督官に申告して、是正のため適当な措
置をとるように求めることができる。

イ　事業者は、労働者が申告したことを理由として、労働者に対し
解雇その他不利益な取り扱いをしてはならない。

（7）第11章（雑則等）

① 法令等の周知

ア　事業者は、この法律およびこれに基づく命令の要旨を常時各作
業場の見やすい場所に掲示する方法等により、労働者に周知させ
なければならない。

イ　法令等の周知の方法は、次に掲げる方法とする。

・常時各作業場の見やすい場所に掲示し、または備え付ける。

・関係ある条文を抜粋し、書面を労働者に交付する。

・磁気テープ、磁気ディスク等に記録し、かつ、各作業場に労働
者が記録の内容を常時確認できる機器を設置する。

ウ　事業者は、安衛法に定める通知対象物の文書の交付等により通
知された事項を、その取り扱う各作業場の見やすい箇所に常時掲
示し、または備え付ける等の方法により労働者に周知させなけれ
ばならない。

（8）第12章（罰則）

労働安全衛生法令に違反した場合の罰則に関する規定。

第 **2** 節 | # 安全衛生管理体制の構築等

学習のポイント

◆安全衛生活動を推進するために重要となる管理体制の構築は、まず法規制内容に基づき管理組織を構築することが大切であり、この法規制を理解する。さらに、労働安全衛生マネジメントシステムや災害要因分析と災害統計などについて理解する。

1 ● 管理体制に関する法規制

　安全衛生管理体制は、組織力を発揮しベクトルを合わせ災害防止に取り組むために大変重要である。したがって、安衛法第3章に、安全衛生管理体制に関する規制が定められているので、その内容を理解したうえで、事業場の実態を勘案し有効に機能する体制を構築する必要がある。

　管理体制は、事業場の業種や規模等で異なっているが、大規模事業場（規模300人以上の製造業等）の管理体制イメージ図を図表4-2-1に示す。

（1）総括安全衛生管理者
　① 選任を要する事業場
　　次に掲げる業種で、次に示す数以上の労働者を常時使用する事業場。
　　・建設業、運送業、清掃業等──100人以上
　　・製造業、電気業、ガス業・熱供給業等──300人以上
　　・その他の業種──1,000人以上

図表4-2-1 ●大規模事業場の安全衛生管理体制（例）

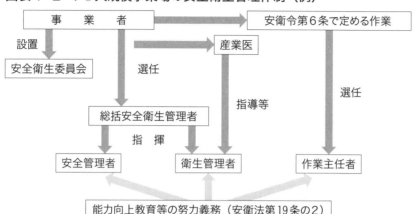

② 職務

　安全管理者、衛生管理者等を指揮するとともに、次の業務を統括管理する。

　　・労働者の危険または健康障害の防止措置に関すること
　　・労働者の安全または衛生の教育実施に関すること
　　・健康診断の実施他、健康の保持増進措置に関すること
　　・労働災害の原因調査および再発防止対策に関すること
　　・安全衛生に関する方針に関すること
　　・リスクアセスメントおよびその結果に基づく措置に関すること
　　・安全衛生計画の作成、実施、評価および改善に関すること

（2）安全管理者

① 選任を要する事業場

　次に掲げる業種で、常時50人以上の労働者を使用する事業場とし、選任者数は事業場規模および事業態様に則した人数を選任する。

　　・建設業、運送業、清掃業等
　　・製造業、電気業、ガス業、熱供給業等

② 専任安全管理者の選任

　次に掲げる事業場は、安全管理者のうち少なくとも1人を専任安全管理者とする。

- ・建設業、有機化学工業製品製造業、石油製品製造業——常時300人以上
- ・無機化学工業製品製造業、化学肥料製造業、道路貨物運送業、港湾運送業——常時500人以上
- ・紙・パルプ製造業、鉄鋼業、造船業——常時1,000人以上
- ・上記以外の工業的業種——常時2,000人以上

③ 職務

- ・総括安全衛生管理者業務のうち、安全に係る技術的事項の管理
- ・作業場等を巡視し、必要な危険防止措置の実施

（3）衛生管理者

① 選任を要する事業場

　常時使用する労働者が50人以上の全業種の事業場。

② 選任者数

　次の事業場の規模に応じて定められた数以上を選任。

- ・50〜200人——1人
- ・201〜500人——2人
- ・501〜1,000人——3人
- ・1,001〜2,000人——4人
- ・2,001〜3,000人——5人
- ・3,000人を超える——6人

③ 専任衛生管理者の選任

　下記事業場は、衛生管理者のうち少なくとも1人を専任衛生管理者とする。

- ・事業場の規模が1,000人を超える事業場
- ・事業場の規模が500人を超え坑内労働または労働基準法（以下、

労基法）規則第18条に定める有害業務に従事する者が30人以上
の事業場
④ 衛生工学衛生管理者の選任
　下記事業場は、衛生管理者のうち1人を衛生工学衛生管理者免許所
持者より選任し、衛生管理者業務のうち衛生工学に関する業務を担当
させる。
　　・事業場規模が500人を超え、坑内労働または労基法規則第18条に
　　　定める有害業務のうち、所定業務従事者が常時30人以上の事業場
⑤ 衛生管理者の職務
　　・総括安全衛生管理者業務のうち、衛生に係る技術的事項の管理
　　・少なくとも毎週1回作業場等を巡視し、必要な健康障害防止措置
　　　の実施

（4）安全衛生推進者等
① 選任を要する事業場
　安全管理者や衛生管理者の選任義務のない、常時10人以上50人未
満の労働者を使用する事業場。
　　・安全管理者の選任を要する業種の事業場——安全衛生推進者（1
　　　名）
　　・上記以外の業種の事業場——衛生推進者（1名）
　選任したときは、その氏名を作業場の見やすい箇所に掲示する等、
関係労働者に周知させること。
② 職務
　　・安全衛生業務について権限と責任を有する者の指揮を受けて、安
　　　全管理者および衛生管理者が管理すべき業務を担当する（衛生推
　　　進者は衛生に係る業務に限る）。

（5）産業医
① 選任を要する事業場

全業種で、常時50人以上の労働者を使用する事業場。

② 選任者数

・常時50人以上の労働者を使用する事業場——1人（非専属でも可）

・常時1,000人以上の労働者を使用する事業場——1人（事業場専属の者）

・安衛則第13条に定める有害業務従事者500人以上の事業場——1人（事業場専属の者）

・常時3,000人を超える労働者を使用する事業場——2人以上（事業場専属の者）

③ 職務

次の職務で医学の専門的知識を必要とするもの。

・健康診断および面接指導等の実施ならびにその結果に基づく措置

・作業環境の維持管理および作業の管理に関すること

・健康教育および衛生教育、健康保持増進措置等労働者の健康管理に関すること

・健康障害の原因調査および再発防止措置に関すること

・毎月1回以上作業場等を巡視し、必要な健康障害防止措置の実施

（6）作業主任者

① 選任を要する作業

労働災害を防止するための管理を必要とする作業で、ボイラー取り扱い作業、放射線業務に係る作業、第1種圧力容器の取り扱い作業、有機溶剤の製造または取り扱い作業、酸素欠乏危険場所における作業等、安衛令で定めるものについては資格を有する者のうちから作業主任者を選任する。

② 職務（ボイラー則等各規則で定められているが、主体業務の代表例を下記に示す）

・当該作業に従事する労働者の作業方法の決定・周知・指揮

・取り扱う機械および安全装置の点検および異常を発見した場合の必要措置
・作業中の器具・工具・保護具等の使用状況の監視

（7）安全委員会

① 設置を要する事業場（製造業の関連を抜粋）
・製造業のうち木製品製造業、化学工業、鉄鋼業、金属製品製造業および輸送用機械器具製造業は、労働者数50人以上
・製造業（モノの加工業を含み上記の業種を除く）は、労働者数100人以上

② 委員の構成

　原則として総括安全衛生管理者が議長となり、事業者が指名した安全管理者および安全に関し経験を有する労働者で構成するが、議長以外の委員の半数を労働組合の推薦に基づき指名する。

③ 運営等
・委員会は毎月1回以上開催し、重要議事は記録を作成し、3年間保存すること
・委員会開催のつど、遅滞なく、議事概要を労働者に周知させること

（8）衛生委員会

① 設置を要する事業場

　すべての業種で常時50人以上の労働者を使用する事業場。

② 委員の構成

　原則として総括安全衛生管理者が議長となり、事業者が指名した衛生管理者および産業医ならびに衛生に関し経験を有する労働者で構成するが、議長以外の委員の半数は、労働組合の推薦に基づき指名する。

③ 運営等

　委員会の運営等については、安全委員会の定めと同じ。

（9）安全衛生委員会

　安全委員会および衛生委員会の双方の設置を要する事業場は、それぞれの委員会の設置に代えて、安全衛生委員会を設置することができる。

(10) 安全管理者等に対する教育等

　事業者は、安全管理者、衛生管理者、安全衛生推進者、衛生推進者、作業主任者等、安全衛生業務従事者に対し、初めて当該業務に従事するときの初任時教育、一定期間ごとに実施する定期教育、機械や作業方法等の大幅な変更時に実施する随時教育等、安全衛生水準の向上を図る能力向上教育を行うよう努めなければならない。

2　労働安全衛生マネジメントシステム

　労働災害を今後大幅に減少させるには、事業者が労働者の協力のもと計画（Ｐ）－実施（Ｄ）－評価（Ｃ）－対策（Ａ）という一連の過程を定めて、連続的かつ継続的な安全衛生管理を自主的に行う新しいしくみが必要である。

　そこで、厚生労働省では、「労働安全衛生マネジメントシステムに関する指針」（1999（平成11）年告示、2006（平成18）年告示にて改定）を公表し、事業者が労働安全衛生マネジメントシステム（Occupational Health and Safety Management System ＝ OHSMS）を構築して行う自主的活動の促進を図っている。

（1）OHSMSの構築

Ⅰ　安全衛生方針の表明

　OHSMSの構築においては、事業者の安全衛生に関する方針をみずからの言葉で表明し、労働者および関係請負人その他の関係者に周知させる。

　方針は、事業場における安全衛生水準の向上を図るための基本的考え方を示すものである。

Ⅱ　危険性または有害性等の調査（リスクアセスメント）

リスクアセスメントは、安衛法に基づく指針（リスクアセスメント指針）に準拠してリスクアセスメントの手順を定めて調査するが、その一連の手順を次に示す。

①　危険性または有害性の特定

労働者の就業に係る危険性（機械等または爆発性・発火性等によるもの、電気等エネルギーによるもの等の危険性）または有害性（原材料・ガス等または放射線・騒音・振動等による有害性）を特定するために必要な単位で作業を洗い出し、危険性または有害性を特定する。

②　危険有害要因のリスクの見積もり

リスク低減の優先度を決定するため、特定された危険有害要因についてリスクの見積もりを行う。リスクは、特定された危険有害性によって生ずるおそれのある負傷または疾病の重篤度（ひどさ）と、負傷または疾病の発生可能性の度合いを組み合わせて見積もる。

③　リスクの評価

危険有害性の重篤度と発生の可能性をマトリクス手法や数値化手法等を用い、リスク低減対策の必要性の有無および対策の優先度（リスクレベルの高い順に設定）を決定する。

④　リスク低減対策の検討

リスク評価の結果、その除去や低減が必要とされたものは、リスク低減措置の優先順位（本質的対策→工学的対策→管理的対策→保護具使用等）に基づきその対策を検討する。

Ⅲ　安全衛生目標の設定

安全衛生方針に基づき、リスクアセスメントの結果や過去の安全衛生目標の達成状況を踏まえ安全衛生目標を設定し、当該目標において一定期間に達成すべき到達点を明らかにするとともに、当該目標を労働者および関係請負人その他の関係者に周知する。

Ⅳ　安全衛生計画の作成

安全衛生目標を達成するため、リスクアセスメントの結果等に基づき、

一定の期間を限り、安全衛生計画を作成する。本計画は目標達成への具体的な実施事項、日程等を定めるものとする。

Ⅴ 体制の整備

OHSMSを適切に実施する体制を整備するため、次の事項を行う。

① システム各級管理者の役割、責任および権限を定めるとともに、関係者に周知させる

② システム各級管理者を指名する

③ OHSMSに係る人材および予算を確保するよう努める

④ 労働者に対しOHSMSに関する教育を行う

⑤ OHSMSに従って行う措置の実施にあたり、安全衛生委員会等を活用する

Ⅵ 明文化

事業者は、安全衛生方針、システム各級管理者の役割・責任・権限、安全衛生目標、安全衛生計画、指針の規定に基づき定められた手順を文書化し、これらの文書を管理する手順を定め、この手順に基づき、当該文書を管理する。

Ⅶ 記録

安全衛生計画の実施状況、システム監査の結果、リスクアセスメントの結果、教育の実施状況、労働災害や事故等の発生状況等、OHSMSに従って行う措置の実施に必要な事項を記録し当該記録を保管する。

Ⅷ OHSMSの監査および見直し

① 定期的なシステム監査計画を作成し、監査の実施手順を定める

② 手順に基づき監査を少なくとも1年に1回定期的に行う

③ 監査結果を踏まえ、定期的にOHSMSの妥当性および有効性を確保するため、安全衛生方針の見直し、指針に基づき定められた手順の見直し等、全般的な見直しを行う

3 　災害要因分析と災害統計等

（1）災害発生のメカニズム

　災害は結果として起こる現象であり、災害を掘り下げていくと必ず潜在災害要因が存在する。たとえば、「足場から墜落する」といった災害が起こる前には、足場板が破損していた、手すりがなかったなどの潜在災害要因があったはずである。

　災害は、物（設備、建設物など）と人（作業者、第三者など）の関係において発生するから、潜在災害要因も物の面と人の面の両方にあり、一般的に前者は不安全状態、後者は不安全行動といわれている。→図表4-2-2

図表4-2-2 ● 災害発生のメカニズム

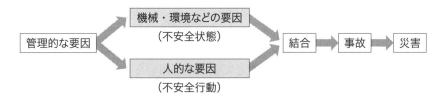

　災害はこれらの潜在災害要因を事前に発見し、排除することで防ぐことが可能である。しかし、これらの潜在災害要因を取り除くだけでは真の問題解決にはならない。なぜ潜在災害要因が発生したのか、なぜそれが放置されていたのか、というような原因を掘り下げ、根本のところで手を打つことが大切になる。

　たとえば、機械の回転部分に安全カバーがなかった背景要因を掘り下げると、機械の新設・改造時の安全点検が励行されていなかった、あるいは作業者が保護帽を着用していない背景要因として、保護帽の必要性や正しい着帽のやり方など必要事項が教育されてなかったなどが挙げられる。潜在災害要因は、このような管理的欠陥によって生ずるものであ

り、ここにメスを入れる必要がある。

（２）労働災害の要因分析

　災害は直接的には、１次要因といわれる不安全行動と不安全状態から引き起こされるが、それらは単独に存在するのではなく、それらが存在する要因として安全衛生管理の欠陥が層構造を形成している。

　災害要因分析とは、１次要因の確定とそれに至った２次要因の因果関係を掘り下げて、対策すべき根本要因を発見することである。

　効率的で的確な分析の進め方は以下のとおり。

①　不安全行動および不安全状態の観察、着目
②　虚心坦懐に事実（要因）をたぐっていく
③　推論・仮説と事実の区分けを行う
④　災害の遠因として管理上の問題まで掘り下げる

（３）災害統計等

　一般に労働災害発生状況を示す尺度は、災害の発生頻度として度数率と千人率、被災程度の大きさとして強度率が用いられ、業種別の位置づけ、同業他社との比較、自社の事業場別の比較、職場単位での比較、経年変化など多く活用されている。

１）度数率

　度数率は、100万延べ実労働時間当たりに発生する死傷者数（休業被災者や身体の一部または機能を失う者の数）で表し、死傷者数や、延べ実労働時間数は６ヵ月または１年といった一定期間を区切って表す。

$$度数率 = \frac{労働災害による死傷者数}{延べ実労働時間数} \times 1,000,000$$

２）年千人率

　年千人率は、労働者1,000人当たり１年間に発生する労働災害による死傷者数で表す。算出が容易でわかりやすいが、労働時間数や日数に変動

が多い職場には向いていない。

$$年千人率 = \frac{労働災害による年間死傷者数}{年間平均労働者数} \times 1,000$$

3）強度率

強度率は、1,000延べ実労働時間当たりの労働損失日数で表す。

$$強度率 = \frac{延べ労働損失日数}{延べ実労働時間数} \times 1,000$$

ここで、上記の式の延べ労働損失日数は、1人当たりの労働損失日数を合算して算出されるが、1人当たりの労働損失日数は、次式により求められる。

$$1人当たりの労働損失日数 = 休業日数 \times \frac{300}{365}$$

また、死亡または労働能力の一部または全部が失われた場合は、労働損失日数は、死亡または障害の等級に応じて図表4-2-3で定められた日数とされる。

図表4-2-3 ● 労働災害の障害等級と労働損失日数

等　級	死亡	1〜3	4	5	6	7	8
損失日数	7,500	7,500	5,500	4,000	3,000	2,200	1,500
等　級	9	10	11	12	13	14	—
損失日数	1,000	600	400	200	100	50	—

第3節 設備等物的安全化

学習のポイント

◆労働災害を防止するには、職場に存在する不安全な状態と不安全な行動を発掘し、それらの改善活動を計画的に推進することが求められる。ここでは機械・設備等の物的安全化を推進するポイントについて理解する。

1 安衛法に定める機械等の規制

安衛法第5章第1節に、機械等に関する規制が定められている。この定めは機械・設備安全化の第一歩ともいうべきもので、規制事項の対応に抜けが生じないよう見直し整備が必要である。

(1) 特定機械等の製造許可・検査など

ボイラー等特段の設備管理を必要とする特定機械等に関しては、製造許可や製造時の溶接検査、構造検査等があり、さらに、落成検査を経て一定期間ごとの性能検査等各種検査が義務づけられている。

① 特定機械等の製造許可

ボイラー、第1種圧力容器、つり上げ荷重3トン以上のクレーン等特定機械等を製造しようとする者は、あらかじめ都道府県労働局長の許可を受けなければならない。

② 製造時の検査等

特定機械等を製造し、もしくは輸入した者、使用廃止のものを再び設置し、もしくは使用する者は、都道府県労働局長の検査を受けなけ

ればならない。

- ・製造時の検査（構造検査、溶接検査、製造検査）
- ・輸入時の検査および一定期間設置されなかったものを設置すると
きの検査（使用検査）
- ・使用廃止のものを再び設置し、もしくは使用する場合の検査（使
用再開検査）

③ 落成検査等

　特定機械等（移動式を除く）を設置した者、所定構造部分を変更し
た者または使用休止のものを再び使用する者は、労働基準監督署長の
次の検査を受けなければならない。

- ・特定機械等（移動式を除く）の設置工事完成時の検査（落成検査）
- ・所定構造部分の変更時の検査（変更検査）
- ・使用休止後の再使用時の検査（使用再開検査）

④ 検査証の交付等

ア　労働基準監督署長は、落成検査に合格した特定機械等について
検査証を交付する。さらに、変更検査または再使用検査に合格し
た特定機械等について当該特定機械等の検査証に裏書を行う。

イ　検査証を受けていない特定機械等は使用してはならない。

ウ　検査証を受けた特定機械等は、検査証と一緒でなければ、譲渡
し、または貸与してはならない。

エ　検査証は、それぞれの機械種別ごとに有効期間が定められてお
り、有効期間の更新は労働基準監督署長または性能検査代行機関
が行う性能検査を受けなければならない。

（2）安全装置等の具備

① 譲渡等の制限等

　特定機械等以外の機械等で、次に掲げる機械等は、厚生労働大臣が
定める規格または安全装置を具備しなければ、譲渡・貸与・設置・使
用してはならない。

　ア　安衛法別表第2に掲げるもの

　　プレス機械の安全装置・第2種圧力容器・防塵マスク・防毒マ
スク等15種類

　イ　安衛令第13条に掲げるもの

　　研削盤・活線作業用器具・絶縁用防護具・フォークリフト等34
種類

② 　動力駆動の機械等の安全防御

　動力駆動の機械等の危険部分に次の措置がされてないものは、譲渡・
貸与等してはならない。

　ア　作動部分上の突起物は埋頭型とし、または覆いを設ける

　イ　動力伝動部分または調速部分は、覆いまたは囲いを設ける

（3）個別検定と型式検定

① 　個別検定

　特定機械等以外の機械等で、次に掲げるものを製造し、または輸入
した者は、登録個別検定機関が行う個別検定を受け、その機械等に検
定に合格した旨の表示を付けなければならない。

　事業者は、個別検定該当機械等で検定合格の表示がないものは使用
してはならない。

　ア　ゴムや合成樹脂等を練るロール機の急停止装置のうち電気的制
　　動方式のもの

　イ　第2種圧力容器・小型ボイラー・小型圧力容器

② 　型式検定

　特定機械等以外の機械等で、次に掲げるものを製造し、または輸入
した者は、登録型式検定機関が行う型式検定を受け、その機械等に合
格した型式の機械等である旨の表示を付けなければならない。

　事業者は、型式検定該当機械等で検定合格の表示がないものは使用
してはならない。

　ア　ゴムや合成樹脂等を練るロール機の急停止装置のうち電気的制

動方式以外の制動方式のもの

イ　プレス機械またはシャーの安全装置

ウ　防爆構造電気機械器具・交流アーク溶接機用自動電撃防止装置

エ　クレーンまたは移動式クレーンの過負荷防止装置

オ　防塵マスク・防毒マスク・絶縁用保護具・絶縁用防具・保護帽

カ　木材加工用丸のこ盤の歯の接触予防装置のうち可動式のもの

キ　動力駆動のプレス機械でスライドによる危険防止機構を有する
　　もの

ク　交流アーク溶接機用自動電撃防止装置

（4）定期自主検査および作業開始前点検

①　定期自主検査の実施（安衛法第45条）

　事業者は、ボイラーや圧力容器など安衛令に定める対象機械および検査頻度（年次・月次等）により定期に自主検査を行い、その結果を記録し3年間保存しなければならない。→図表4-3-1

②　特定自主検査の実施

図表4-3-1 ●定期に自主検査を行うべき機械等（安衛令第15条）
　　　　 ──製造業に関連の深いものを抜粋

・ボイラー	・第1種圧力容器
・クレーン（つり上げ荷重0.5トン以上）	・小型ボイラー
・小型圧力容器	・エレベーター（積載荷重0.25トン以上）
・第2種圧力容器	・プレス機械
・絶縁用保護具	・活線作業用装置
・フォークリフト	・高所作業車（作業床高2m以上）
・動力駆動シャー	・動力駆動遠心機械
・化学設備と付属設備	
・アセチレン溶接装置とガス集合溶接装置	
・乾燥設備と付属設備	
・局所排気装置、プッシュプル型換気装置、除塵装置、排ガス処理装置、廃液処理装置	
・特定化学装置	・透過写真撮影用ガンマ線照射装置

事業者は、フォークリフト、作業床の高さ２ｍ以上の高所作業車、動力駆動のプレス機械など安衛令第15条第２項の機械等については、年次の定期自主検査を特定自主検査で行い、その結果を記録し３年間保存しなければならない（特定自主検査は、その使用する労働者で有資格者または特定自主検査業者に実施させるもの、検査終了後は機械の見やすい個所に検査標章を貼り付けなければならない）。

③　作業開始前の点検

事業者は、安衛則および安全（または衛生）に関する特別則に定める機械等を用いて作業を行うときは、その日の作業を開始する前に、定められた項目について点検を行わなければならない。

2 設備安全化の基本

（1）本質安全化

労働災害の中には、作業者の不安全な行動や誤操作によるものが少なくないが、その背景にはしばしば、設備上や管理上の配慮があれば防げたものが少なくない。人間は本来不注意な動物ともいわれており、作業者の注意力に依存する方法は第二義的に考え、機械・設備そのものの安全化を検討し、人間のミスを機械・設備が補うよう本質安全化を進める必要がある。

本質安全化は、機械・設備安全化の基本理念であり、謝った操作をしても事故や災害にならないフールプルーフ化や、異常が発生しても安全側に移行し事故や災害にならないフェールセーフ化のように設計されたもので、たとえば次のようなものである。

1）フールプルーフ

フールプルーフとは、「人為的に不適切な行為、過失などが起こっても、システムの信頼性及び安全性を保持する性質」（JIS Z 8115：2019-192J-10-106）と定義される。動力伝導装置のカバーを外せば運転中の機械が停止するとか、プレス機械で身体の一部が作業点に入れば自動的に運転

を停止するとか、あるいはクレーンに巻き過ぎ防止装置を取り付けて一定以上の巻き上げをさせないなどが挙げられる。

2）フェールセーフ

フェールセーフとは、「故障時に、安全を保つことができるシステムの性質。注記１　安全に関する条件は、特定する用途に合わせて定義することが望ましい」（JIS Z 8115：2019-192-10-06）と定義される。コンベヤで停電が発生した場合、逸走等防止装置により荷または搬器の逸走および逆走を防止するとか、火力発電所において、タービンの蒸気圧力が急上昇した場合に、安全弁が作動し、あるいは燃料弁が同時に閉止し、給水を制限するなどの例がある。

（２）新技術導入時の検討

技術の進歩に伴って機械・設備や工事が大型化・複雑化しているばかりでなく、原材料も多種多様化・多量化の傾向にあり、設備においても高温・高圧・高速化が進んでいる。この結果、機械・設備に内蔵されるエネルギーがそれだけ大きくなり、いったん事故や災害が起こると、その規模も大きくなる。

したがって、新しい生産工程の導入や、機械・設備の新設時または改造時には、いっそう慎重な安全衛生上の検討を行う必要がある。2005（平成17）年の法改正において、建設物の設置・変更等のときや、設備、原材料等の新規採用・変更等のとき、作業方法または手順の新規採用・変更のときに、事業者が行う調査等としてリスクアセスメントの実施が努力義務化されており、新設改造時等のリスクアセスメント実施体制を標準化し、積極的な活動展開を目指すことが求められている。

<table>
<tr><td>第 **4** 節</td><td># 安全教育等人的安全化</td></tr>
</table>

◆労働災害を防止するには、職場に存在する不安全な状態と不安全な行動を発掘し、それらの改善活動を計画的に推進することが求められる。ここでは安全衛生教育等の人的安全化を推進するポイントについて理解する。

1 安衛法に定める労働者就業時の措置

　安衛法第６章に、労働者の就業にあたっての措置が定められている。この章は安全衛生教育の基本事項を定めたもので、人的安全化の第一歩ともいうべきものである。

　規制内容を理解し、企業実態に適合する社内教育訓練制度を確立し、安全衛生体質のレベルアップを目指していく必要がある。

（１）雇い入れ時および作業内容変更時の教育

　パートタイマー、アルバイトを含む労働者を雇い入れたときは遅滞なく、次の事項のうち、その従事する業務に関する安全衛生のための必要事項について教育を行わなければならない。

　ただし、①〜⑥の全部または一部に関し、職業訓練を受けた者等十分な知識・技能があれば、その部分を省略することができる。

　なお本規定は、労働者の作業内容変更時に準用するが、作業内容の変更とは、異なる作業に転換したときや、機械・設備、作業方法等に大幅な変更があったときをいい、軽微な変更は含まない。

① 機械、原材料等の危険性または有害性およびこれらの取り扱い方法
② 安全装置、有害物抑制装置または保護具の性能およびこれらの取り扱い方法
③ 作業手順
④ 作業開始時の点検
⑤ 当該業務に関して発生するおそれのある疾病の原因および予防
⑥ 整理・整頓および清潔の保持
⑦ 事故時等での応急措置および退避
⑧ その他、当該業務に関する安全または衛生のために必要な事項

（2）危険または有害な業務の特別教育

　危険または有害な業務で安衛則に掲げる業務（→図表4-4-1）に労働者を従事させるときは、安全衛生の特別教育を行い、受講者・科目等の教育記録を作成し3年間保存しなければならない。

図表4-4-1 ● 特別教育を必要とする業務（製造業関連を中心に抜粋）

①研削と石の取り換えまたは取り換え時の試運転の業務
②動力プレスの金型、シャーの刃部またはプレス機械もしくはシャーの安全装置もしくは安全囲いの取り付け、取り外しまたは調整の業務
③アーク溶接機を用いて行う金属の溶接、溶断等の業務
④高圧もしくは特別高圧の充電電路等に係る点検、修理もしくは操作等の業務、低圧の充電電路（対地電圧50ボルト以下等感電危険のおそれのないものを除く）の敷設・修理等の業務
⑤最大荷重1トン未満のフォークリフトの運転業務
⑥作業床の高さが10m未満の高所作業車の運転の業務
⑦クレーン（5トン未満および5トン以上の跨線テルハ）の運転の業務
⑧移動式クレーン（1トン未満）の運転の業務
⑨玉掛（1トン未満のクレーン・移動式クレーンまたはデリックによるもの）の業務
⑩酸素欠乏危険場所における作業に係る業務
⑪その他安衛則第36条に掲げられている業務

特別教育の科目および教育時間等細目は、業務の種類に応じそれぞれ厚生労働大臣が定める特別教育規定等で示されているが、特別教育の全部または一部について、十分な知識・技能を有すると認められる者は、当該科目の特別教育を省略できる。

（３）新たに職務に就くことになった職長等の教育

製造業（ただし、たばこ製造業、繊維工業、繊維製品製造業、紙加工品製造業等を除く）、建設業等の業種に該当する事業者は、新たに職務に就くことになった職長その他作業中の労働者を直接指導または監督する者（作業主任者を除く）に対し、安全または衛生の教育を行わなければならない。

なお、新任職長の教育は、作業方法の決定や労働者の配置に関すること（２時間以上）等、教育項目と所要時間が安衛則に定められている。

（４）安全衛生水準向上のための教育

事業者は、次に掲げる危険有害業務従事者に対し、その従事業務に関する安全衛生水準向上教育を「危険有害業務従事者に対する教育指針」に基づき実施するよう努めなければならない。

① 就業制限に係る業務従事者

② 特別教育を必要とする業務従事者

③ 就業制限および特別教育対象業務に準ずる危険有害業務従事者

（５）就業制限

事業者は、安衛令第20条で定める業務については、都道府県労働局長の免許を受けた者または技能講習修了者等、安衛則第41条で定める有資格者でなければ、当該業務に就かせてはならない（→図表４-４-２）。また、当該業務に従事するときは、これに係る免許証等その資格を証する書面の携帯が必要になる。

図表4-4-2 ● 就業制限に係る業務とその資格
（製造業に関連の深い業務を抜粋）

①ボイラー取り扱い業務（小型ボイラー除く）：ボイラー技士免許所持者（特級・1級・2級）
②ボイラーまたは第一種圧力容器の溶接業務
　・溶接部厚さ25mm以下のもの等：ボイラー溶接士免許所持者（特別・普通）
　・上記の溶接業務以外のもの：特別ボイラー溶接士免許所持者
③ボイラーまたは第一種圧力容器の整備の業務：ボイラー整備士免許所持者
④つり上げ荷重5トン以上のクレーン運転の業務
　・床上運転で運転者が荷とともに移動する方式のクレーン：クレーン・デリック運転士免許所持者および床上操作式クレーン運転技能講習修了者
　・上記以外のクレーン：クレーン・デリック運転士免許所持者
⑤可燃性ガスおよび酸素を用いて行う金属の溶接等の業務：ガス溶接作業主任者免許所持者およびガス溶接技能講習修了者ほか
⑥最大荷重1トン以上のフォークリフト運転業務：フォークリフト運転技能講習修了者ほか
⑦作業床高さ10m以上の高所作業車の運転の業務：高所作業車運転技能講習修了者ほか
⑧つり上げ荷重1トン以上のクレーン等の玉掛業務：玉掛技能講習修了者ほか

2 5S活動の推進

　整理・整頓・清掃に関する活動は、すべての仕事の基本をなすものとして多くの企業で導入され、3S活動とか4S活動とか5S活動等の名称で取り組まれているケースが多く見受けられる。

　3Sは、整理・整頓・清掃のローマ字表示の頭文字で3つの総称を表し、4Sは、3Sに清潔を加えたもの、5Sは、4Sに躾（しつけ）を加えたものとして、活動名称として多く採用されている。

（1）言葉の意味の明確な理解が必要

　「言葉には心があり」とよくいわれるが、整理、整頓、清掃といった、これらの言葉の意味をしっかり理解し、あるべき姿とのギャップを考慮

し、プライオリティーをつけ、推進組織を明確にし、取り組むことが求められる。

　　○整理――いるものといらないものを区分し、いらないものを処分すること

　　○整頓――いるものを理にかなって（使いやすく、置きやすく、効率よく）置くこと

　　○清掃――職場、取り扱う機械・設備、治工具をきれいに保持し、かつ清掃を通じ微欠陥に気づく心を涵養すること

　　○清潔――整理・整頓・清掃が繰り返され、汚れのない状態を維持していること

　　○躾（しつけ）――決めたことを必ず守ること

　活動の進め方としては、まず整理に着手し、見通しがついたところで整頓という流れが標準的で、効率的な進め方となる。また、その仕事の性格から、整理は管理者が旗振り役となり、監督者と作業者とのベクトルを合わせて推進し、整頓は監督者が旗振り役となり、作業者とベクトルを合わせて推進するパターンが効率的といえる。

（２）５Ｓ活動のベクトル合わせ

　「改善のない企業に成長はない」といわれているが、職場には一般的に、多くのムダが存在している。トヨタ生産方式ではこれを「作りすぎ・手待ち・動作・運搬・加工・不良（不適合品）・在庫」という７つのムダに分類・整理している。したがって、これらのムダを知恵と工夫でいかに改善できるか。これが企業の成長の課題ともいえよう。しかし、ムダがわからない人に、ムダが排除できるだろうか。

　５Ｓ活動により、職場の整理・整頓・清掃が進みきれいになっただけでなく、この活動を通じ職場に潜むムダを発掘する目を養う。すなわち、ムダに気づく人間育成、これが５Ｓ活動の到達目的ともいえる。活動開始に際し、５Ｓ活動の必要性についてのベクトル合わせが重要となる。

（3）推進ストーリーの明確化

　5Sの言葉の意味を理解し、なぜ5Sが必要か、このベクトル合わせができれば、本音で立場・もち場での全員参加の条件が整ったといえる。そこで、全員の周知を集め、推進ストーリーを策定する。

　推進ストーリーは、①取り上げた理由（具体的に）、②目標（あるべき姿）はどうしたいのか、③現在までの経緯および問題点、④何をどうするのか、⑤中間目標は、⑥具体的推進ステップ、を決める。以上の推進ストーリーが確立できれば（Plan）、このストーリーに従い、実践（Do）→チェック（Check）→軌道修正（Act）→実践という具合に繰り返し、体質改善を図っていくのである。

第 5 節　労働衛生管理

学習のポイント

◆労働衛生管理では労働災害の防止に加えて、職業性疾病の予防や健康保持増進措置などが事業者に求められている。ここでは職場の労働衛生管理の基本や職業性疾病の予防について理解する。

1　労働衛生管理の基本

（1）作業環境管理

① 作業環境測定

　事業者は、粉じん・有機溶剤・特定化学物質取り扱い等の安衛令第21条に定める有害な業務を行う屋内作業場等について作業環境測定基準に従い作業環境測定を行い、その結果を記録しなければならない。

② 作業環境測定結果の評価等

　事業者は、作業環境測定結果の評価に基づいて、第１管理区分（作業環境管理が適切な状態）、第２管理区分（改善の余地がある状態）、第３管理区分（ただちに改善措置が必要な状態）の管理の状態に応じ、厚生労働省令の定めにより設備等の設置または整備、健康診断の実施等適切な措置を講じなければならない。

　なお、作業環境測定結果の評価は、作業環境評価基準に従って行い、その結果を記録しなければならない。

（2）作業管理

① 作業の管理

　事業者は、労働者の健康に配慮して、労働者の従事する作業を適切に管理するよう努めること（一連続作業時間と休憩時間の適正化、作業量の適正化、作業姿勢の改善等）。

② 作業時間の制限

　事業者は、潜水業務および高圧室内業務に従事させる労働者については、高圧下の作業時間基準および潜水作業時間基準に反して、当該業務に従事させてはならない。

　労働基準法の労働基準法規則に定める有害業務は、労働時間の延長が1日について2時間を超えてはならないとの規制がある。

③ 保護具

　著しい暑熱または寒冷な場所での業務、有害光線にさらされる業務、ガス・蒸気、または粉じんを発散する有害な場所での業務、皮膚に障害を与えるものを取り扱う業務、強烈な騒音を発する場所での業務等の有害な業務では、保護衣・保護眼鏡・呼吸用保護具・保護手袋・耳栓等適切な保護具を同時に就業する労働者の人数と同数以上備えなければならない。

（3）健康管理

① 健康診断

　事業者は、労働者に医師による下記の健康診断を行わなければならない。

　ア　雇い入れ時の健康診断（雇い入れ時）

　イ　定期健康診断（1年以内ごとに1回）

　ウ　海外派遣労働者の健康診断（6ヵ月以上の期間、派遣するときおよび帰国するとき）

　エ　給食従業員の検便（雇い入れ時、配置替え時、食品衛生法による定期検便1回/3ヵ月）

オ　有害業務（高気圧・石綿・じん肺・電離放射線・特定化学物質・鉛・四アルキル鉛・有機溶剤・酸取り扱い）の特殊健康診断

② 健康診断結果の記録

事業者は、健康診断の結果に基づき健康診断個人表を作成し、5年間保存する義務がある。

③ 健康診断結果の医師等からの意見聴取

健康診断の結果、異常所見者への必要措置について、医師または歯科医師の意見を聴き、健康診断個人表に記載しなければならない。

④ 健康診断実施後の措置

事業者は、健康診断結果の医師等からの意見を勘案し、就業場所の変更、作業転換、労働時間の短縮等の措置を講ずるほか、作業環境測定の実施、設備の設置・整備等の適切な措置を講じなければならない。

2 職業性疾病の予防

安衛法第5章第2節に、危険物および有害物に関する規制が定められている。有害物等の規制には、製造等の禁止、製造の許可および表示制度ならびに有害性の事前調査がある。条文を理解し、適切な対応が必要である。

（1）化学物質による健康障害

① 製造等の禁止

労働者に重度の健康障害を生ずるベンジジン、石綿などの有害物質（安衛令に定めるもの）を、製造し、輸入し、譲渡し、提供し、または使用してはならない。ただし、試験研究のため、製造や輸入し、または使用する場合に限り、あらかじめ都道府県労働局長の許可を受け、厚生労働大臣が定める基準に従って製造し、または使用する場合はこの限りでない。

② 製造の許可

　労働者に重度の健康障害を生ずるおそれのあるジクロルベンジジンやPCBなどの特定化学物質第1類物質（安衛令に定めるもの）を製造しようとする者は、あらかじめ厚生労働大臣の許可を受けなければならない。

（2）危険性や有害性の情報伝達

① 　有害物の表示等

　以下に記載するものを容器に入れ、または包装して、譲渡や提供する者は、容器または包装に危険有害性情報や応急措置・保管・安全対策の注意書き等法令で定められた事項を表示しなければならない。ただし、主として一般消費者の生活の用に供するものはこの限りでない。

　　ア　爆発性・発火性・引火性のもの等の労働者に危険を及ぼすおそれのあるもの

　　イ　ベンゼン等の健康障害を生ずるおそれのあるもので安衛令に定めるもの

　　ウ　安衛法で定める製造許可物質

② 　危険物や有害物を譲渡または提供する場合の文書交付等

　安衛令で定められた通知対象物質を譲渡しまたは提供する者は、文書または磁気ディスクの交付、ファックスの送信等により、通知対象物に関する名称、成分、危険有害生情報、応急措置、貯蔵や取り扱いの注意事項等法令で定められた事項を譲渡等の相手方に通知しなければならない。

③ 　化学物質リスクアセスメントの実施

　安衛令で定められたリスクアセスメント対象物を新規に採用する際や作業手順を変更する際に、リスクアセスメントを実施することが全業種で義務づけられている。また、リスクアセスメントの結果に基づき、労働者の危険または健康障害を防止するため必要な措置を講ずるように努めなければならない。

④ 　新規化学物質の有害性調査

　新規化学物質を製造しまたは輸入する場合、あらかじめ安衛則の定めにより、所要基準に従って有害性の調査を行い、新規化学物質の名称、有害性の調査結果その他の事項を厚生労働大臣に届け出る。ただし、1事業場の1年間の製造量（または輸入量）が100kg以下で厚生労働大臣の確認を受けたとき、所定条件のいずれかに該当するときは、届出が不要となる除外規定がある。

第4章　理解度チェック

次の設問に、○×で解答しなさい（解答・解説は後段参照）。

1 安全衛生管理活動は組織的に推進することが必要であるが、組織づくりには労働安全衛生法で定める各種管理者等の選任や会議体開催に関する定めを組織の実態に照らし合わせ適合化させることが必要である。

2 労働安全衛生法は、賃金、労働時間、休日などの一般労働条件が労働災害と密接な関係にあることより、労働基準法と一体的に運用されることが明文化されている。

3 労働災害は不安全行動や誤操作によるものが少なくない状況であり、災害防止はまずルールの遵守を取り上げ、対策を検討すべきである。

4 危険有害業務の特別教育は、該当業務に従事させるときに実施する規定であり、特別教育を実施し記録を残し３年間保存している。

5 事業者が、労働者に対して医師による健康診断を行う必要があるのは、雇い入れ時、１年以内ごとに１回の定期健康診断に限定されている。

第4章 理解度チェック

解答・解説

1 | ○

2 | ○

3 | ×
不安全行動に起因する災害は確かに多いが、不安全行動を防止する対策は信頼性が低く、まず本質安全化や物的防護等の物的対策を優先し、対応できない残存リスクに対し人的対策で補完する。

4 | ○

5 | ×
事業者が、労働者に対して医師による健康診断を行う必要があるのは、このほかに海外派遣労働者の健康診断、給食従業員の検便、有害業務の特殊健康診断がある。

┃ 参考文献 ┃

武下尚憲『ひと目でわかる図説安衛法〔改訂版〕』労働調査会、2013年

武下尚憲「安全活動活性化へのワンポイントアドバイス」『労働安全衛生公報』
　労働調査会、2007年

木村嘉勝『図解 よくわかる労働安全衛生法〔改訂8版〕』労働調査会、2022年

中央労働災害防止協会編『令和4年度 安全の指標』中央労働災害防止協会、
　2022年

環境管理

この章のねらい

　企業にとって、従来の大気、水質などの公害発生対策としての環境管理に加えて、近年は世界的な温室効果ガス抑制や有害化学物質の排出に対する厳しい規制が行われており、これらの地球環境問題も含んだ環境管理が要求されるようになっている。

　第5章では、第1節で環境基本法の成立とそれに至る歴史的経緯について学び、第2節で環境問題の原点である大気、水質など公害防止対策について、第3節で工場・事業場における実際的な環境管理の取り組みについて、第4節で循環型社会を目指す取り組みについて、第5節では製品の環境負荷低減の問題について学ぶ。さらに、第6節では企業の社会的責任について、第7節では持続的な開発目標（SDGs）について学ぶ。環境問題はすそ野の広いテーマであるが、企業におけるこれらの環境管理を行ううえでの必要な知識と実務の手引きとしてとりまとめた。

　※第1節～第3節、および第7節は『【共通知識】生産管理3級』に記載している内容と同じであるが、【共通知識】2級の範囲ともしているので本編に重ねて掲載した。

<table>
<tr><td>第 1 節</td><td># 環境問題の歴史的経緯
と環境基本法</td></tr>
</table>

◆公害問題の発生から始まった環境問題の歴史的経緯を知り、環境管理の意義を学ぶ。
◆環境問題の今日的な課題を学習し、環境基本法の目的・理念を理解する。
◆環境基本法と環境関連法規制の体系について学ぶ。

1 公害問題の始まり

　日本の環境問題は、環境汚染とその被害の発生、すなわち公害から始まった。公害の歴史は、日本の近代化以前にさかのぼるが、大規模な公害被害が発生するようになるのは、日本が近代化された明治時代の19世紀の末ごろからで、足尾銅山鉱毒事件、別子銅山煙害事件、日立鉱山煙害事件など大規模な鉱山公害事件や大坂アルカリ事件、浅野セメント降灰事件などが発生した。

　足尾銅山鉱毒事件は、日本で初めて大問題となった公害事件である。銅山から発生した亜硫酸ガスによる煙害を発生させた。また、有毒重金属を含む酸性廃水を垂れ流したことにより、渡良瀬川の漁業被害や流域の広大な農地と農作物に鉱毒被害が発生した。別子銅山煙害事件、日立鉱山煙害事件、大坂アルカリ事件では、発生した亜硫酸ガスで農作物が被害を受けた。浅野セメント降灰事件では、工場の煙突から飛散するセメント粉末によって、住民が被害を受けた。しかし、この時期には、公

害法も環境法も存在していなかった。

2 高度経済成長期の公害問題

　戦後の重化学工業が急速に進んだ高度経済成長期（昭和30〜40年代）には、大都市地域の工場集中化などによって、大気汚染、水質汚濁、騒音などの産業公害が社会問題になった。特に以下に示す四大公害病は、対策実施の遅れや規制法令の未整備のため、地域住民に深刻な健康被害が拡大した。

① 水俣病（工場排水中のメチル水銀化合物：熊本県水俣市）

② 新潟水俣病（工場排水中のメチル水銀化合物：新潟県阿賀野川流域）

③ イタイイタイ病（工場排水中のカドミウム：富山県神通川流域）

④ 四日市ぜんそく（工場廃ガス中の硫黄化合物：三重県四日市市）

3 公害対策の強化

　日本各地に発生した公害問題に対して、1956（昭和31）年に水俣病が公式確認された。国は1967（昭和42）年に「公害対策基本法」を制定し、大気汚染、水質汚濁、土壌汚染、騒音、振動、地盤沈下、悪臭を典型7公害として定義し、人の健康を保護し、生活環境を保全するうえで維持されることが望ましい基準として環境基準を導入した。次いで1970（昭和45）年に、「大気汚染防止法」「水質汚濁防止法」など14公害関連法令の抜本的な整備が行われた。

　しかし、防止法の規制が濃度規制であったため、汚染物質の排出総量の抑制ができず、その欠陥を解決するため、総量規制（汚染物質を総量で抑制する方式）が大気汚染防止法、水質汚濁防止法にその後導入された。なお、1971（昭和46）年に公害対策から自然保護対策までを含めた環境行政を総合的に推進するため環境庁が設置され、2001（平成13）

年発足の環境省につながっている。

4 環境基本法と関連法規制

その後、法規制や技術的対策の効果で改善され、深刻な公害問題は少なくなってきているが、実際の環境問題は、自動車・道路公害、廃棄物問題、化学物質によるリスクの増大など深刻化しつつあった。一方、1980年代の後半ごろから、二酸化炭素による地球温暖化、フロンによるオゾン層の破壊、酸性雨や森林破壊の問題など、地球規模の環境問題が現れた。このような新たな環境問題に対して、従来の公害を規制する「公害対策基本法」では対応できなくなり、環境保全施策を総合的かつ計画的に推進することを目的とし、「環境基本法」が1993（平成5）年に制定された。環境基本法は、環境保全に関する基本理念と、施策の基本となる新たな枠組みを示す基本的な法律である。

（1）基本理念

基本理念として、「環境の恵沢の教授と継承」「環境への負荷の少ない持続的発展が可能な社会の構築」「国際的協調による地球環境保全の積極的推進」を掲げている。

（2）環境の保全に関する基本的施策

１）環境基本計画の作成

基本理念を実現するために政府が定める環境の保全に関する基本的な計画であり、地方自治体においても地域レベルの環境基本計画の策定が普及している。国による環境基本計画は第1次計画が1994（平成6）年に閣議決定され、以降5～6年ごとに策定を重ね閣議決定されている。

２）環境基準の設定

大気汚染、水質汚濁、土壌汚染および騒音に係る環境上の条件について、人の健康の保護および生活環境の保全のうえで維持されることが望

ましいとされる基準である。

3）環境影響評価の推進

開発事業による環境への悪影響を予防するために、計画段階からの環境アセスメントの実施を定めた「環境影響評価法」が1997（平成9）年に成立した。

4）環境の保全上の支障を防止するための規制

典型7公害の防止、土地利用の規制、自然環境の保全、野生生物等の保護、自然物の保護などのために規制措置を講じること。

5）地球環境保全に関する国際協力

地球保全に関して国際協力推進のために必要な措置を講じること。

（3）環境関連法規制

環境基本法の制定に伴い、典型7公害、廃棄物・リサイクル、化学物質、エネルギーなどの法律が体系的に整備された。なお、公害対策基本法の公害対策にかかわる部分は、ほとんどそのまま環境基本法に引き継がれている。

図表5-1-1に環境基本法およびその関連法規制の体系と構成を示し、典型7公害に関する法律、廃棄物・リサイクルに関する法律、化学物質に関する法律、エネルギーに関する法律など企業活動と関連のあるものを記載した。

図表5-1-1 ● 環境基本法と関連法規制（第5章に関連あるもの）

環境基本法

- **環境基準の設定**
  - ・大気汚染・水質汚濁・騒音・土壌汚染

- **環境影響評価に関する法律**
  - ・環境影響評価法

- **典型7公害に関する法律（地盤沈下を除く）**
  - ・大気汚染防止法
  - ・自動車NOx・PM法
  - ・水質汚濁防止法
  - ・土壌汚染対策法
  - ・騒音規制法
  - ・振動規制法
  - ・悪臭防止法

- **廃棄物・リサイクルに関する法律**

  循環型社会形成推進基本法
  - ・廃棄物処理法
  - ・PCB廃棄物特別措置法

  資源有効利用促進法
  - ・グリーン購入法
  - ・容器包装リサイクル法
  - ・家電リサイクル法
  - ・食品リサイクル法
  - ・建設リサイクル法
  - ・自動車リサイクル法

- **化学物質に関する法律**
  - ・化学物質審査規制法（化審法）
  - ・化学物質排出把握管理促進法（化管法）
  - ・農薬取締法
  - ・ダイオキシン類対策特別措置法

- **エネルギーに関する法律**

  エネルギー政策基本法
  - ・省エネ法
  - ・建築物省エネ法
  - ・新エネ法
  - ・再生可能エネルギー特別措置法

第 2 節　公害防止対策

学習のポイント

◆大気汚染、水質汚濁、土壌汚染、騒音や振動、悪臭などの公害防止関連法について学び、規制対象施設と汚染物質およびその防止技術について理解する。
◆法に基づく規制対象施設を保有する工場・事業場が対応すべき事項について学ぶ。

1　大気汚染とその対策

（1）規制対象施設と汚染物質

　大気汚染防止法では、図表5-2-1のように規制対象施設と大気汚染物質を定めている。

　かつて深刻な社会問題となった硫黄酸化物（SOx）、ばいじんなどの産業公害型の大気汚染は、法規制や技術的対策の効果で改善されている。一方、大都市などでは交通量の増大により、主に自動車から排出される窒素酸化物（NOx）や浮遊粒子状物質（SPM）による大気汚染や、炭化水素類が原因となって発生する光化学スモッグも、都市生活型の大気汚染として問題になっており、揮発性有機化合物（VOC）が2006（平成18）年、大気汚染防止法の規制対象物質となった。

（2）大気汚染の防止技術と対策

　①　硫黄酸化物（SOx）については、工場のボイラーなどの固定発生源に対して重油の低硫黄化や排煙脱硫装置の設置などの対策がとら

図表5-2-1 ●大気汚染防止法の規制対象施設と大気汚染物質

規制対象施設		大気汚染物質	
ばい煙発生施設	ボイラー、電気炉、反応炉、乾燥炉、廃棄物焼却炉、ガスタービンなど	ばい煙	硫黄酸化物（SOx）、ばいじん（すすなど）、窒素酸化物（NOx）、有害物質（カドミウムおよびその化合物、フッ素、フッ化水素およびフッ化ケイ素、鉛およびその化合物）
一般粉じん発生施設	コークス炉、粉砕機、研磨機など	一般粉じん	セメント粉、石炭粉、鉄粉など
特定粉じん発生施設	混合炉、切断機など	特定粉じん	アスベスト
有害大気汚染物質発生施設	トリクロロエチレン洗浄機など	指定物質	ベンゼン、トリクロロエチレンなど　5物質

　　れている。

② 　窒素酸化物（NOx）については、工場のボイラーなどに低NOx燃焼技術や排煙脱硝装置の設置が進められ、改善されている。

③ 　ばいじん対策として、ボイラーなどの燃焼装置では電気集じん装置や、ろ過集じん装置が採用されている。

④ 　揮発性有機化合物（VOC）は、塗装を行う工場や工事現場、印刷所、接着剤や洗浄剤を使用する工場など、VOCの排出量の多い施設が規制対象となった。

⑤ 　自動車排ガスに対しても大気汚染防止法により排ガス量の許容限度が定められ、また、大都市地域の大気汚染改善のため、「自動車NOx・PM法」（自動車から排出される窒素酸化物及び粒子状物質の特定地域における総量の削減等に関する特別措置法）により所有・使用できる自動車を制限している。

（3）工場・事業場の対応

　大気汚染防止法で定められている、ばい煙発生施設、一般粉じん発生施設、特定粉じん発生施設などを設置する場合、工場・事業場は以下の

事項が義務づけられている。

① 都道府県知事へ施設の設置の届出（設置時・変更時・廃止時・継承時など）

② 排出基準の遵守（硫黄酸化物、ばいじん、有害物質）

③ 測定および記録（ばい煙量・ばい煙濃度など、３年間保存）

④ 事故時の措置（応急処置と速やかな復旧、知事へ届出）

⑤ 計画変更や改善命令の遵守（排出基準に適合しない場合など）

2　水質汚濁とその対策

（1）規制対象施設と汚濁物質

　水質汚濁防止法では、人の健康被害を起こすおそれのあるカドミウム等の有害物質や、COD など生活環境に被害を生ずるおそれのあるものを含む廃液等を排出する施設を、特定施設として政令で定めている。公共用水域に排出する排水については、次の有害物質項目および生活環境項目についてそれぞれ排出基準が設定されている。

① 有害物質項目——カドミウムおよびその化合物、シアン化合物、有機リン化合物、鉛およびその化合物、六価クロム化合物、ヒ素およびその化合物など

② 生活環境項目——BOD **Key Word**（生物化学的酸素要求量）、COD **Key Word**（化学的酸素要求量）、窒素、リンなど

Key Word

BOD（Biochemical Oxygen Demand）——河川などにおいて水中の水質汚染度を調査する際に用いられる指標。この数値が高いほど汚濁が進んでいることを示す。

COD（Chemical Oxygen Demand）——水中の有機物質が過マンガン酸カリウムによって化学的に分解される際に消費される酸素量を指す。この数値が高いほど汚濁物質の量が多いことを示す。

（2）水質汚濁の防止技術と対策

排水中の汚濁物質を取り除くための排水処理方法として、次の2つの方法がある。

① 物理化学的方法——沈殿・沈降・ろ過など汚濁物質の形状・重さ・大きさなどの物理的性質を利用した方法、凝集・中和・イオン交換など化学的性質を利用した方法がある。

② 生物化学的方法——代表的な方法が活性汚泥法で、家庭排水、食料品工場、パルプ工場、し尿処理施設からの排水のように、有機性の汚濁物質を多く含む排水処理方法として広く採用されている。

（3）工場・事業場の対応

水質汚濁防止法で定められている、汚水や廃水等を排出する特定施設を設置する場合、工場・事業場は以下の事項が義務づけられている。

① 都道府県知事へ施設の設置の届出（設置時・変更時）

② 排水基準の遵守（有害物質、生活環境項目）

③ 測定および記録（排水中の汚濁濃度・汚濁負荷量など、3年間保存）

④ 事故時の措置（応急処置と速やかな復旧、知事へ届出）

⑤ 計画変更や改善命令の遵守（排水基準に適合しない場合など）

3 土壌汚染とその対策

（1）土壌汚染の特徴

土壌汚染の特徴は、水や大気と比べて移動性が低く土壌中の化学物質も拡散・希釈されにくいことから、いったん汚染されると長期にわたり汚染状態が継続し、放置すれば人の健康に影響を及ぼし続ける汚染である。

（2）土壌汚染の防止対策

土壌汚染に対して以下の法規制により土壌への有害物質の排出を規制

している。
① 「水質汚濁防止法」に基づく工場・事業場からの排水規制や有害物質を含む水の地下浸透禁止
② 「大気汚染防止法」に基づく工場・事業場からのばい煙の排出規制
③ 「廃棄物処理法」による有害廃棄物の埋め立て方法の規制
④ 「農薬取締法」に基づく農薬の土壌残留に係る規制

　また、土壌汚染による人の健康被害の防止対策が必要なことから「土壌汚染対策法」が制定され、有害物質使用特定施設が廃止された土地などの土壌汚染調査が義務づけられている。ダイオキシン類による土壌汚染については、「ダイオキシン類対策特別措置法」により土壌汚染対策が実施されている。

4 騒音・振動とその対策

（1）騒音発生源と伝搬防止対策

　工場・事業場における事業活動や建設工事に伴って発生する相当範囲にわたる騒音について必要な規制を行うとともに、自動車騒音に関する許容限度を定めた「騒音規制法」が1968（昭和43）年に制定された。
　騒音の発生源対策には、騒音源を建物内に設置する、騒音源に吸音材を巻きつけるなど、また伝搬防止対策には、騒音を発生する機械を工場などの敷地境界線からなるべく離して設置する、工場などの周りに遮音壁や防音壁を設置する方法がとられる。

（2）振動発生源と伝搬防止対策

　工場・事業場における事業活動や建設工事に伴って発生する相当範囲にわたる振動について必要な規制を行うとともに、道路交通振動に関する措置を定めた「振動規制法」が1976（昭和51）年に制定された。
　振動の発生源対策には、振動を発生させる機械と基礎との間に防振ゴム、金属ばねを挿入し防振する方法などがあり、伝搬防止対策には、騒

音対策と同じく、振動を発生する機械の設置を工場などの敷地境界線からなるべく離して設置する方法がある。

（3）工場・事業場の対応

騒音規制法、振動規制法に定められている、騒音や振動を発生する特定施設や特定建設作業を行う場合、工場・事業場は以下の事項が義務づけられている。

① 市町村長へ施設の設置の届出
② 規制基準の遵守（指定地域の許容限度を遵守）
③ 騒音・振動の測定（敷地境界線の騒音や振動を測定）
④ 計画変更や改善命令の遵守（規制基準に適合しない場合など）

5 悪臭とその対策

（1）悪臭発生源と悪臭防止対策

典型的な感覚公害である悪臭を防止することを目的として、「悪臭防止法」が1971（昭和46）年に制定された。都道府県知事が市区町村長の意見を聞いて規制地域を指定し、指定後は規制実務を市区町村長が行う。

（2）工場・事業場の対応

指定地域内のすべての工場・事業場が対象となる。対象となった場合、工場・事業場は以下の事項が義務づけられている。

① 規制基準の遵守（敷地境界線での特定悪臭物質の濃度または臭気指数の許容限度）
② 臭気の測定（敷地境界線の地表）
③ 事故時の措置（応急処置と速やかな復旧、市町村長へ通報）
④ 改善勧告・改善命令の遵守（規制基準に適合しない場合など）

第 **3** 節 | # 工場・事業場における
環境保全の取り組み

◆工場・事業場における環境管理の目標や維持・改善の方法について考える。

◆環境改善のための自主的な取り組みとして多くの企業等で導入されている、環境マネジメントシステム（ISO14001）について学ぶ。

1 環境保全の維持と改善

（1）環境管理の目標

工場・事業場はそれぞれの実情に応じて、環境を維持し、改善するための管理目標・改善指標を掲げ、その対策に取り組まなければならない。たとえば、

① 排出規制の遵守

・大気、水質、土壌汚染、騒音、振動、悪臭などの排出基準の遵守・負荷低減化

② 環境汚染の削減

・廃棄物埋め立て処分量削減目標

・揮発性有機化合物（VOC）の排出量削減

・化学物資（PRTR物質）**Key Word** 排出量削減目標

・温暖化ガス排出量削減（省エネ）目標　など

（2）環境汚染レベル改善の手順

環境汚染レベルを改善しようとする場合、次の手順がとられる。

① 実態の把握

　生産の流れをいくつかのユニットに分け、そのユニットについて環境影響を詳しく調べる。物質収支やエネルギー収支をとりながら、同時に環境影響も調べていくやり方が実際的である。

② 課題および目標の設定

　調べた環境影響をとりまとめ、項目ごとに評価し、重要度を付け、重要な課題から手を打っていく。取り上げた課題の到達すべき目標は、可能な限り定量的なものとする。

③ 対策の実施

　前項で得られた重要な課題について、原因を究明し、その原因を取り除くための対策案を作成する。対策案は実行レベルまで具体的に展開されていなければならない。

④ 進捗状況と成果のチェック

　対策案を適切に実施しているか、実施した結果が目標に向けて計画どおりに進んでいるかどうかチェックする。計画どおりに進んでいない場合は、追加の対策を打つなどの処置をとる。

⑤ 歯止めと見直し

　得られた成果が持続するよう作業の標準化などで歯止めをするとともに、成果を継続的に見直す。

Key Word

PRTR（Pollutant Release and Transfer Register）——化学物質排出移動量届出制度。1996（平成8）年に経済協力開発機構（OECD）が勧告し、日本では2001（平成13）年に法制化された。企業は、指定された化学物質の排出量および廃棄する際の移動量を記録して、行政機関に報告する。行政機関は集計結果を報告する。

（3）緊急事態への対応

地震や火災、事故・トラブル等が原因で、たとえば有害物質が漏えいするといった緊急事態が発生した場合の対応について、以下のような行動手順を決めておくことが大切である。

① 応急処置の実施
② 必要箇所への連絡（社内・社外）・応援動員
③ 近隣への広報・避難誘導
④ 事故鎮圧・復旧のための措置
⑤ 原因究明・再発防止対策の実施

これらの行動には次の事前の準備が必要である。

① 緊急事態の想定（地震、火災、故障、誤操作など）
② マップ作成（設備配置図や危険物の配置図を準備し、消防や警察と共有）
③ 資料の整備（化学物質や危険物の物質安全性データなど）
④ 緊急訓練の実施

2 環境改善のしくみと環境マネジメントシステム

（1）環境マネジメントシステムとは

環境を継続的に改善するためのしくみを定めたものに、ISO14001規格（環境マネジメントシステム）がある。環境マネジメントシステムが誕生した背景には、さまざまな環境問題に規制だけで対応することは難しいため、企業、行政などの組織が自主的に環境改善を行うことが大切であるという認識が世界的に高まったことがある。

（2）ISO14001の内容

ISO14001規格は、システムの継続的改善を通じて、環境パフォーマンス（環境改善面での業績）の改善を図ることを基本的な考え方としており、図表5-3-1に示すように、計画（Plan）、支援及び運用（Do）、パ

図表5-3-1 ● ISO14001 環境マネジメントシステム

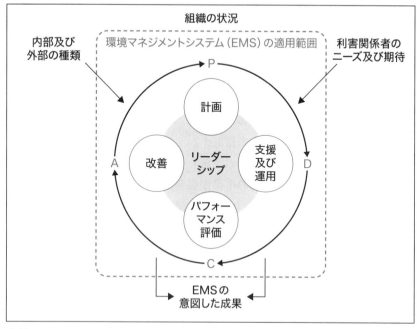

出所：JIS Q 14001：2015

フォーマンス評価（Check）、改善（Act）から構成されるPDCAサイクルの形で、規格要求事項が示されている。

（3）ISO14001の特徴

1）基本的なしくみ

ISO14001の基本的なしくみは、PDCAサイクルを回してシステマチックな環境活動を展開するとともに、マネジメントシステムを継続的に改善することによって環境パフォーマンスの改善・向上を図ることである。

2）環境側面の自主管理

環境汚染物質の排出を管理するだけでなく、汚染の予防の観点から製品や生産プロセスに踏み込んだ改善や見直しを重視し、このため環境に

影響を及ぼす事業活動を分析・評価して重要な環境側面を取り上げ、改善するための目的・目標を自主的に定め、その達成を目指す。

3）責任権限の明確化

環境方針の提示などトップマネジメントの役割を明示するとともに、マネジメントシステムを維持・改善し、目的・目標を達成するため、経営層も含めた各階層・各部門における責任権限を明確にすることを要求している。

4）内部環境監査の実施

環境マネジメントシステムの中に内部監査を組み込み、監査の結果を経営者によるマネジメントシステムの見直し、改善に反映させ、環境パフォーマンスを向上させていく。内部環境監査がPDCAによるマネジメントシステム運用の基軸となっている。

5）広範囲な組織への適用

ISO14001は、独立の機能と管理体制をもつあらゆる種類・規模の組織に導入することが可能で、一般の企業から自治体、学校まで広がっている。

6）第三者審査機関による認証登録

この規格は、通常は第三者（審査登録機関）による規格適合性の審査認証を受け、社会に公表をするという制度のもとで利用されている。企業にとって社会的信頼性が高まるなどの利点がある。

第 4 節 循環型社会を目指して

学習のポイント

◆循環型社会を目指して課題となっている、廃棄物とリサイクルについて学ぶ。
◆温暖化対策に関連する省エネルギー・新エネルギーや物流の環境問題について理解する。
◆化学物質の環境リスクについて理解し、リスク対策としての化学物質の法規制について学ぶ。

1 廃棄物とリサイクル

「循環型社会形成推進基本法」のもとに、廃棄物の適正処理のための「廃棄物処理法」やリサイクルの推進のための「資源有効利用促進法」が位置づけされ、さらに家電など個別物品の各種リサイクル法が制定されている。→前掲図表5-1-1

(1) 廃棄物処理法

廃棄物の排出抑制と適正な処理、生活環境の清潔保持により、生活環境の保全と公衆衛生の向上を図ることを目的に、1970 (昭和45) 年に「廃棄物処理法」が制定された。廃棄物の定義や処理責任の所在、処理方法、処理施設、処理業の基準などを定めている。

(2) 廃棄物の種類 (区分)

廃棄物処理法において廃棄物とは、「ごみ、粗大ごみ、燃え殻、汚泥、

図表5-4-1 ●廃棄物の分類

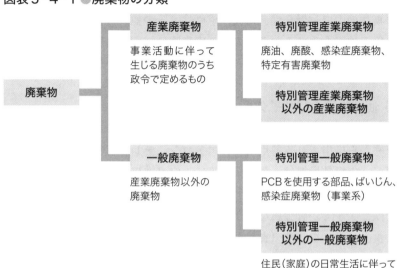

ふん尿、廃油、廃酸、廃アルカリ、動物の死体その他の汚物又は不要物であって、固形状又は液状のもの（放射線廃棄物及びこれによって汚染された物を除く）」と定義され、図表5-4-1で示すように分類されている。

産業廃棄物は、企業などの事業活動に伴って生じた廃棄物のうち、法律で定められた20種類のものをいう。産業廃棄物は事業者が適切に処理する責任があり、事業者が産業廃棄物の処理を業者に委託する場合は、みずからマニフェスト（産業廃棄物管理票）を処理業者に交付し、確実に最終処分されることを確認する必要がある。

一般廃棄物は、産業廃棄物以外の廃棄物を指し、主に家庭から発生する家庭系のごみとオフィスや飲食店から発生する事業系のごみに分類される。一般廃棄物は、市区町村が収集・処理する責任がある。事業系の廃棄物（オフィスごみ）には一定の費用負担が求められており、また、一般の家庭ごみについても、排出抑制の徹底を目的として有料化する市

区町村が多い。

　廃棄物の中で、爆発性、毒性、感染性、その他人の健康または生活環境に係る被害を生じるおそれのある廃棄物は特別管理廃棄物とされ、特別管理産業廃棄物、特別管理一般廃棄物として厳しい管理が要求される。

（3）個別物品のリサイクル

1）家電リサイクル法（家電廃棄物）

　家庭から排出される使用済みのエアコン、テレビ、冷蔵庫、冷凍庫、洗濯機、衣類乾燥機は、製造業者等に一定水準以上の再商品化が義務づけられている。製造業者等に引き取られた廃家電は、リサイクルプラントで鉄、アルミ、貴金属などが回収される。

2）食品リサイクル法（食品廃棄物）

　加工食品の製造過程や流通過程で生じる売れ残り食品、消費段階での食べ残し、調理くずなどで、一般家庭から排出される生ごみは対象となっていない。

3）容器包装リサイクル法（容器包装廃棄物）

　消費者は容器包装廃棄物を分別して排出、市町村が分別収集、事業者が再商品化するという、三者の役割分担を決めている。法施行後の成果として、市町村による分別収集量の増加、一般廃棄物全体のリサイクル率増加などのプラス面がある反面、市町村による分別収集コストの増大などの課題がある。

4）建設リサイクル法（建設廃棄物）

　コンクリート塊、アスファルト・コンクリート塊および建設発生木材について、建設工事受注者・請負者等に対して分別解体や再資源化を行うことを義務づけている。

5）自動車リサイクル法（使用済み自動車）

　シュレッダーダスト、フロン類、エアバッグ類をリサイクルの対象としている。使用済み自動車は、エンジン、ボディ部品などの有用な部品・部材の回収後、シュレッダーにかけられ、さらに鉄等の有用な金属が回

収される。

（4）優先順序の原則

　循環型社会形成推進基本法では、資源をできるだけ有効利用するために リデュース（Reduce）・リユース（Reuse）・リサイクル（Recycle）を ３Ｒとし、循環資源の利用に際しては、原則として次の優先順序で処理 されなければならないとしている。

① 廃棄物等の発生抑制（リデュース）──原材料が効率的に利用され、製品がなるべく長期間使用されること

② 再使用（リユース）──循環製品を製品としてそのまま（または 修理して）使用すること

③ 再生利用（マテリアルリサイクル）──循環製品を原材料として 利用すること

④ 熱回収（サーマルリサイクル）──循環製品を燃料として利用すること

⑤ 適正処分──循環的な利用や処分は、環境保全上の支障がないように適正に行うこと

2 省エネルギーと新エネルギー

（1）省エネルギーの推進

　石油危機（1973（昭和48）年、1978（昭和53）年）により省エネルギーの重要性が認識され、工場、建築物および機械器具に関する省エネルギーを進めるため、1979（昭和54）年に「省エネ法」（エネルギーの使用の合理化等に関する法律）が制定された。1998（平成10）年には、省エネルギー性能の高い機器を普及促進するため、自動車や家電機器などにトップランナー方式が導入された。その後、何回か改正が行われ、2015（平成27）年には、大規模建築物の省エネルギーを推進するため、「建築物省エネ法」（建築物のエネルギー消費性能の向上に関する法律）が制

定された。

　省エネルギーの推進は、二酸化炭素の発生抑制への対応だけでなく、原油価格の変動が激しい中で日本経済が成長するために必要不可欠な取り組みである。

　身近なところで次のような省エネ技術を積極的に採用することも大切である。

① 　コジェネレーション（熱電併給）——燃料で発電を行い、発生する排熱で温水や蒸気をつくり、給湯や冷暖房に使用するシステムで発電に伴う排熱を有効に回収利用できる。

② 　ヒートポンプ——気体を圧縮すると温度が上昇し、膨張すると温度が下がる原理を利用して熱を移動させる技術で、これにより利用しにくい低い温度の熱エネルギーを利用することができる。

③ 　インバータ——直流を交流に変え、その交流を任意の周波数の交流に変換する装置で、エアコン、冷蔵庫、洗濯機など家電製品モーターの省エネに利用できる。

（2）新エネルギーと導入の意義

　新エネルギーの利用を促進するため、政府による基本方針の作成、事業者による新エネルギー利用計画の作成などを定めた「新エネ法」（新エネルギー利用等の促進に関する特別措置法）が1997（平成9）年に制定された。その中で、新エネルギーを太陽光発電、風力発電、バイオマスエネルギー（発電、熱利用、燃料製造）、太陽熱利用、中小水力、温度差熱利用、雪氷熱利用、地熱発電と規定している。新エネルギーは、国産エネルギーであること、二酸化炭素の排出量が少ないことから、エネルギーの安定供給の確保、地球温暖化対策への対応の観点から積極的な導入が期待される。2012（平成24）年には、「再生可能エネルギー特別措置法」に基づいて固定価格買取制度（FIT：Feed-in Tariff制度）が開始され、再生可能エネルギーの導入が進んだ。さらに、電力市場との連動に向けて2022（令和4）年に、FIP（Feed-in Premium1）制度が導入された。

3 物流と環境対策

　自動車による環境への影響には、二酸化炭素排出による地球温暖化、排気ガス中の有害物質、騒音・振動、使用済み自動車の廃棄などがある。

（1）地球温暖化対策

　二酸化炭素の排出量は、産業部門に次いで運輸部門が第2位になっている。車による温暖化防止には、以下の対策が考えられる。

①　モーダルシフト（トラック輸送を環境負荷の少ない鉄道輸送や船舶輸送に切り替える）

②　共同輸送の実施（拠点の集約化・共同化）

③　燃費のよい車の普及

（2）排気ガスの有害物対策

　車の排気ガスには、窒素酸化物（NOx）、硫黄酸化物（SOx）、粒子状物質（PM）が含まれ、光化学オキシダント、酸性雨など、大気汚染の原因となる有害物質が含まれている。

　そこで2001（平成13）年に自動車NOx・PM法が制定され、大都市特定地域において車種規制を設け、ディーゼル車に対して窒素酸化物や粒子状物質の排出の少ない車の使用を促進することが定められた。

（3）物流にかかわるその他の問題

　物流で使用された、容器、包材、古いパレットや積み荷の廃品などの廃棄処理が問題になり、できるだけ通い容器の採用や包装の簡易化など対策がとられている。このほか、交通公害といわれる騒音、振動、渋滞、事故などの問題がある。

4 化学物質の有害性と環境リスク対策

　化学物質は優れた便益性をもつ反面、何らかの有害性をもつものが少なくなく、その製造・流通・使用・廃棄の各過程で適切な管理が必要とされる。これまで、環境汚染の原因となる化学物質に対して、その有害性の程度に応じて、大気汚染防止法や水質汚濁防止法、ならびに労働安全衛生法や農薬取締法などさまざまな法律を整備して管理されているが、膨大な化学物質の人や環境への影響に関するデータの蓄積は必ずしも十分ではなかった。

　このような状況の中で、難分解性の性状を有し、かつ人の健康を損なうおそれがある化学物質による環境の汚染を防止するため、「化学物質審査規制法」（略して「化審法」）が、また、有害性のあるさまざまな化学物質の環境への排出量を把握することなどにより、化学物質の環境の保全上の支障を未然に防止するため、「化学物質排出把握管理促進法」（略して「化管法」）が制定された。

（1）化学物質のリスク評価とリスク管理

　ある化学物質がどのような性質をもち、どの程度の量になれば有害性が顕在化するのかを明確にし、実際にその化学物質にどれだけさらされているのか（暴露量）と比較することで、どの程度危険なのかを確かめることを化学物質のリスク評価という。

　化学物質による人や生態系への影響を未然に防止するためには、多くの化学物質を対象にリスク評価を行い、化学物質を利用することがどの程度安全なのかを判断し、それがわかったうえでリスク管理をしていくことが必要である。

（2）化学物質審査規制法（化審法）

　PCB（ポリ塩化ビフェニル）による環境汚染問題を契機として、1976（昭和51）年に化審法が制定され、新たに製造・輸入される化学物質（新

規化学物質）が分解性・蓄積性・人への長期毒性・生態毒性を有するか
どうかを事前に審査し、その性状に応じて厳しい規制を行うこととなっ
た。最近は、すべての化学物質を対象としたREACH規則が2007年にEU
で施行され、日本でも新規化学物質に限らず、すべての化学物質を対象
としたリスク管理のための制度として2011（平成23）年に化審法の改正
が行われた。

（3）化学物質排出把握管理促進法（化管法：PRTR法）

　この法律は、有害性のあるさまざまな化学物質の環境への排出量を把
握することなどにより、化学物質を取り扱う事業者の自主的な化学物質
の管理の改善を進め、環境の保全上の支障を未然に防ぐことを目的とし
て1999（平成11）年に制定された。化学物質排出移動量届出制度（PRTR）
と化学物質等安全データシート（SDS）の2つを柱とした法律である。

①　PRTR制度（Pollutant Release and Transfer Register）

　人の健康や生態系に有害なおそれのある化学物質について、事業所
から環境（大気、水、土壌）への排出量および廃棄物に含まれての事
業所外への移動量を、事業者がみずから把握し国に対して届け出ると
ともに、国は届出データや推計に基づき、排出量・移動量を集計し、
公表する制度。

②　SDS制度（Safety Data Sheet）

　化管法で指定された「化学物質またはそれを含有する製品」（化学
品）を他の事業者に譲渡または提供する際に、SDSにより、その化学
品の特性および取り扱いに関する情報を事前に提供することを義務づ
けるとともに、ラベルによる表示を義務づけた制度。

　取引先の事業者からSDSの提供を受けることにより、事業者はみず
からが使用する化学品について必要な情報を入手し、化学品の適切な
管理に役立てることをねらいとしている。

　なお、SDSは、国内では2011（平成23）年度までは一般的にMSDS
（Material Safety Data Sheet＝化学物質等安全データシート）と呼ば

れていたが、国際整合の観点からSDSに統一された。

（4）有害化学物質のリスク対策の事例

　人の健康や生態系への悪影響が指摘されている有害化学物質の環境汚染の問題に対して、国内でとられている対策について以下に3つの事例を挙げる。

① 　ダイオキシン類問題

　ダイオキシン類は、工業的に製造する物質ではなく主な発生源はゴミ焼却炉で、その他金属の精錬、たばこの煙、自動車排ガスなどの発生源がある。自然環境で分解されにくく、強い毒性をもち、がんや奇形、生殖異常などを引き起こすなど生態系への悪影響が指摘されている。ダイオキシン類問題への対策は、「ダイオキシン類対策特別措置法」により進められている。

② 　農薬による環境汚染

　農薬は、毒性の低い新剤の開発が進み、毒性および残留性の高いものは使用されなくなったことから、新たに農薬による環境汚染の問題は少なくなってきている。

　農薬は、「農薬取締法」に基づき規制され、農林水産大臣の登録を受けなければ製造・販売ができないしくみになっている。

③ 　PCB（ポリ塩化ビフェニル）対策

　PCBは、熱安定性、電気絶縁性に優れ、トランス、コンデンサーなどに使用されていた。しかし、1968（昭和43）年にカネミ油症事件が発生してその毒性が社会問題化し、1973（昭和48）年に製造・輸入・使用が原則として禁止された。廃棄物となったPCBを含む電気製品などは、「PCB廃棄物特別措置法」（ポリ塩化ビフェニル廃棄物の適正な処理の推進に関する特別措置法）に基づいて管理され、その後PCB廃棄物の処理施設を整備し処理を開始している。

製品の環境負荷の低減

学習の**ポイント**

◆環境に配慮した製品の開発促進をするためのグリーン購入の
　考え方と実践について学ぶ。
◆製品に含まれる有害物質について、日本や欧州で進められて
　いる規制について学ぶ。
◆ライフサイクルアセスメントの考え方を理解し、製品の環境
　配慮設計について学ぶ。

1 グリーン購入の考え方と実践

(1) グリーン購入とは

　グリーン購入は、購入者が商品を購入する際に、環境を考慮して、必
要性をよく考え、環境への負荷をできるだけ少ないものを選んで購入す
ることである。グリーン購入は、消費生活など購入者自身の活動を環境
に優しいものにするだけではなく、供給側の企業に環境負荷の少ない製
品の開発を促すことで、経済活動全体を変えていく可能性をもっている。
このグリーン購入の重要性にかんがみ、2000（平成12）年に「国等によ
る環境物品の調達の推進に関する法律」（通称：「グリーン購入法」）が制
定された。この法律では以下のことが定められている。

　① 国の機関はグリーン購入を義務づけられる。
　② 地方自治体は努力義務を負う。
　③ 企業、国民もできる限りグリーン購入に努める。
　④ 国はグリーン商品等に関する情報を整理・提供する。

（2）グリーン購入と環境ラベル

　国や独立行政法人、地方自治体は物品等の調達にあたって、環境物品を優先的に取り扱うことが義務づけられている。その対象は、用紙、文具、機器、家電、照明、自動車、作業服、インテリア、作業手袋、設備、公共工事、役務などさまざまな範囲に及んでいる。

　企業は、環境に配慮した製品・サービスを提供するため、使用する原材料、部材、生産財も環境負荷の少ないものにしなければならない。たとえば、リサイクルしやすい製品を市場に出すには、原材料の種類を少なくする、有害物質を含まないようにする、複合材料を減らすなどの活動を行う必要がある。環境マネジメントシステムを導入している組織から優先的に調達を行うことも、グリーン購入の一種と考えられる。

　グリーン購入は、商品についている環境ラベル、グリーン購入ネットワークの情報、企業のカタログなどで情報を得て行われる。グリーン購入の基本原則として次の事項を考慮する必要がある。

① 　購入するものの必要性
② 　製品，サービスのライフサイクルにおける多様な環境負荷
③ 　事業者の環境負荷低減への取り組み
④ 　環境情報（環境ラベル・企業カタログなど）の積極的な入手・活用

　環境ラベルは、消費者が環境負荷の少ない製品やサービスを選べるように、製品や包装ラベル、製品の説明書、広告、広報などに付けられており、製品やサービスの環境影響に関する情報を消費者に伝え、環境に配慮した製品の優先的な購入・使用を促すために設けられたものである。環境ラベルには日本工業規格で標準化したものと法規制等で決められたもの、および地方自治体で独自に決めたものなどがある。

2 製品の有害物質の規制

　日本では、製品の製造・使用・廃棄にかかわる環境汚染の低減を目的に、省エネ法、資源有効利用促進法、家電リサイクル法、グリーン購入

法をはじめとした法規制が行われ、EUでは、RoHS指令、WEEE指令、ELV指令、REACH規則などの法規制の強化が行われている。

　以下に製品の有害物質等にかかわるEUの規制について記載する。企業は製品輸出にあたり、これらも考慮に入れた製品の設計・開発が必要になっている。

　○RoHS指令──EU圏内で、電気・電子機器における鉛、水銀、カドミウム、六価クロム、ポリ臭化ビフェニル（PBB）、ポリ臭化ジフェニルエーテル（PBDE）の使用を原則禁止する。

　○WEEE指令──EU圏内で、家庭用電気製品、情報技術・電気通信機器、照明機器、電気・電子工具、玩具など、医療関連機器、監視・制御機器、自動販売機など幅広い品目を対象に、各メーカーに自社製品の回収・リサイクル費用を負担させる。

　○ELV指令──廃自動車に鉛、水銀、カドミウム、六価クロムが残らないように自動車を生産する際にこれらの物質の使用を禁止している。

　○REACH規則──EU圏内で、化学物質の特性を確認し、人の健康と環境を有害な化学物質から保護することを目的とし、安全性が確認されていない化学物質を市場から排除していこうという考えに基づく。

3　製品の環境負荷の評価

　企業では、これらの法規制対応とともに、消費者のグリーン購入の浸透から、製品への環境配慮が積極的に進められるようになってきた。ここではライフサイクルアセスメント（LCA）と環境配慮設計の考え方について説明する。

（1）ライフサイクルアセスメントとは

　製品の環境負荷は、製品の原材料の採取から製品が廃棄されるまでの

一連の工程（製品ライフサイクル）で発生する。したがって、製品の環境負荷を改善するには、製品のライフサイクルにおける環境負荷を定量的に把握し、環境にどのように影響を及ぼす可能性があるか評価する必要がある。このような問題に対処する手法の代表的なものの１つに、ライフサイクルアセスメントがある。

（２）ライフサイクルアセスメントの考え方

図表５-５-１で示すように、製品ライフサイクルの各工程でさまざまな資源やエネルギーが投入され、環境負荷物質が排出される。LCAは、製品ライフサイクルの各工程におけるインプットデータ（エネルギーや資源の投入量など）、アウトプットデータ（環境へ排出される環境負荷物質の量など）を科学的・定量的に収集し、その結果を評価する。

図表５-５-１ ●製品のライフサイクルと環境負荷（工業製品の例）

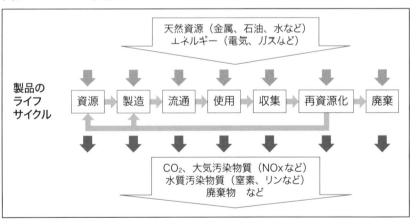

出所：東京商工会議所『eco検定公式テキスト』より

（３）環境配慮設計への対応

以上で述べたように製品は、製造時・使用時などにさまざまな環境負荷を発生させる。

　この環境負荷を低減するために、環境配慮設計では、たとえば図表5
-5-2で示すような環境改善に重要な評価項目を各社独自の基準として
設けて、製品の新規開発を進めている。評価は主に製品の企画・開発段
階と設計段階で行われる。

①　企画・開発段階の検討

　評価項目に基づいて環境改善のねらいとその効果を定性的に評価し、
改善効果に満足する結果が得られたら具体的な設計をする。

②　設計段階の検討

　製品の具体的データが得られるので、それを使って評価項目につい
て環境改善の効果を定量的に評価し、改善効果が目標値に達するまで
繰り返し、満足する結果が得られたら製品化を決定する。

図表5-5-2 ● 環境配慮設計の評価項目の例

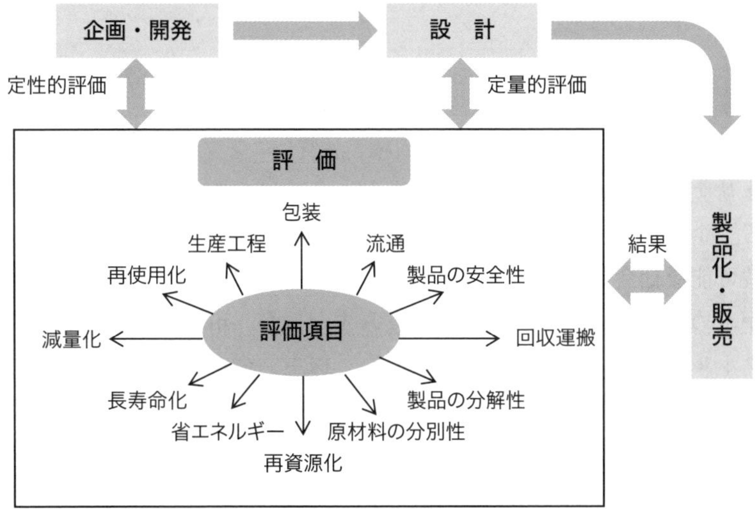

出所：東京商工会議所『eco検定公式テキスト』より

<table>
<tr><td>第 6 節</td><td># 企業の社会的責任</td></tr>
</table>

学習のポイント

◆CSR（Corporate Social Responsibility＝企業の社会的責任）の意義について理解し、企業に求められる法令遵守や自主的活動の取り組みについて学ぶとともに、事業者が社会からの信頼を得るため、環境面のコミュニケーションの手段としての環境報告書、および環境分野の会計情報を提供する環境会計について学ぶ。

1 CSRとは

　CSRには、社会、環境、労働、人権、品質、コンプライアンス、情報セキュリティ、リスクマネジメントなど、多岐にわたるテーマが含まれている。企業が経済面のみならず、社会・環境面に対しても配慮しながら、持続可能な社会を構築する取り組みに積極的に参加し、責任を果たすことが求められている。現在は、企業みずからが、市場に向き合い、ステークホルダーといわれる顧客、取引先、株主、従業員、近隣住民などの多様な利害関係者との関係を見直し、CSRを企業戦略の一環として事業の中核にとらえるようになってきている。

2 法令遵守と自主的活動

（1）法令遵守のしくみ

　環境基本法を頂点として環境保全に係るいろいろな環境関連法がある

ことは本章第1節で述べているが、事業者は常にどのような法の適用を
受けるかについて正しく把握し、厳正に遵守しなければならない。また、
個々の法律に基づいて、さらに細かい事柄を定めるために、「法律」（×
×法）→「政令」（××施行令、××政令）→「省令」（××施行規則、
××省令）→「条例」（地方自治体で決められたルール）などが定められ
ている。
　これらの法令等の遵守を確実にするための手順を以下に示す。
　①　市販の法令集やインターネットを参照して自社に適用される法律、
　　　条項をチェックする。
　②　守るべき法令には法律だけでなく、条例、業界の規範、公害防止
　　　協定、地域の取り決めなどがある。それぞれ関係する機関に直接コ
　　　ンタクトして資料や説明を受けるとよい。
　③　集めた法令等を調査し、自社が適用される関連条項を探し出す。
　④　適用される条項について遵守すべき内容、自社の対応を整理し、
　　　当該部署に伝達する。
　⑤　遵守状況を定期的に記録する。
　⑥　法令等が改正されたら、その作業を見直す。

（2）自主的活動の取り組み

　企業の環境保全に対する取り組みは、最低限法律を守ることであるが、
さらに進めて自主的な取り組みを推進している企業も多い。これまで環
境マネジメントシステムの導入やライフサイクルアセスメントの適用な
ど具体的な取り組みについて見てきたが、さらにレスポンシブルケア
（Responsible Care）やゼロエミッション（Zero emission）などの活動
が展開されている。
　レスポンシブルケア活動は、化学物質を扱う企業が化学物質の開発か
ら廃棄に至るすべての過程において、自主的に環境・安全面を優先的に
配慮し、対策を行う活動である。単に環境保全にとどまらず、保安防災、
労働安全衛生、物流安全、化学品安全など広い範囲をカバーしながら企

業の取り組みや情報を社会に公開するなどの活動が含まれる。

　ゼロエミッションは、国連大学が提唱した構想で、産業から排出されるすべての廃棄物や副産物が、他の産業の資源として活用され、全体として廃棄物を生み出さない生産を目指す考え方である。

3 環境報告書と環境会計

（1）環境報告書

　環境報告書は、事業者が環境にどんな影響を与えているのか、対策を含めて社会にみずから情報公開するものであり、社会との透明性を確保するためのコミュニケーションの1つである。企業は、環境という社会性の高い活動への取り組みの公表により、社会の信頼を得ることができる。

　環境報告書の項目については、国内では環境省が「環境報告ガイドライン」を作成しており、企業の利害関係者のニーズを念頭に置いて、以下の項目を含めわかりやすく説明することが求められる。

① 　会社概要、経営理念
② 　環境へのかかわり、環境への影響の現状と課題
③ 　環境への基本理念と取り組み
④ 　環境問題への取り組みの計画と達成状況
⑤ 　残されている課題と展望

（2）環境会計

　環境会計は、事業活動における環境保全のためのコストとその活動で得られた財務面と環境面の効果を把握し、可能な限り定量的に測定・伝達するしくみである。

　環境会計の機能として次のことが挙げられる。

① 　環境改善のためにどれだけのコストがかかり、どれだけ企業収益を高め、環境改善の効果があったかのコスト対効果の把握ができる。
② 　環境に関するコスト削減や収益向上効果などの情報から、環境へ

の設備投資の意思を決定することができる。

③ 環境へのコストと改善効果を全従業員に知らせることで、意識向上が図られる。

④ 環境へのコストと効果を外部のステークホルダーに対し、説明責任を果たすことができる。

環境会計の項目として次のものが挙げられる。

① 環境保全コスト──汚染防止設備、エネルギーの効率化、廃棄物リサイクル、グリーン購入、販売製品等のリサイクル、環境教育、自然保護、地域住民への基金など

② 環境保全に伴う経済効果──リサイクルの事業収益、エネルギー使用削減、省資源による費用削減など

③ 環境改善効果──汚染物質削減量、温室効果ガス削減量、廃棄物削減量、グリーン購入量、有害化学物質の使用量削減など

<table>
<tr><td>第 7 節</td><td># 持続可能な開発目標</td></tr>
</table>

第 7 節　持続可能な開発目標

◆持続可能な開発目標（SDGs）が策定された経緯とその概要を学ぶ。
◆SDGsの17のゴールについて学ぶ。

1　世界的な環境問題への取り組み

　1970年代前半から、環境問題が世界規模・地球規模で本格的に議論されるようになってきた。

　1972年にストックホルムで開催された国連人間環境会議で「人間環境宣言」が採択された。人間環境宣言とは、環境保全に関する諸原則について示した宣言であり、前文7項目および原則26項目で構成されている。その前文において「人間環境の保全と向上に関し、世界の人々を励まし、導くため共通の見解と原則」と位置づけられている。また、同時に国連環境会議の設立が決定され、環境問題に対する国際協調に向けた取り組みが開始された。

　持続可能な開発という概念は、環境と開発に関する世界委員会が1987年に公表した報告書「Our Common Future（われら共有の未来）」の中心的な考え方として取り上げられ、「将来の世代のニーズを満たしつつ、現在の世代のニーズも満足させるような開発」のことをいうとされている。この概念は、環境と開発を互いに反するものではなく共存しうるものとしてとらえ、環境保全を考慮した節度ある開発が重要であるという考えに立つものである。

1980年代後半には、オゾン層の破壊、地球温暖化、熱帯林の破壊や生物の多様性の喪失など地球環境問題がきわめて深刻化し、世界的規模での早急な対策の必要性が指摘された。その結果、1992年にリオデジャネイロで国連環境開発会議（UNCED、地球サミット）が開催され、「環境と開発に関するリオ宣言」（リオ宣言）が採択された。また、21世紀に向け持続可能な開発を実現するために、各国および関係国際機関が実行すべき行動計画である「アジェンダ21」が採択された。同会議には、182ヵ国およびEC、その他多数の国際機関、NGO代表などが参加した。

リオ宣言は、27の原則で構成され、先進国と発展途上国の双方が、持続可能な開発と地球環境の保全に関して「共通だが差異ある責任」を有することが明示されている。

アジェンダ21は、①社会的・経済的側面、②開発資源の保護と管理、③主たるグループの役割の強化、④実施手段、の4つのセクションから構成されており、行動計画を実現するための人的・物的・財政的な資源のあり方についても指針が提示されている。ただし、条約のような拘束力は与えられていない。

地球サミットから10年後の2002年には、ヨハネスブルグで持続可能な開発に関する世界首脳会議（リオ＋10）が開催され、その10年後の2012年には、リオデジャネイロで国連持続可能な開発会議（リオ＋20）が開催された。それらの会議では、各国の首脳が参加してリオ宣言やアジェンダ21の取り組み状況や今後のあり方について議論が行われた。

2 持続可能な開発目標（SDGs）とは

2015年9月に開催された国連サミットにおいて、「持続可能な開発のための2030アジェンダ」（通称：2030アジェンダ）が採択された。この中心にあるのが、17のゴール、および169のターゲットからなる持続可能な開発目標（Sustainable Development Goals、通称：SDGs）である。SDGsは、人類および地球の持続可能な開発のために達成すべき課題と

その具体的な目標である。すなわち策定時から2030年までに実行・達成すべき事項を整理している。

　SDGsの対象として、持続可能な社会の重要な要素である5つのP（People（人間）、Planet（地球）、Prosperity（繁栄）、Peace（平和）、Partnership（パートナーシップ））が掲げられている。SDGsの目標の達成のためには一部の関係者だけではなく、先進国も含めた、すべての国とすべての関係者が協調的なパートナーシップのもとで、この行動計画を実行に移す必要がある。

　2000年に採択され、貧困の撲滅など国際社会の2015年までの共通目標であったミレニアム開発目標（Millennium Development Goals、通称：MDGs）の経験と反省が、SDGsに生かされている。SDGsには法的拘束力はないが、各国にはSDGsの取り組みのフォローアップを行うことが期待されており、その達成度は国連で策定した232の指標により測られることとなっている。

3　SDGsの17のゴール

　図表5‑7‑1に示すように、SDGsではゴール1「貧困をなくそう」からゴール17「パートナーシップで目標を達成しよう」まで、17のゴールを掲げており、だれ一人取り残さないという包摂的な世の中をつくっていくことが重要であると強調されている。

　17のゴールの意味合いは次のとおりである。

○ゴール1「貧困をなくそう」──あらゆる場所で、あらゆる形態の貧困に終止符を打つ

○ゴール2「飢餓をゼロに」──飢餓に終止符を打ち、食料の安定確保と栄養状態の改善を達成するとともに、持続可能な農業を推進する

○ゴール3「すべての人に健康と福祉を」──あらゆる年齢のすべての人々の健康的な生活を確保し、福祉を推進する

○ゴール4「質の高い教育をみんなに」──すべての人々に包摂的か

図表5-7-1 ●SDGsの17のゴール

つ公平で質の高い教育を提供し、生涯学習の機会を促進する

○ゴール5「ジェンダー平等を実現しよう」──ジェンダーの平等を達成し、すべての女性と女児のエンパワーメントを図る

○ゴール6「安全な水とトイレを世界中に」──すべての人々に水と衛生へのアクセスと持続可能な管理を確保する

○ゴール7「エネルギーをみんなにそしてクリーンに」──すべての人々に手ごろで信頼でき、持続可能かつ近代的なエネルギーへのアクセスを確保する

○ゴール8「働きがいも経済成長も」──すべての人々のための持続的、包摂的かつ持続可能な経済成長、生産的な完全雇用およびディーセント・ワークを推進する

○ゴール9「産業と技術革新の基盤をつくろう」──レジリエントなインフラを整備し、包摂的で持続可能な産業化を推進するとともに、イノベーションの拡大を図る

○ゴール10「人や国の不平等をなくそう」──国内および国家間の不平等を是正する

○ゴール11「住み続けられるまちづくりを」──都市と人間の居住地を包摂的、安全、レジリエントかつ持続可能にする

○ゴール12「つくる責任つかう責任」──持続可能な消費と生産のパターンを確保する

○ゴール13「気候変動に具体的な対策を」──気候変動とその影響に立ち向かうため、緊急対策をとる

○ゴール14「海の豊かさを守ろう」──海洋と海洋資源を持続可能な開発に向けて保全し、持続可能な形で利用する

○ゴール15「陸の豊かさも守ろう」──陸上生態系の保護、回復および持続可能な利用の推進、森林の持続可能な管理、砂漠化への対処、土地劣化の阻止および逆転、ならびに生物多様性損失の阻止を図る

○ゴール16「平和と公正をすべての人に」──持続可能な開発に向けて平和で包摂的な社会を推進し、すべての人々に司法へのアクセスを提供するとともに、あらゆるレベルにおいて効果的で責任ある包摂的な制度を構築する

○ゴール17「パートナーシップで目標を達成しよう」──持続可能な開発に向けて実施手段を強化し、グローバル・パートナーシップを活性化する

　SDGsの各ゴールは、それぞれ単発的に取り組むのではなく、すべてのゴールに対して総合的に取り組むことが求められている。

第5章　理解度チェック

次の設問に、〇×で解答しなさい（解答・解説は後段参照）。

1 公害対策基本法は、日本の公害防止対策の根本をなしている法律で、1967（昭和42）年に施行されたが、その後の多くの法規制により公害がなくなり、1993（平成5）年の環境基本法により廃止となった。

2 環境基準とは、大気汚染、水質汚濁、土壌汚染および騒音に係る環境上の条件について、人の健康および生活環境の保全のうえで維持されなければならない基準であり、その達成は事業者の義務となっている。

3 ISO14001では、基本的なしくみであるPDCAを通じて、環境負荷への改善を図っていくことが求められている。したがって、ISO14001の認証取得の際には、環境負荷低減の結果が求められている。

4 廃棄物処理の優先順位は、第1に廃棄物などの発生抑制、第2に回収されたものを原材料として再生利用、第3に使用済み製品等の再使用、第4に熱回収、それでもやむを得ず循環利用ができないものについては適正な処分である。

5 有害物質がどのくらい環境中に排出されたか、あるいは廃棄物等に含まれて事業所の外へ運び出されたかなどのデータを把握し、集計し、公表するしくみをSDS制度という。

6 ライフサイクルアセスメント（LCA）とは、化学物質を扱うそれぞれの企業が化学製品の開発から製造、運搬、使用、廃棄にいたるすべての段階で、環境保全と安全を確保することを公約し、安全・健康・環境面の対策を行う自主的な活動である。

7 | リオ宣言では「だれ一人取り残さない」という包摂的な世の中を
つくっていくことが重要であると強調されている。

8 | SDGsのゴール17は「貧困をなくそう」であり、「あらゆる場所で、
あらゆる形態の貧困に終止符を打つ」とされている。

第5章　理解度チェック

解答・解説

1 ×
公害問題がなくなったわけではない。公害対策基本法の内容の大部分は、環境基本法に引き継がれている。

2 ×
環境基準の達成は、事業者の義務ではなく、行政上の政策目標である。

3 ×
環境負荷の低減結果は直接的には求められていない。ただし、システム（しくみ）の継続的改善は要求されている。

4 ×
第2が使用済み製品・部品等の適正な再使用、第3が回収されたものを原材料として適正に利用する再生利用が正解。循環型社会形成推進基本法では、資源をできるだけ有効に利用するためリデュース・リユース・リサイクルを3Rとし、循環資源の処理の優先順序の原則を定めている。

5 ×
化学物質排出把握管理促進法で定めているPRTR制度が正解。

6 ×

設問はレスポンシブルケアの説明。ライフサイクルアセスメント
は、製品の原材料の採取から製品が廃棄されるまでの一連の工程
（製品ライフサイクル）で各工程におけるインプットデータ（エネ
ルギーや資源の投入量など）、アウトプットデータ（環境へ排出さ
れる環境負荷物質の量など）を科学的・定量的に収集し、その結
果を評価する手法である。

7 ×

リオ宣言では「共通だが差異ある責任」が明示された。「だれ一
人取り残さない」はSDGsで取り入れられている考え方である。

8 ×

SDGsのゴール17は、「パートナーシップで目標を達成しよう」で
あり、「持続可能な開発に向けて実施手段を強化し、グローバル・
パートナーシップを活性化する貧困をなくそう」とされている。
「貧困をなくそう」は、ゴール1である。

| 参考文献 |

淡路剛久・岩淵勲編『企業のための環境法』有斐閣、2002年

環境省ホームページ『法令・告示・通達』

国際連合広報センターホームページ『2030アジェンダ』

東京商工会議所『eco検定公式テキスト』日本能率協会マネジメントセンター

見目善弘『環境関連法体系実務ガイド』NECクリエイティブ、2001年

──ビジネス・キャリア検定試験のご案内──

(令和5年4月現在)

●等級区分・出題形式等

等級	等級のイメージ	出題形式等
1級	企業全体の戦略の実現のための課題を創造し、求める目的に向かって効果的・効率的に働くために、一定の専門分野の知識及びその応用力を活用して、資源を統合し、調整することができる。(例えば、部長、ディレクター相当職を目指す方)	①出題形式　論述式 ②出 題 数　2問 ③試験時間　150分 ④合否基準　試験全体として概ね60％以上、かつ問題毎に30％以上の得点 ⑤受 験 料　11,000円（税込）
2級	当該分野又は試験区分に関する幅広い専門知識を基に、グループやチームの中心メンバーとして創意工夫を凝らし、自主的な判断・改善・提案を行うことができる。(例えば、課長、マネージャー相当職を目指す方)	①出題形式　5肢択一 ②出 題 数　40問 ③試験時間　110分 ④合否基準　出題数の概ね60％以上の正答 ⑤受 験 料　7,700円（税込）
3級	当該分野又は試験区分に関する専門知識を基に、担当者として上司の指示・助言を踏まえ、自ら問題意識を持ち定例的業務を確実に行うことができる。(例えば、係長、リーダー相当職を目指す方)	①出題形式　4肢択一 ②出 題 数　40問 ③試験時間　110分 ④合否基準　出題数の概ね60％以上の正答 ⑤受 験 料　6,200円（税込）
BASIC級	仕事を行ううえで前提となる基本的知識を基に仕事の全体像が把握でき、職場での円滑なコミュニケーションを図ることができる。(例えば、学生、就職希望者、内定者、入社してまもない方)	①出題形式　真偽法 ②出 題 数　70問 ③試験時間　60分 ④合否基準　出題数の概ね70％以上の正答 ⑤受 験 料　3,300円（税込）

※受験資格は設けておりませんので、どの等級からでも受験いただけます。

●試験の種類

試験分野	試 験 区 分			
	1 級	2 級	3 級	BASIC級
人事・人材開発・労務管理	人事・人材開発・労務管理	人事・人材開発	人事・人材開発	
		労務管理	労務管理	
経理・財務管理	経理・財務管理	経理	経理（簿記・財務諸表）	
			経理（原価計算）	
		財務管理（財務管理・管理会計）	財務管理	
営業・マーケティング	営業・マーケティング	営業	営業	
		マーケティング	マーケティング	
生産管理	生産管理	生産管理プランニング	生産管理プランニング	生産管理
		生産管理オペレーション	生産管理オペレーション	
企業法務・総務	企業法務	企業法務（組織法務）	企業法務	
		企業法務（取引法務）		
		総務	総務	
ロジスティクス	ロジスティクス	ロジスティクス管理	ロジスティクス管理	ロジスティクス
		ロジスティクス・オペレーション	ロジスティクス・オペレーション	
経営情報システム	経営情報システム	経営情報システム（情報化企画）	経営情報システム	
		経営情報システム（情報化活用）		
経営戦略	経営戦略	経営戦略	経営戦略	

※試験は、前期（10月）・後期（2月）の2回となります。ただし、1級は前期のみ、BASIC級は後期のみの実施となります。

●出題範囲・試験日・お申し込み方法等

　出題範囲・試験日・お申し込み方法等の詳細は、ホームページでご確認ください。

●試験会場

　全国47都道府県で実施します。試験会場の詳細は、ホームページでお知らせします。

●等級区分・出題形式等及び試験の種類は、令和5年4月現在の情報となっております。最新情報は、ホームページでご確認ください。

●ビジキャリの学習体系

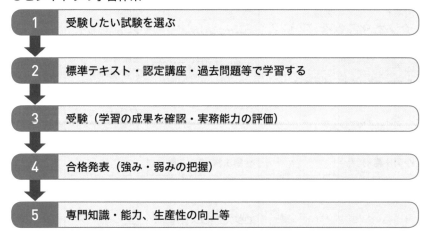

1	受験したい試験を選ぶ
2	標準テキスト・認定講座・過去問題等で学習する
3	受験（学習の成果を確認・実務能力の評価）
4	合格発表（強み・弱みの把握）
5	専門知識・能力、生産性の向上等

●試験に関するお問い合わせ先

実施機関	中央職業能力開発協会
お問い合わせ先	中央職業能力開発協会　能力開発支援部 ビジネス・キャリア試験課 〒160-8327 東京都新宿区西新宿7-5-25　西新宿プライムスクエア11階 TEL：03-6758-2836　FAX：03-3365-2716 E-mail：BCsikengyoumuka@javada.or.jp URL：https://www.javada.or.jp/jigyou/gino/business/index.html

【共通知識】生産管理 **2級**〔第2版〕
テキスト監修・執筆者一覧

監修者

渡邉 一衛　成蹊大学　名誉教授

執筆者（五十音順）

奥　倫陽　東京国際大学 商学部　教授
　　　　　…第2章第3節・第4節・第7～9節

金谷 貴生　株式会社ケーティシー　経営士
　　　　　…第3章第1節・第2節

小酒井 正和　玉川大学 工学部 マネジメントサイエンス学科　教授
　　　　　…第2章第1節・第2節・第5節・第6節・第10節

武下 尚憲　元 ゼロ災実践研究所　代表
　　　　　…第4章

玉木 欽也　青山学院大学 経営学部　教授
　　　　　…第3章第3～6節

伏見 隆夫　伏見コンサルティングオフィス　代表
　　　　　…第1章、第5章

堀江 成治　堀江環境相談事務所　代表
　　　　　…第4章

（※1）所属は令和5年5月時点のもの
（※2）本書（第2版）は、初版に発行後の時間の経過等により補訂を加えたものです。
　　　初版の監修者・執筆者の各氏のご尽力に厚く御礼申し上げます。

【共通知識】生産管理 **2級**〔初版〕
テキスト監修・執筆者一覧

監修者
渡邉 一衛　成蹊大学 理工学部 情報科学科　教授

執筆者（五十音順）
市川　博　大妻女子大学 家政学部 ライフデザイン学科　教授
小酒井 正和　玉川大学 工学部 マネジメントサイエンス学科　准教授
高島 芳樹　ビーアイ・コンサルティング　代表
武下 尚憲　ゼロ災実践研究所　代表
本多　薫　山形大学 人文学部 人間文化学科　教授
盛本 靖夫　ISO9001・14001導入支援コンサルタント
山崎 隆由　KCGコンサルティング株式会社　副社長

（※1）所属は平成27年3月時点のもの
（※2）初版の監修者・執筆者の各氏のご尽力に厚く御礼申し上げます。

生産管理プランニング 2 級〔初版〕
（製品企画・設計管理）
生産管理プランニング 2 級〔初版・第2版〕
（生産システム・生産計画）
生産管理オペレーション 2 級〔初版・第2版〕
（作業・工程・設備管理）
生産管理オペレーション 2 級〔初版〕
（購買・物流・在庫管理）
テキスト監修・執筆者一覧

監修者

渡邉 一衛	成蹊大学 理工学部 情報科学科 教授	
竹岡 一成	総合能率研究所 所長 元 玉川大学 工学部 経営工学科 教授	

執筆者（五十音順）

市川 博	自由が丘産能短期大学 能率科 准教授	品質管理
黒須 誠治	早稲田大学 大学院 商学研究科 教授	納期管理
武岡 一成	総合能率研究所 所長 元 玉川大学 工学部 工学科 教授	納期管理
藤森 和喜	財団法人社会経済生産性本部 コンサルティング部 経営コンサルタント	安全衛生管理 環境管理
本多 薫	山形大学 人文学部 准教授	品質管理
村原 貞夫	元 武蔵工業大学 経営工学科 講師	原価管理
渡邉 一衛	成蹊大学 理工学部 環境科学科 教授	納期管理

（※1）所属は平成20年10月時点のもの
（※2）各テキストの監修者・執筆者の各氏のご尽力に厚く御礼申し上げます。

MEMO

MEMO

ビジネス・キャリア検定試験標準テキスト

【共通知識】生産管理 2 級

平成27年4月24日　初　版　発行
令和5年5月16日　第2版　発行

編　著　**中央職業能力開発協会**

監　修　**渡邉 一衛**

発 行 所　**中央職業能力開発協会**
　　　　　〒160-8327 東京都新宿区西新宿7-5-25 西新宿プライムスクエア11階

発 売 元　**株式会社 社会保険研究所**
　　　　　〒101-8522 東京都千代田区内神田2-15-9 The Kanda 282
　　　　　電話：03-3252-7901（代表）

ISBN978-4-7894-9991-0 C2036 ¥3200E
©2023 中央職業能力開発協会 Printed in Japan